A. MONTAGU

MANUEL POLITIQUE

DU

CITOYEN FRANÇAIS

PARIS

CHEZ TOUS LES LIBRAIRES

1881

OUVRAGES DU MÊME AUTEUR

A LA LIBRAIRIE Ernest LEROUX
28, RUE BONAPARTE, 28

AIMANTATION UNIVERSELLE : Synthèse générale des phénomènes biologiques ; Vie éthérée et vie planétaire. — 1374, in-8. . . . . **5 fr.**

GARIBALDI AU FORT DE VARIGNANO. — Intervention des idées. Poème, 2ᵉ édition.. . . . . **1 fr.**

A LA LIBRAIRIE DROIN
28, RUE JACOB, 28

COURS DE PHILOSOPHIE SCIENTIFIQUE et ses conséquences sociales. — 1879, in-8. . . . . . **3 50**

Angers. — Imprimerie Burdin et Cⁱᵉ, rue Garnier, 4.

MANUEL POLITIQUE

DU

CITOYEN FRANÇAIS

ANGERS, IMPRIMERIE BURDIN ET Cⁱᵉ, RUE GARNIER, 4.

A. MONTAGU

MANUEL POLITIQUE

DU

CITOYEN FRANÇAIS

PARIS

CHEZ TOUS LES LIBRAIRES

—

1881

PRÉFACE

Que voulons-nous ?

Nous voulons éclairer et instruire le peuple, apprendre aux citoyens français à connaître leurs droits et leurs devoirs.

Nous voulons faire naître dans l'intelligence de la France un ensemble d'idées rationnelles, de nature à former une base solide, sur laquelle la souveraineté du peuple puisse reposer en paix, à l'abri des secousses que les prétentions monarchiques voudraient encore lui faire subir.

Si nous parvenons à réaliser ce programme, nous croirons avoir bien mérité de la patrie.

Dans l'exécution de notre plan nous rencontrerons des choses vieillies, faisant obstacle au progrès, et des hommes malintentionnés, marchant au rebours de la raison. Nous attaquerons les choses et nous combattrons les hommes avec d'autant plus de véhémence que les choses seront plus nuisibles et les hommes plus dangereux.

Notre tâche est ardue, nous le savons ; mais nous savons aussi que cette tâche est un devoir ; nous le remplirons : la force vient à qui fait son devoir.

Quand on a foi dans ses idées, quand on éprouve le saint amour de la vérité et la divine passion de la justice, on va où cet amour et cette passion nous mènent, on va au *dévouement à l'espèce*, à ses dangers, à ses angoisses, à son martyre,... qu'importe ! on y va, parce que là est la source de toutes les vertus civiques, et qu'on a soif de cette onde, devenue la fontaine de Jouvence des nations ; là elles se régénèrent, en buvant à la coupe des principes rationnels.

Allons-y tous, citoyens français ; allons-y, nous en avons besoin ; allons-y, conduits par cet amour de la vérité et cette passion de la justice qui, seuls, ont le pouvoir de transfigurer l'intelligence humaine, et de la faire avancer dans la voie du progrès, où sa vocation naturelle l'appelle.

Qu'importent ! — je l'ai dit, — qu'importent les dangers, les angoisses, le martyre,... ne voyons que le but : RENAÎTRE, et allons-y ! allons-y, virilement réconfortés par les principes rationnels. Citoyens français, c'est un devoir : accomplissons-le. La force nous viendra en route, si nous avons le courage de partir.

Partons ! il s'agit de la patrie ; il s'agit du sort de la France, de notre France... Qui peut hésiter ? allons aux principes rationnels.

Le premier obstacle que nous rencontrerons, c'est *l'ancien régime*. La chose qui le représente est un trône brisé, cloué à un autel vermoulu. Autour de cette chose sont rangés des hommes qui s'appellent : légitimistes-cléricaux. Personnellement, ce sont les meilleures et les plus honnêtes gens du monde ; collectivement, ce sont des aveugles, que n'a jamais éclairés la lumière divine des principes rationnels. Aussi, lui tournant toujours le dos, ils suivent, imperturbablement, la voie qui mène aux abîmes politiques ; ne s'apercevant même pas que leur symbole, autel et trône, a été irréparablement détruit, il y a quatre-vingts ans, par la souveraineté du peuple. En conséquence, ils cherchent toujours, dans les ténèbres de la cécité mentale, à réunir d'introuvables débris, encouragés, naguère encore, dans ce labeur insensé, par certains cousins, riant, sous cape, de la naïveté de ces nocturnes, qui prennent la lune pour le so-

leil, la nuit pour le jour et le xix⁰ siècle pour l'époque
des Croisades. En effet, c'est vraiment très-risible une
infirmité mentale de cette nature : eh bien ! nous en
rirons aussi ; mais nous nous en tiendrons là, et nous ne
chercherons pas, comme leurs bons cousins, à tromper
de pauvres aveugles. Ombres plaintives, leur dirons-
nous, rentrez dans vos tombes féodales! la lumière des
principes rationnels éclaire la France moderne : vos yeux
éteints ne peuvent la voir. Rentrez! rentrez ! ombres
plaintives, dans vos tombes féodales. Le monde des vivants n'est plus fait pour vous!

Après les légitimistes cléricaux, viennent les orléanistes, espèce hybride, dont nous ferons voir l'origine
et les tendances naturelles, et dont nous montrerons,
sous ses deux personnifications actuelles, — Thiers et
de Broglie, — les intrigues, les perfidies, les trahisons,
panachées de monstrueux abus de pouvoir, commis
effrontément contre la souveraineté du peuple par ces
maraudeurs politiques, à leur seul profit.

A la tête des corsaires politiques brille le « *grand coupable.* » Nous donnerons sa photographie mentale sous
trois aspects différents ; afin que la France, l'Europe et
le monde entier le connaissent bien, et ne se trompent
plus sur sa valeur intrinsèque et la nature de ses exploits.

Le troisième obstacle que la démocratie, marchant vers
la réalisation des principes rationnels, trouve encore sur
son chemin, c'est le hideux impérialisme : en lui, — hommes et choses, — tout est repoussant.

Le voir fait horreur ; en parler donne des nausées.

C'est donc de loin que nous jetterons un douloureux
regard sur lui ; et nous ne rappellerons que quelques-uns
de ses crimes! pas tous, assurément ; la liste en serait

trop longue ; mais assez pour que l'Empire, né du guet-apens, soit éternellement maudit.

Enfin, ayant franchi tous les obstacles et mis le pied sur le sol de la *Terre promise* à l'humanité, nous dirons : Salut ! République démocratique, idéal de la raison et de la conscience, règne de la justice par le dévouement à l'espèce et la pratique des principes rationnels ; salut ! port d'arrivage, où la France vient aborder après de si cruelles tempêtes.

Là, sur le Sinaï moderne, au sein des clartés divines de la raison et de la conscience, disons à la France : Tu es majeure, gouverne-toi.

Citoyens français, si cette parole n'éveille point votre intelligence assoupie ; si l'honneur national, l'existence de la patrie, votre dignité personnelle n'émeuvent point vos entrailles, arrêtez-vous là, n'allez pas plus loin, fermez ce livre, fermez les yeux, mourez dans le désert : vous n'êtes pas dignes d'entrer dans la Terre promise aux hommes de lumière.

Si, au contraire, cette parole dite à la France : tu es majeure, gouverne-toi ! répand dans vos esprits ses vives clartés et fait battre vos cœurs, oh ! alors lisez le *Manuel politique*, c'est pour vous qu'il est écrit. Vous y trouverez l'aliment intellectuel et moral qui convient à de nobles esprits et à de généreux cœurs : un labeur incessant l'a recueilli pour le mettre sous vos yeux ; prenez-le et nourrissez-vous des principes rationnels ; devenus forts, travaillez au progrès social et préparez le glorieux avènement du règne de la justice, symbolisé dans ces trois mots :

LIBERTÉ, ÉGALITÉ, FRATERNITÉ.

6 *septembre* 1874.

MANUEL POLITIQUE
DU CITOYEN FRANÇAIS

CONSIDÉRATIONS PRÉLIMINAIRES

Deux modes de souveraineté existent : la souveraineté monarchique et la souveraineté nationale. L'une exclut l'autre.

Entre ces deux souverainetés, parfaitement caractérisées, le progrès intellectuel et moral de la civilisation en a créé une troisième, servant à passer du pouvoir absolu au pouvoir responsable. Ce troisième mode de souveraineté, qui participe des deux premiers, s'appelle monarchie constitutionnelle. La monarchie constitutionnelle a pour immense avantage d'opposer à la volonté effrénée du monarque l'obstacle salutaire de la responsabilité ministérielle, et, dans la confection des lois, l'obligation du concours d'une ou deux Assemblées, ayant, seules, en matière d'impôts, le droit d'en fixer la quotité et le mode de perception.

Cette souveraineté légale Louis XVIII avait été obligé de l'accepter et de lui donner pour fondement la Charte.

Charles X, influencé par les idées de l'ancien régime, voulut mettre au rebut les obligations constitutionnelles de sa couronne, et rentrer en possession des prérogatives du pouvoir absolu. Cette prétention illégale amena

1

les ordonnances de juillet, qui eurent pour conséquence la révolution de 1830.

Le duc d'Orléans, nommé roi par la majorité de la Chambre des députés, accepta les conséquences de la victoire du peuple sur l'armée du roi, reconnut la légitimité du droit d'insurrection, et promit que « la Charte serait une vérité. »

En conséquence, le général Lafayette présenta Louis-Philippe au peuple, en déclarant que ce prince serait un *roi citoyen* et son gouvernement la *Meilleure des Républiques.*

En foi de cette déclaration, Louis-Philippe, qui avait sur la tête, en guise de couronne, un chapeau gris, et à la main, en place de sceptre, un parapluie, embrassa publiquement le général Lafayette, et donna force poignées de mains aux vainqueurs de l'armée royale, qualifiés de « *héros de juillet.* »

Ainsi, Charles X, en reculant vers l'ancien régime, était tombé dans l'abîme où vient finir tout ce qui n'a plus de raison d'être.

Or, la raison d'être de l'arbitraire royal avait cessé d'exister en France depuis que la conscience publique ayant pris possession des droits de l'homme, avait fondé, en 1792, la République démocratique sur le principe rationnel de la souveraineté du peuple, et détruit ainsi les derniers restes de la féodalité.

Ce progrès intellectuel et moral, accompli dans la vie politique de la nation, rendait donc impossible la restauration de la souveraineté irrationnelle d'un homme ; et cela, en vertu de cette loi de l'évolution perpétuelle qui veut qu'une chose éteinte et remplacée par une autre meilleure, soit finie sans retour.

La tentative rétrograde de Charles X devait nécessairement aboutir à la ruine de son pouvoir, devenu ainsi un anachronisme politique, et par conséquent un fait isolé, sans rapport, sans union, sans un lieu quelconque avec le milieu social dans lequel il se produisait. Ce fait devait donc s'éteindre vite, pour cause d'atrophie. C'est ce qui est arrivé au gouvernement de Charles X.

A tout ordre de choses, en effet, il faut son milieu naturel : l'océan aux animaux marins, l'atmosphère aux êtres aériens. De même il fallait la barbarie, l'ignorance, la force brutale au despotisme des monarques. C'est dans ces conditions sociales que le monstre naît, vit, se développe, se reproduit. Mais quand la raison et la conscience enfantent les idées de justice et de progrès ; et que ces idées, en se répandant et se généralisant, font jaillir la lumière et métamorphosent la société, le despotisme monarchique passe à l'état d'anachronisme et tout le monde voit sa monstruosité. Son règne alors est logiquement et moralement terminé. Et s'il veut, contre la raison, la conscience, la justice, le progrès, les droits de l'homme se maintenir par la force, il provoque des révolutions dont il finit toujours par être victime.

Voilà donc pourquoi Charles X, en quittant témérairement le terrain de la légalité constitutionnelle, sur lequel Louis XVIII avait restauré la monarchie, pour se lancer aveuglément dans les voies abandonnées de l'arbitraire, s'est perdu et a entraîné dans sa ruine son fils et son petit-fils.

Or, qu'est-ce que c'était que la monarchie fondée le 9 août 1830 par la majorité de la Chambre des députés, après la victoire de l'insurrection ? Qu'est-ce que c'était que ce roi-citoyen offert à la France pour être la meilleure des républiques ?

C'était, — les mots le disent, — c'était un gouvernement de transition, un juste-milieu, comme il s'appelait lui-même.

Eh bien, une œuvre de transition est nécessairement le passage d'un ordre de choses éteint à un ordre de choses naissant. Le juste-milieu orléaniste était donc une institution de voyage, pour passer de l'ancien monde dans le nouveau, qui est la République.

Rien de plus clair; pas d'équivoque possible.

Tel était donc le programme parfaitement déterminé du gouvernement de Louis-Philippe.

Le roi-citoyen s'est-il consacré à la réalisation de ce programme qui était son seul et unique titre à la possession du pouvoir? — Nullement. Il l'a considéré comme non avenu, et ne s'est occupé que d'une chose à laquelle le public a donné le nom de : Pensée-immuable.

Cette pensée immuable à laquelle Louis-Philippe immolait le génie démocratique de la France, sur lequel reposait son trône, cette pensée immuable, dis-je, avait pour objet de fonder solidement une monarchie, destinée à rester toujours monarchie, sans jamais faire un pas en avant vers la République, aux partisans de laquelle on fit bonne et rude guerre par tous les moyens possibles.

L'auteur de la pensée immuable trouva dans la haute bourgeoisie financière, industrielle et commerciale un concours empressé pour l'accomplissement de son œuvre perfide. Cette haute bourgeoisie, enrichie nouvellement de la dépouille du clergé et de la noblesse, se proposait, d'accord avec *le roi de son choix*, de constituer, à l'aide d'un sens électoral élevé, une oligarchie ou *pays légal* de deux cent cinquante mille électeurs privilégiés.

Projet insensé ! car le nouveau milieu social engendré par la Révolution de 1789 et la République qui s'ensuivit avait pour fondement les principes rationnels suivants: droits de l'homme, souveraineté du peuple, suffrage universel, liberté de penser, de croire, de parler, d'écrire, de se réunir, etc., etc.

Comment donc faire vivre dans un tel milieu social la pensée immuable d'un homme et les intérêts égoïstes d'une haute bourgeoisie? C'était logiquement impossible.

Le gouvernement de Louis-Philippe eut donc forcément recours à la force, à la ruse, à la fraude, à la corruption politique sur une vaste échelle, à tous les expédients honteux des pouvoirs en lutte avec l'opinion publique, pour se soustraire aux obligations de son principe et se maintenir sur le terrain monarchique, où il voulait prendre racine et faire souche dynastique.

Dans l'accomplissement de cette œuvre machiavélique, M. Thiers, comme ministre de l'intérieur et comme président du conseil des ministres, était au premier rang. C'est donc là, dans le giron de cette mère coupable, — la pensée immuable, — que l'homme politique, qui a joué un si grand rôle en France après la chute de l'Empire, a pris corps et âme, a grandi, a vécu d'esprit et de cœur.

Mais quand la force, la ruse, la fraude, la corruption politique, tous les honteux expédients des pouvoirs aux abois, ont pour adversaires la raison, la conscience, les droits de l'homme, la souveraineté nationale et l'opinion publique, au moindre choc ils chancellent, se troublent, perdent la tête et tombent.

C'est ce qui est arrivé, en vertu de l'inexorable logique des choses, à ce faux roi-citoyen, qui, au moyen d'équivoques, de subtilités, de ruse, de violence, de corruption administrative avait fini par duper scandaleusement la France, en déchirant avec cynisme le programme offert et accepté, qui était son seul titre politique.

En effet, une question, celle de la Réforme électorale, ayant pour objet l'adjonction des *Capacités* aux censitaires, cette seule question engendra un conflit, à la suite duquel, en une nuit, la Révolution du mépris fit justice d'un ordre de choses dont la France humiliée ne voulait plus endurer le machiavélisme avilissant.

Louis-Phillippe, chassé des Tuileries, se réfugia en

Angleterre, sous un travestissement, comme un malfaiteur.

Le peuple, vainqueur de la monarchie bâtarde qui le dupait, acclama sa chère République, vivante imago, présence réelle de la souveraineté nationale, et seul gouvernement capable de vivre dans le milieu social des principes rationnels.

La République rendit au peuple souverain le suffrage universel, et demanda la nomination d'une Assemblée constituante.

Les légitimistes, heureux de voir la monarchie de juillet par terre, se présentèrent devant le peuple souverain avec des professions de foi républicaines à la main.

Le peuple, plein de confiance dans sa force et d'indulgence pour des hommes se disant convertis à la république, les nomma ses représentants à l'Assemblée constituante.

Dans quel but les légitimistes avaient-ils sollicité le mandat de représentants du peuple?

Dans le but, — leur conduite l'a prouvé, — de faire le plus de mal possible à la République.

En effet, à leur point de vue, la société n'existe que pour eux, fidèles sujets du roi. Donc, en l'absence du monarque, il faut conserver intactes les institutions monarchiques, qui mettent à la disposition du roi toutes les fonctions, places et faveurs dont il gratifie ses favoris et leur nombreuse clientèle.

Les désastreuses journées de juin furent le résultat des criminels complots des royalistes, traîtres envers la souveraineté du peuple.

Le perfide jeu qui avait réussi aux légitimistes à l'Assemblée constituante excita l'envi des orléanistes, qui résolurent de marcher sur leurs traces et de jouer le même rôle dans l'Assemblée législative. En conséquence, ayant à leur tête M. Thiers, dont le peuple n'avait pas voulu pour représentant à l'Assemblée constituante, les orléanistes se portèrent candidats à l'Assemblée législative avec un zèle calculé, qui trahisssait leurs mauvais desseins contre la République, mauvais desseins habilement cachés sous des formes de langage où l'équivoque et la dissimulation se disputaient l'honneur de tromper la bonne foi du peuple.

Le coup réussit. Le peuple fut dupé, et nomma représentants le plus grand nombre de ceux qui avaient sollicité perfidement son suffrage.

Bientôt après on vit à l'œuvre légitimistes et orléanistes, ligués ensemble contre la République. M. Thiers marchait à leur tête et trônait dans la réunion de la rue de Poitiers. Il fut alors un des auteurs, — il en a fait l'aveu, — de la fameuse loi du 31 mai 1850, qui, sous prétexte de moraliser le suffrage universel, retranchait trois millions d'électeurs ! et rendit ainsi possible le coup d'État du deux décembre, en inspirant au peuple la haine et le mépris d'une Assemblée qui portait atteinte à ses droits civiques d'une manière si révoltante.

Ayant si bien fait le jeu de Louis Bonaparte, les royalistes furent conduits, dans la nuit du 2 décembre 1851, à Mazas et au Mont-Valérien. Mais le César de rencontre ne craignant rien de tels adversaires, voulant, au contraire, les prendre bientôt à son service, les fit dédaigneusement mettre en liberté

Les républicains qui, au nom de la loi, avaient tenté, au péril de leur vie, de défendre la République contre un chef parjure, à qui l'armée obéissait aveuglément, les républicains, dis-je, furent mitraillés, fusillés, arrêtés et déportés.

Ainsi se fonda par la trahison et la révolte, dans le sang de la nation, la Présidence à vie de l'homme de Strasbourg et de Boulogne. Et l'armée, qui avait conservé son organisation monarchique et n'aspirait qu'à l'honneur d'avoir un monarque à sa tête, offrit son concours empressé au parjure, au traître, et foula aux pieds, cyniquement, la loi sacrée du pays, émanée de la souveraineté nationale.

Quelle leçon à méditer!

Dans l'antiquité, les armées romaines, corrompues par les généraux qui les commandaient, agissaient de même, et proclamaient César l'homme qui leur promettait la plus forte récompense.

Telle fut la cause de la rapide décadence intellectuelle et morale du plus grand peuple du monde, décadence qui vit se produire ce fait significatif, né de l'omnipotence de l'armée : l'empereur Pertinax ayant voulu réformer certains abus, fut assassiné et le trône vendu à l'encan.

Peuple souverain, entretiens donc en t'imposant les plus dures privations, entretiens donc une armée monarchique pour la voir offrir ses services aux Césars de rencontre et se rendre complice des coups d'Etat les plus criminels!

La présidence à vie fut la récompense de l'attentat du Deux-Décembre.

Au nom de la légende napoléonienne, le suffrage universel, rendu à la nation, sanctionna par cinq millions et demi de voix l'œuvre du parjure.

Toujours, au nom de la légende napoléonienne, le peuple ratifia par un nouveau plébiscite l'ascension de Louis Bonaparte du fauteuil de la présidence au trône impérial.

Mais l'Empire ainsi rétabli eut une existence digne de son origine, et fut le plus honteux comme le plus coupable des Bas-Empires.

Rien dans le monde ne peut être comparé à l'immoralité d'un tel gouvernement. Sa fin, couronnant son existence, surpasse tout ce que l'histoire offre, en ce genre, de plus ignominieux.

A son tour, la France expia, par des désastres inouïs, sa connivence insensée à l'œuvre criminelle du Deux-Décembre.

Elle avait cru à une légende, au lieu de croire en elle-même. Aussi a-t-elle payé cher une si folle aberration d'esprit.

Ainsi, des trois gouvernements tombés depuis 1830, nous avons vu que la chute du premier, — celui de Charles X, — était l'œuvre du milieu social dans lequel il se trouvait ; milieu social de raison, de justice, de progrès, de droit commun, impropre à l'existence d'un pouvoir animé de l'esprit de l'ancien régime. Nous avons vu que la chute du second, — celui de Louis-Philippe, — beaucoup plus humiliante, avait pour cause une perfidie de la pire espèce, perfidie qui lui valut une fin honteuse, celle de la Révolution du mépris. Quant au troisième, — celui de Louis Bonaparte, — commencé dans le milieu social de la légende napoléonienne, avec le concours criminel de l'armée, ce gouvernement de guet-apens ne pouvait vivre qu'au moyen des plus honteux expédients. Aussi une folle et criminelle ambition, que ne motivait aucune qualité supérieure d'esprit ou de cœur, porta Louis Bonaparte à vouloir exploiter bassement le chauvinisme rural de la France ; — « mes amis sont dans les chaumières, » — disait-il. En conséquence, après le plébiscite qui ratifiait le coup d'État du Deux-Décembre, le système des candidatures officielles fut savamment organisé et donna, pendant dix-huit ans, une écrasante majorité, entièrement soumise au bon plaisir du gouvernement. C'est au moyen de cette majorité passive que l'homme du Deux-Décembre exerça un despotisme abject, qui creusa un abîme de corruption tellement profond que l'Empire et la France y furent ensemble engloutis au premier coup frappé par la Prusse.

France, après une si longue et si cruelle expérience,

profite donc de ces trois rudes leçons ! et comprends que, dans le milieu social actuel de souveraineté du peuple, de suffrage universel, de raison, de conscience, de droit commun, de bon sens public, de libre examen, de libre discussion, de progrès intellectuel et moral, de libertés de tout genre, un seul gouvernement est possible, celui du pays par le pays, la République, œuvre de lumière, source de vertus.

Le progrès s'impose à la volonté des hommes en vertu des lois de la nature, et par conséquent aucune force brutale ne peut empêcher le mouvement intellectuel et moral de l'humanité de s'accomplir. Toutes celles qui ont été employées à ce criminel et monstrueux usage, le fer, le feu, les cachots, l'exil ont failli à leur mission. Après bien du sang répandu, bien des dévastations commises, le mouvement intellectuel et moral a continué son cours et fait naître le progrès. C'est ainsi que la force brutale a toujours succombé sous l'action continue de la Raison et de la Conscience, et que la notion lumineuse du Droit existe.

Pour naître, le Droit a brisé la Force ; à plus forte raison, le droit ayant conquis sa place dans l'humanité, la Force n'est plus capable de l'en évincer.

C'est cependant ce qu'elle voudrait bien faire, aujourd'hui, en France !

Le 4 septembre 1870, après l'effondrement et la disparition de l'Empire, la souveraineté nationale a proclamé la République et pris possession du gouvernement. Aussitôt, par haine de la République, les hommes des trois monarchies déchues se sont entendus pour opposer, sous toutes les formes, à la République, une résistance morale et matérielle qui a paralysé tous les efforts de la défense nationale. La France envahie a dû subir la loi du vainqueur. Pour accomplir cette œuvre de désolation les légitimistes et les orléanistes, empressés d'immoler la République, se sont présentés en masse aux élections générales, dans des conditions exceptionnelles qui excluaient matériellement toute discussion publique des candidatures. En conséquence, les légitimistes et les orléanistes ont été nommés, et ont formé la majorité de l'Assemblée réunie à Bordeaux.

La première manifestation des sentiments politiques de cette majorité a été contre Garibaldi.

La seconde contre Victor Hugo.

La troisième a été le choix de M. Thiers pour chef du pouvoir exécutif.

Ces trois manifestations, parfaitement volontaires, parfaitement concordantes, étaient donc des faits connexes qui caractérisaient l'esprit dont cette majorité était animée.

Nous allons donc voir à l'œuvre les monarchistes, dirigés, comme en 1819 et 1830, par M. Thiers ; mais par M. Thiers travaillant cette fois-ci pour son propre compte.

Ainsi, depuis l'avénement de M. Thiers au pouvoir jusqu'au moment de sa chute, l'ambition de régner et de gouverner, en qualité de *Régent du royaume* ou de *Président perpétuel* de la République, ayant été l'unique mobile de sa politique à l'intérieur et à l'extérieur, nous aurons naturellement à nous occuper d'une situation exceptionnelle, qui, durant un laps de temps de deux ans et trois mois, a absorbé totalement la puissance nationale, employée à construire le burlesque édifice dont le trône de M. Thiers devait être le burlesque couronnement.

Ce fait capital, à l'accomplissement duquel toute question politique a été subordonnée, doit être par conséquent l'objet spécial de l'attention des citoyens. Dans cette conviction, nous avons mis en lumière tout ce qui était de nature à éclairer l'intelligence de la nation.

Le peuple doit savoir que l'unique objet du gouvernement de M. Thiers était de façonner la France à son image et la représentation nationale à son usage, pour en faire l'instrument de son règne.

Tant d'intérêts particuliers et d'ambitions personnelles d'une part, et tant d'ignorance des principes rationnels, d'autre part, travaillaient en faveur du succès de M. Thiers, et travaillent dans l'intérêt de ses imitateurs, car il en aura; puisqu'il se trouvera toujours des ambitieux pour pêcher dans l'eau trouble du milieu social monarchique, si fertile en criminels politiques, qu'il est absolument nécessaire de leur imposer silence par l'évidence des faits, évidence qui ne permet pas de douter des perfides intentions du « *vieux routinier monarchique,* » comme il se faisait honneur de s'appeler.

Oui ! la France doit savoir où voulait la conduire la politique personnelle de M. Thiers, — politique de roueries et d'équivoques, — et où cette politique l'aurait infailliblement conduite, au moyen du traquenard des lois constitutionnelles, si la majorité monarchique, alarmée par les élections radicales d'avril et de mai, n'avait renversé ce nouveau genre de gouvernement personnel, et mis à sa place le fameux *gouvernement de combat,* qu'elle croit de force à anéantir en France la Raison et la Conscience, formulant leurs droits par la bouche du peuple.

La France doit aussi connaître les hommes qui, ayant sollicité un mandat de la souveraineté nationale et l'ayant obtenu, arborent, dans l'Assemblée, un drapeau monarchique, qui est la négation du principe d'où émane leur mandat; oui, la France doit connaître ces hommes, d'abord, pour apprécier la moralité de leur conduite, ensuite pour faire justice de leurs paroles et de leurs actes aux prochaines élections générales.

La France doit connaître en outre les mandataires du peuple qui, ne s'inspirant que des lois de la raison et des prescriptions de la conscience, cherchent, en toute occasion, à réaliser le progrès intellectuel et moral, qui est le but vers lequel la démocratie veut résolûment marcher.

Légitimistes cléricaux, Orléanistes, Bonapartistes et vous, Républicains, comparaissez d'avance devant le tribunal de la souveraineté nationale pour rendre compte de l'usage que vous avez fait du mandat que le peuple souverain vous a confié. Donnez-lui l'explication claire et nette, — le peuple n'aime pas les équivoques, — de vos paroles et de vos actes. Faites voir ce que vous avez dans l'esprit et dans le cœur. Indiquez le but vers lequel chacun de vous s'est constamment dirigé. Oui, faites cela, afin que le suffrage universel sache à qui il doit accorder ou refuser sa confiance quand l'heure des élections générales aura sonné.

Mais pour obtenir ce résultat si instructif, n'attendons pas que les partis fassent naïvement leur confession publique, chose irréalisable; faisons nous-mêmes l'enquête qui, seule, peut nous fournir les renseignements précieux dont nous avons besoin.

LÉGITIMISTES - CLÉRICAUX

Les légitimistes, malgré quelques dénégations irréfléchies, sont nécessairement cléricaux, puisque leur roi, le comte de Chambord, a déclaré itérativement que la cause du Pape était la sienne.

Il suit de là logiquement que, le roi étant papiste, tous les vrais légitimistes doivent aussi être papistes.

Ce fait est donc acquis à la politique militante, et personne n'est fondé à la révoquer en doute.

C'est par conséquent sous le double point de vue de partisans de la souveraineté monarchique et de partisans de la souveraineté pontificale que nous aurons à nous occuper des hommes qui, en politique, représentent l'ancien régime.

Après la chute de Charles X du trône de ses pères, les légitimistes cléricaux, qui avaient, comme leur roi, une foi entière dans le droit divin, tournèrent le dos avec mépris à Louis-Philippe, traître envers son roi, et ne prirent jamais part aux élections, ne croyant pas avoir le droit de voter ni de faire un acte politique quelconque sans l'autorisation du roi légitime, Henri V.

Par scrupule de conscience l'abstention politique fut donc rigoureusement à l'ordre du jour du parti légitimiste sous le règne de l'usurpateur.

Quand la Révolution du mépris fit justice, au nom du

peuple, de l'homme qui avait perfidement dupé la démocratie, et proclama la République, les intrigants du parti légitimiste, croyant le moment venu de faire un coup de maître, mirent les scrupules de conscience de côté, et se présentèrent, comme nous l'avons dit, aux élections pour la Constituante avec des professions de foi républicaine que l'histoire a conservées. Beaucoup d'eux furent élus à titre de nouveaux convertis ; la République, conflante dans leurs déclarations, consentait à oublier leur passé.

Le jour de la réunion de l'Assemblée Constituante ces faux républicains acclamèrent quinze fois la République.

C'était le baiser de Judas.

Bientôt après tous les ennemis secrets de la République se liguèrent pour faire obstacle aux aspirations de la démocratie, et parvinrent, par leur résistance calculée, à provoquer des mécontentements pleins d'angoisses et de terreurs, qui aboutirent au terrible conflit des journées de juin.

La démocratie qui avait été perfidement surexcitée, provoquée et poussée par la misère à la révolte, fut écrasée, transportée, et dénoncée à la haine de la France, sous la qualification de : *socialiste*.

Les monarchistes n'osèrent cependant pas profiter de la victoire de l'Assemblée pour porter atteinte à la République : ils n'étaient pas de force à le faire, d'autant plus que cette victoire avait été remportée au nom de la République, et par des républicains, derrière lesquels les monarchistes avaient eu l'adresse de se cacher, pour souffler la discorde parmi les hommes qui suivaient la même voie, mais d'un pas inégal.

Après l'horrible conflit de juin, œuvre de l'esprit monarchique qui s'était subrepticement introduit dans l'Assemblée pour ronger les entrailles de la République naissante, la Constituante sentit son existence s'amoiadrir et ses facultés mentales s'obscurcir. Cela devait être. Le gouvernement provisoire, composé d'éléments disparates, n'avait pu s'élever à la hauteur de sa mission politique, et gouverner en organisant rapidement et solidement les forces vives de la nation, d'après le type démocratique. Au contraire, retenu par les hommes à préjugés monarchiques dans le milieu gouvernemental anti-progressif, enchevêtré et empêtré dans cette triste position par les obstacles de tout genre que la conspiration royaliste opposait à son mouvement ascensionnel, l'inhabile gouvernement provisoire tomba enfin dans le piége perpétuellement tendu sous ses pas par ses perfides ennemis, et disparut dans le sang répandu par une guerre civile qu'il n'avait pas su empêcher par des mesures politiques à la hauteur des événements. Cette chute à jamais déplorable mit le pouvoir exécutif aux mains du général Cavaignac, vainqueur du peuple, de ce peuple poussé à la révolte par la perfidie du parti royaliste, dont les hommes à préjugés monarchiques du gouvernement provisoire ne surent pas faire justice en temps opportun. Dans cette situation anormale, qui mettait l'Assemblée constituante au niveau des pouvoirs monarchiques, et rappelait hélas ! ces tyranniques paroles dont l'Europe naguère s'était émue : « L'ordre règne à Varsovie, » il était bien naturel qu'un profond sentiment d'amertume régnât dans tous les nobles cœurs du parti républicain et y produisît les plus douloureux effets. Les réactionnaires, au contraire, ne cachaient pas leur joie. La victoire du général Cavaignac était la leur ; c'était une victoire monarchique, qui leur donnait gain de cause contre la République, abattue avec l'émeute, disaient-ils, pour toujours. Dans cette cruelle situation l'Assemblée constituante discuta, vota et promulgua la Constitution de 1848. Cette constitution confiait pour quatre ans, avec des prérogatives presque royales, le pouvoir exécutif à

un homme, et pour comble d'aberration mentale ! remet-
tait, sans aucune des précautions légales instituées aux
États-Unis d'Amérique, le choix de cet homme à l'impré-
voyance, en pareille matière, du suffrage universel.

Ce qui devait arriver, arriva : la légende napoléonienne régnait dans les campagnes, l'homme de Strasbourg et de Boulogne, parce qu'il se nommait Bonaparte,
fut donc élu président de la République française par
quatre millions et demi de voix. Son concurrent, le général Cavaignac, n'en obtint qu'un million et demi, et
Lamartine six ou sept cents.

L'esprit monarchique triomphait ! car tout le monde
disait que c'était un empereur qu'on avait élu. Les événements l'ont bien prouvé.

Le général Cavaignac, qui croyait recevoir pour prix
de sa victoire le pouvoir présidentiel, dont il était déjà
en possession, fut cruellement déçu, et dut remettre les
rênes de l'État à celui pour qui il était loin de penser
qu'il avait tiré l'épée.

Aussitôt le neveu de Napoléon élu président de la
République française, l'esprit monarchique s'enflamma,
et demanda partout avec passion la dissolution de l'Assemblée constituante : c'était logique.

L'Assemblée constituante, où existait une majorité
républicaine très nombreuse, se rendit avec empressement au vœu de la nation, et prononça sa dissolution.

Profitant de l'émotion que les désastreuses journées
de juin avaient répandue dans toute la France, et tirant
parti de la crainte habilement semée de voir le pouvoir
législatif aux mains de la démocratie, les réactionnaires
de toute nuance se portèrent candidats aux élections
générales. Presque tous furent nommés, M. Thiers en
tête.

La majorité de l'Assemblée législative devint donc
monarchique ; et, pour combattre la République, les légi-

timistes cléricaux s'allièrent aux orléanistes voltairiens.
Alors, sous les auspices des intrigants des deux partis,
commença la première tentative de fusion entre les deux
branches ennemies de la maison de Bourbon. M. Thiers,
en haine de la démocratie, conduisait cette honteuse
intrigue byzantine, qui devait porter ses fruits à l'expiration des quatre années de présidence de M. Louis
Bonaparte.

De son côté le neveu de Napoléon, qui savait dans
quel esprit les électeurs ruraux l'avait élu président de
la République, était bien résolu à se maintenir au pouvoir par un coup d'État, à l'expiration du terme légal de
ses fonctions.

Deux politiques se trouvaient donc en présence dans
le gouvernement de la France : la politique de la majorité de l'Assemblée législative et celle du président de la
République. Mais divisées par leurs tendances personnelles, ces deux politiques étaient parfaitement d'accord
sur un point essentiel, celui de rétablir la monarchie.
Par suite de cet accord, tout ce qui était nuisible à la
République était accepté et accompli avec empressement par l'Assemblée et le pouvoir exécutif.

En conséquence, contrairement à l'esprit et au texte
formel de la Constitution, les fonds pour l'expédition de
Rome, — expédition ayant pour objet le renversement de
la République romaine et la restauration du pouvoir
temporel du Pape, — les fonds, dis-je, pour l'expédition
de Rome furent demandés par le président et votés par
l'Assemblée. Mais cet attentat contre la souveraineté du
peuple romain était tellement odieux et criminel, qu'il
fallut en cacher la perfidie aux yeux de la France indignée.
Pour cela, faute de raisons, même spécieuses, on se servit des plus ridicules prétextes.

Ainsi, d'un commun accord, le pouvoir exécutif et le
pouvoir législatif préludaient, chacun dans son intérêt

personnel, à la restauration de la monarchie en France.

C'était, de la part des mandataires de la souveraineté du peuple une odieuse trahison, dont l'honneur national fut profondément blessé.

L'année suivante, obéissant toujours aux mêmes perfides tendances, l'Assemblée et le président de la République firent, toujours d'accord, la criminelle loi du 31 mai 1850, loi ayant pour objet de supprimer trois millions d'électeurs, sous prétexte de régulariser et de moraliser le suffrage universel. Mais cette fois-ci un des complices était la dupe de l'autre. En effet, la majorité monarchique de l'Assemblée, aveuglée par sa haine contre la démocratie, ne s'était pas aperçue du coup que méditait de lui porter le pouvoir exécutif. Elle donna, quoique dirigée par M. Thiers, à plein collier dans le piége que lui tendait l'homme du guet-apens, piége dans lequel vint s'abîmer toutes ses coupables illusions, toutes ses royales espérances, et qui fut la punition si bien méritée de son attentat contre la souveraineté du peuple.

La loi du 31 mai votée et promulguée, le neveu de Napoléon fit les préparatifs de son coup d'Etat. Rien n'était plus facile, puisqu'il disposait royalement de l'administration et de l'armée. Comme l'évidence de ce coup d'Etat frappait tous les yeux, on en parlait partout; et la presse n'épargnait pas les avertissements donnés à l'Assemblée. La nécessité de prendre des mesures efficaces contre l'ambition effrénée de l'homme de Strasbourg et de Boulogne devenait donc urgente; et au moyen de précautions énergiques, prises à temps, le complot présidentiel eût avorté honteusement.

Dans cette conjoncture l'homme du guet-apens eut recours à une ruse dont ses pareils font constamment usage. Le 4 novembre 1850, jour de la rentrée de l'Assemblée, M. Louis Bonaparte, dans son discours d'ouverture, rappela à l'Assemblée, à la France et au monde qu'il avait prêté serment de fidélité à cette Constitution qu'on lui faisait l'injure de dire et de croire qu'il était capable d'anéantir.

En présence de cette solennelle déclaration la majorité monarchique de l'Assemblée sentit ses soupçons s'évanouir, et ne crut pas nécessaire de mettre le pouvoir exécutif dans l'impossibilité de faire un coup d'Etat.

Un mois après, dans la nuit du 2 décembre, cette majorité monarchique apprit à connaître le parjure. Tous les représentants du peuple ayant une valeur personnelle, comme hommes d'action ou de résolution, furent arrêtés dans leur lit, avant le jour, et conduits comme des malfaiteurs de la pire espèce à Mazas; ceux que l'auteur du guet-apens craignait le moins furent enfermés au Mont-Valérien.

Une affiche apposée sur les murs de Paris apprenait à la nation que l'Assemblée législative était dissoute par le président de la République, qui « *sortait de la légalité pour entrer dans le droit.* » — Quel droit? se demandait-on.

Aussitôt le coup d'Etat connu, les hommes dévoués à la République se portèrent isolément dans le faubourg Saint-Antoine, et se mirent à élever des barricades. Sollicités de prendre les armes, les ouvriers s'y refusèrent, sachant fort bien que l'armée, dont disposait le parjure, occupait tous les points stratégiques de la capitale; et que, d'ailleurs, ils ne risqueraient pas un cheveu en faveur d'une Assemblée qui avait encouru leur mépris.

Ainsi finit cette Assemblée qui avait trahi la souveraineté du peuple en portant atteinte aux droits civiques de trois millions d'électeurs; et qui, tenant son mandat de la République, avait résolu de renverser cette institution et de restaurer la monarchie. La main du bourreau s'est appesantie sur elle, en vertu de l'éternelle justice.

Tel est donc le rôle politique que les légitimistes, unis aux orléanistes, ont rempli, sous la direction de M. Thiers, dans l'Assemblée législative, chargée par le suffrage universel de maintenir la République, acclamée en 1848. Ce rôle est caractéristique ; car c'est lui qui a valu à la France le coup d'État du 2 décembre, les vingt années de règne de l'homme de Sedan, et le démembrement accompli par la Prusse victorieuse.

Que la France s'en souvienne et ne l'oublie jamais !

Vingt ans après, en février 1871, la France, profondément démoralisée par une corruption politique systématiquement organisée et cyniquement pratiquée, était, par suite d'une guerre follement entreprise, vaincue et réduite à subir les conditions honteuses qu'il plairait à l'ennemi de lui imposer.

Quelles étaient les causes de la décadence militaire de la France ?

La participation de l'armée au coup d'État du 2 décembre.

L'exercice du pouvoir absolu sans contrôle efficace.

La guerre du Mexique, entreprise en vue d'obtenir la main de la fille de l'empereur d'Autriche pour l'héritier de Napoléon III.

La guerre de Prusse, faite pour affermir la couronne sur la tête du futur Napoléon IV.

L'incapacité militaire portée jusqu'à l'ineptie de Napoléon III, commandant en chef des armées françaises.

L'infériorité numérique des hommes présents sous les drapeaux et l'insuffisance de l'artillerie, provenant des détournements de fonds affectés à ces services ; détournements que nous verrons constatés d'une manière irréfutable à l'article *Bonapartistes*.

Pour ces causes principales, accrues dans leurs effets par la trahison inqualifiable de Bazaine, et d'autres causes honteuses que nous aurons occasion de citer, la première nation du monde par l'intelligence et le cœur se trouvait, vaincue et humiliée, à la merci de la Prusse.

Dans cette situation terrible et navrante, que les efforts de la délégation du gouvernement de la Défense nationale n'avaient pu empêcher de se produire, un armistice fut négocié avec M. de Bismarck par MM. Thiers et Jules Favre.

Aux termes de cet armistice, un délai de dix jours fut accordé à la France pour faire les élections générales, et constituer un Gouvernement avec lequel la Prusse puisse traiter avec la certitude que toutes ses exigences seraient acceptées.

On vit alors les hommes dont les aveugles passions monarchiques avaient si bêtement livré la République de 1848 à l'homme du 2 décembre, et dont l'inertie calculée avait tant contribué au succès de la Prusse, oui, on vit ces hommes-là, marchant d'un cœur léger sur la France vaincue et sanglante, se porter candidats à la représentation nationale, avec l'espoir insensé et coupable, mais prudemment caché sous des professions de foi républicaines ou équivoques, de se servir du mandat confié à leur honneur par la souveraineté du peuple pour renverser la République du 4 septembre, et restaurer le trône de la maison de Bourbon.

Dans le désarroi politique où gémissait la France, environ cinq cents légitimistes et orléanistes furent nommés députés.

Aucun candidat n'avait été interrogé, aucune explication n'avait été demandée. Les listes furent faites par les meneurs de la réaction et votées dans le plus complet silence.

En effet, qu'aurait pu répondre un candidat légitimiste à qui on aurait posé cette question : Avez-vous, Monsieur, une permission de votre roi pour solliciter un mandat du peuple souverain ?

La réponse négative était la seule possible, il était facile de répliquer : Eh bien, allez la lui demander ; car, étant sujet, vous ne pouvez faire acte de souveraineté en prenant part au suffrage universel, qui est la négation vivante de l'autorité royale. Vous n'avez donc, Monsieur le légitimiste, pour n'être pas un traître, qu'une chose à faire, c'est de vous retirer dans vos foyers. Le peuple sait aujourd'hui distinguer ses amis d'avec ses ennemis.

En effet, la souveraineté du roi et la souveraineté du peuple s'excluent. On ne peut servir deux maîtres, sans trahir l'un des deux, ou tous les deux ; ce qui est le cas des députés légitimistes, reniant la souveraineté du roi en adhérant au suffrage universel, et faisant ensuite usage du mandat de représentant du peuple pour restaurer la monarchie. Une telle conduite est coupable, très coupable. Le peuple souverain veillera à ce qu'elle ne se reproduise plus : le mandat impératif, à l'avenir, fera justice d'une telle duplicité avant qu'elle n'ait réussi à tromper la confiance des électeurs.

M. de Bismarck savait fort bien que les légitimistes et les orléanistes profiteraient avec empressement de la victoire des armées allemandes pour se présenter en masse comme candidats devant le suffrage universel, bien décidés à saisir cette occasion unique de restaurer la monarchie. Quoi de plus avantageux pour la Prusse! puisque les royalistes, pour réaliser leur projet, seraient obligés de souscrire à toutes les honteuses conditions qu'on voulait imposer à la France. Pour le succès d'une telle combinaison le délai de dix jours pour faire les élections générales, délai qui ne permettait pas à la France de se reconnaître et de voir le piége caché sous cette clause de l'armistice, fut imposé par le vainqueur.

De son côté M. Thiers, qui dirigeait les négociations de l'armistice, muni d'un sauf-conduit de l'empereur d'Allemagne, sachant, sans aucun doute, par ce qui s'était passé en 1849, qu'il jouerait le premier rôle dans la future Assemblée, composée de monarchistes, accepta sans peine le délai de dix jours, qui allait mettre la France sous son pouvoir.

Les parties contractantes, ayant le même intérêt à brusquer les élections, se mirent aisément d'accord sur la date du 8 février 1871. Leur commune espérance se réalisa : la combinaison réussit.

M. Thiers fut nommé député par vingt-sept départements ; et environ cinq cents députés royalistes de toutes nuances, — comme nous l'avons dit, — obtinrent du suffrage universel le mandat de représenter la nation.

Voilà donc, politiquement constitué, le terrain désiré sur lequel M. Thiers va prendre pied pour *gouverner la France, selon son bon plaisir*, avec l'agrément, bien entendu, de la Prusse. C'est là que nous allons voir M. Thiers déployer toutes les ressources cauteleuses de son intelligence d'homme d'affaires, accrues de l'art de duper tout le monde, acquis dans sa longue carrière parlementaire, en un temps et sous un règne où cet art était le *nec le plus ultrà* de la science gouvernementale.

Nous allons donc voir à l'œuvre cette Assemblée, élue sous les auspices de M. de Bismarck et de M. Thiers, et qui aura, un jour, un compte sévère à rendre à la nation.

Le premier acte public de l'Assemblée qui venait de se réunir à Bordeaux fut digne de l'esprit clérico-monarchique qui animait la majorité.

En effet, ce premier acte public fut le refus d'entendre le général Garibaldi, qui, élu député, mais n'étant pas français, avait donné sa démission, et voulait adresser quelques nobles paroles, comme il sait en dire, à la France avant de quitter l'Assemblée.

Eh bien ! des rumeurs d'une inconvenance inouïe, des cris tirés du vocabulaire des animaux, des bruits stri-

dents forcèrent le héros, « le seul héros des temps modernes », a dit Michelet, à descendre de la tribune
nationale sans pouvoir, hélas ! faire entendre à la France
un seul mot des magnanimes sentiments qu'il voulait
lui exprimer, en prenant congé de la nation, à qui il était
venu offrir si patriotiquement sa vie, celle de ses deux
fils, la magique illustration de son nom et ses incompa-
rables talents militaires, si précieux dans la pénurie
complète de capacités de tout genre dont souffrait la
France, par suite des procédés d'extinction intellectuelle
à l'usage de l'homme du guet-apens.

Oui, voilà le premier acte public de l'Assemblée réunie
à Bordeaux. La France républicaine en a rougi de honte.
Elle saura, un jour, en flétrir les auteurs et glorifier la
victime. L'honneur national l'exige.

Après ce haut fait clérico-monarchique, l'Assemblée
entendit la proposition ayant pour objet d'investir
M. Thiers du pouvoir exécutif. Cette proposition fut
agréée par l'Assemblée, et votée dans une des séances
suivantes.

Tout allait donc au gré de la Prusse et de M. Thiers,
qui, au comble de ses vœux, prit, à titre de pouvoir exécutif, possession du gouvernement de la France.

Il nomma ses ministres. Et, pour traiter de la paix, se
fit adjoindre une commission composée de quinze membres, choisis parmi les députés ; cette commission avait
pour mission de mettre à couvert la responsabilité de
M. Thiers.

Tel est le personnel qui fit la paix que tout le monde
connaît ; paix que M. Keller, député de l'Alsace, qualifia,
devant l'Assemblée, de « *honteuse.* »

« Paix malheureuse » ! s'écria M. Thiers.

— Pas pour vous, répliqua l'honneur national.

La paix faite, que fallait-il aux monarchistes ?

Il fallait, M. Thiers le leur a dit, il fallait « s'emparer « du pouvoir qui n'était pas dans leurs mains. »

La capitale, en effet, et toutes les grandes villes de France étaient encore armées au nom de la souveraineté du peuple, et partout la milice nationale était profondément dévouée à la République fondée le 4 septembre 1870.

Voilà l'obstacle.

Comment l'abattre ?

M. Thiers se chargea de l'entreprise. Sa spécialité ministérielle, sous Louis-Philippe, était de faire ces sortes de choses. En conséquence, M. Thiers, à ce sujet, inspirait toute confiance à la majorité monarchique de l'Assemblée.

Et ce que je dis là n'est ni une plaisanterie ni une calomnie. C'est tout simplement un aveu formel, tombé de la bouche de M. Thiers, du haut de la tribune nationale, quand hélas ! après avoir résolument fait le coup dont il est question, au lieu, comme il le croyait de jouir du bénéfice en perspective, il fut en butte à l'implacable haine des ardents légitimistes et au mépris de tout ce parti.

Voilà l'aveu de M. Thiers : « En traversant Paris « pour me rendre à Bordeaux, après la signature du « traité de paix, *j'avais vu qu'il fallait écraser la déma-* « *gogie qui s'était rendue maîtresse de la capitale, et ne* « *voulait pas l'abandonner.* »

Ces paroles sont textuellement extraites du *Journal officiel*. Et ce n'est pas un czar de Russie qui les prononce à Varsovie ; c'est le mandataire de la démocratie qui les adresse à la milice nationale de son pays. L'histoire les a enregistrées, et le peuple français ne les oubliera jamais, non jamais !

Nous allons voir quels en furent les désastreux effets, et dans quel but M. Thiers voulait, au prix de l'écrasement de la milice nationale, s'emparer du gouvernement de la France vaincue.

Mais, avant de nous occuper du fait capital qui a amené la guerre civile après la paix avec la Prusse, nous devons, pour nous conformer au plan de ce Manuel, décrire le rôle du parti légitimiste dans l'Assemblée de Versailles. Cela fait, nous retrouverons M. Thiers et son œuvre en traçant l'historique des faits et gestes parlementaires du parti orléaniste, auquel appartient cet ambitieux, qui, pour satisfaire ses criminelles convoitises s'est conduit, en plein XIX° siècle, comme un césarion de Bas-Empire.

Résolu à profiter de l'unique occasion, — l'invasion étrangère, — qu'il pouvait avoir de restaurer l'ancien régime, le clan légitimiste, qui n'est pas la dix-millième partie de la France, mais qui était par les conditions électorales imposées par M. de Bismarck et acceptées par M. Thiers, le tiers de l'Assemblée élue le 8 février 1871, le clan légitimiste, dis-je, ne pouvant rien par lui-même, et n'ayant aucun homme à produire sur la scène politique, était donc, malgré la haine et le mépris qu'il professe pour M. Thiers, dans la joie de voir cet ambitieux, qui n'était pas à son coup d'essai, se charger, par instinct et habitude, d'anéantir la milice nationale, obstacle insurmontable à la restauration du régime monarchique.

Comme nous venons de le dire, nous verrons à l'article : *Orléanistes*, de quelle façon cette extermination s'est accomplie.

Pour le moment, occupons-nous du parti légitimiste, sans force dans le pays, puissant à l'Assemblée, grâce à la victoire de la Prusse.

Après la conquête de Paris par l'armée impériale, rendue à M. Thiers pour cet usage, prévu par Bazaine, le parti légitimiste, toujours si naïf en politique, crut qu'il allait cueillir les fruits de cette victoire.

En conséquence, les plus zélés, les plus aveugles chevaliers de l'ancien régime se mirent en marche pour aller au-devant du Roi, qui, de son côté, s'était rendu à Anvers, pour abréger le chemin qu'avaient à faire ses loyaux sujets. La réception royale fut cordiale et chaude : les têtes chauves s'enflammèrent en présence du droit divin, et organisèrent, héroïquement, une manifestation. La démocratie anversoise y répondit par une contre-manifestation. L'ordre public fut troublé; la police intervint et dissipa l'attroupement.

Le comte de Chambord, en homme bien élevé, se déroba au zèle trop ardent de ses fidèles sujets.

C'est alors que, faute de roi, la bouillante ardeur des têtes chauves de l'ancien régime s'est portée vers la Sainte Vierge, et a organisé tous ces pèlerinages qui sont venus, comme des cyclones, s'abattre sur tous les lieux à miracles et les inonder des torrents d'une dévotion toute politique.

Mais hélas ! la Sainte Vierge, comme le roi, refusa de s'associer aux manifestations de la dévotion politique; et personne, pas même M. Veuillot, qui en fut fort affligé, croyant mériter mieux, n'eut l'honneur de voir la queue de sa robe. Cruelle déception pour ceux qui venaient mettre la France à ses pieds.

Que voulez-vous, Messieurs du bon vieux temps ? les miracles sont difficiles à faire aujourd'hui, même en présence d'un auditoire disposé à tout croire. Car il s'y trouve toujours quelque finaud pour dire : J'ai vu la ficelle!

Les pèlerinages n'ayant pas réussi à rendre le trône au fils de Saint Louis, les légitimistes d'action, — d'autres disent d'intrigue, — tournèrent leurs efforts vers la *fusion*, vieille rengaine parlementaire dont M. Thiers avait usé et abusé, en 1849, pour composer la majorité monarchique de l'Assemblée législative.

On se mit donc de nouveau à l'œuvre avec ardeur.

Mais hélas! la déception fut complète, et le fiasco irréparable.

En effet, le comte de Chambord, qui est un homme d'honneur, mit fin à ces basses intrigues par un manifeste plein de dignité, dans lequel il déclarait : « Ne pas vou- « loir être le roi de la Révolution, ni abdiquer les droits « qu'il tenait de ses aïeux; droits qui lui imposaient le « devoir de remplir sa mission. » Dans ce même manifeste le comte de Chambord disait qu'il n'abandonnerait jamais le drapeau blanc, « qui avait couvert son berceau et ombragerait sa tombe. »

Ce manifeste ferme, loyal, sans équivoque, disait aux intrigants : Assez! assez! je ne veux pas être votre jouet politique.

Ainsi éconduits avec dégoût, les intrigants du parti légitimiste tournèrent leurs efforts contre M. Thiers, et résolurent, de concert avec les orléanistes, de lui en- lever le pouvoir, en haine de la République que le rusé compère voulait conserver pour l'exploiter.

En présence de ce danger, et pour acquérir les voix de l'extrême gauche, indispensables à la conservation de sa position, M. Thiers prit la résolution, *in extremis*, de lancer le fameux message du 13 novembre 1872, mes- sage dont nous aurons à nous occuper spécialement, en son lieu, n'ayant ici, comme nous le répétons, à nous occuper que de la conduite parlementaire du parti légiti- miste-clérical.

Eh bien! la conduite parlementaire de ce parti a tou- jours été une conspiration permanente contre la souve- raineté du peuple, et par conséquent contre la République, qui en est la représentation légitime.

Arrivés à l'Assemblée nationale, par suite des condi- tions humiliantes imposées à la France par l'étranger, les légitimistes-cléricaux, trahissant tous les devoirs imposés à leur honneur et à leur conscience par le mandat qu'ils avaient sollicité et obtenu de la souveraineté du peuple, n'ont obéi qu'à un seul mobile, celui de renverser la République fondée le 4 septembre 1870, pour défendre la France contre l'invasion étrangère. Dans l'accomplissement de cette odieuse perfidie, les légitimistes-cléricaux ont eu constamment pour complice le parti orléaniste.

Or, voici un document, publié par le journal le *Havre*, qui fera voir à quel 'point est immorale l'alliance parlementaire actuelle des légitimistes et des orléanistes :

« Au moment où quelques personnes essayent de ressusciter la mon.. . . . e droit divin, et où une de ces personnes est, dit-. . . .i. Guizot, il n'est pas sans intérêt de rappeler ce que M. Guizot disait de la monarchie du droit divin, le 16 janvier 1844, à l'occasion d'une visite faite à Belgrave-Square par un certain nombre de légitimistes :

« Je vais vous dire quel est le principe en vertu duquel on a parlé et agi à Belgrave-Square ; quel est le drapeau qu'on a élevé contre le nôtre.

« On a parlé et agi au nom d'un droit qui se prétend supérieur à tous les droits ; au nom d'un droit qui prétend demeurer entier, imprescriptible, inviolable. quand tous les autres droits sont violés ; au nom d'un pouvoir qui n'accepte aucune limite, aucun contrôle complet et définitif ; au nom d'un pouvoir qui ne peut pas se perdre lui-même, quelque insensé, quelque incapable qu'il soit ; de qui les peuples, quoi qu'il fasse, doivent tout supporter. »

C'est là ce qu'on appelle la légitimité.

Voilà le principe de Belgrave-Square, voilà le drapeau qu'on a opposé à notre drapeau.

« Cette légitimité dont vous vous prévalez, que vous invoquez, ce droit supérieur à tous les droits, ce pouvoir qui ne peut pas se perdre lui-même, de qui les peuples doivent tout supporter.... Ah ! je tiens ces maximes-là pour absurdes, *honteuses*, DÉGRADANTES, pour l'humanité !

« ... Il y a, messieurs, il y a des destinées écrites ; il y a des incapacités fatales, dont aucun médecin ne peut relever ni une race ni un gouvernement.

« Voilà le vrai, à mon sens, sur les dispositions du pays à cet égard, sur le jugement qu'il en porte. Il en est offensé et point inquiet. Il ne se fait aucune illusion sur vos desseins, il a pleine confiance dans votre impuissance. »

Par ce discours M. Guizot obtint ce qu'on appelait alors le vote de *flétrissure* contre M. Berryer et quatre autres députés qui étaient allés en Angleterre offrir leurs hommages à leur roi légitime, chose très honorable, aujourd'hui sous la République.

Voici à présent un article du même journal relatif aux dispositions personnelles du comte de Chambord. Sous ce point de vue particulier, rien ne peut mieux éclairer une situation que la France, menacée dans son honneur et ses intérêts souverains par la conspiration parlementaire des royalistes blancs et tricolores, doit connaître à fond, pour se garantir, au besoin, contre des dangers de tout genre, chimériques, il est vrai, mais de nature à troubler les intelligences égarées et les consciences dévotement induites en erreur.

« Le gouvernement n'a jamais cru un seul instant à la fusion, et le retour de la monarchie légitime est aujourd'hui chose absolument impossible. La raison en est que le comte de Chambord *ne veut pas régner*.

« Il l'a déclaré à tous ceux qui l'ont visité à Frohsdorff, ou du moins aux intimes, notamment à M. de la Bouillerie. Voici les termes à peu près textuels dont il s'est servi :

« Je sais que je suis tout à fait impopulaire en France, » et que mes idées sont incompatibles avec l'esprit du

» temps. La Révolution est un fait acquis, non-seulement
» en France, mais en Europe. Toutes les nations, sauf la
» Russie, en ont accepté les principes. Ce serait folie de
» ma part de vouloir remonter le torrent. J'y perdrais le
» trône comme mon aïeul Charles X, et sans doute la vie
» comme mon autre infortuné aïeul Louis XVI.

« S'il n'y avait que ma personne en danger, je n'hési-
» terais pas un instant à me sacrifier. Devant Dieu, je ne
» vaux ni plus ni moins qu'un autre homme. Mais mon iné-
» vitable chute entraînerait la France à de nouveaux périls ;
» elle la jetterait dans une nouvelle orgie révolutionnaire,
» et cette fois c'en serait fait de la liberté, de la gloire, de
» la fortune, peut-être même de l'existence de la France.

« D'un autre côté, ma dignité, celle de ma race, la re-
» ligion, l'honneur et la justice me font un devoir de ne pas
» m'incliner devant la Révolution. Je n'ai pas besoin de
» vous en dire les raisons. Dites à nos amis qu'ils restent fi-
» dèles au principe dont je suis *encore* le représentant, et
» qu'ils l'aiment sans partage, mais d'un amour pur de toute
» préoccupation terrestre. Comme le Christ, mon royaume
» n'est pas de ce monde. Pour Dieu et ma conscience, mes
» aïeux et ma patrie, je ne serai pas votre roy. »

« Malgré cette déclaration, que les légitimistes se gar-
dent bien de colporter, la motion du rétablissement de la
monarchie sera présentée peu de jours après la rentrée
de l'Assemblée par les meneurs de la droite : Lucien Brun,
de Carayon-Latour et autres ; et comme corollaire, l'extrême droite, de Belcastel, de Franclieu, de la Roche-
foucault-Bisaccia demanderont la proclamation pure et
simple d'Henri V, sans conditions ni réserves.

« Ces deux propositions échoueront. La plus grande partie du centre droit s'abstiendra. Le reste votera contre
avec toutes les fractions de la gauche. En admettant que
la proposition de la droite réussisse, le centre droit y

mettrait des conditions que la droite n'acceptera pas, et dont Henri V, à défaut de la droite, ne voudra pour rien au monde.

« Donc la monarchie légitime ne se rétablira pas. »

ORLÉANISTES

Le premier dépôt de la couche sociale qui a enfoui l'ancien régime s'appelle actuellement : Orléanisme.

Ce dépôt s'est formé d'abord de tous les individus qui se sont enrichis, sous le Directoire, des dépouilles de l'ancien régime ; il s'est ensuite accru et développé, sous le Consulat et l'Empire, par le commerce et l'industrie ; il s'est enfin solidifié sous la Restauration par l'indemnité donnée aux émigrés, indemnité qui le rendait propriétaire incommutable des biens dont il était en possession.

Ayant la richesse, cette couche sociale s'est dit : Il me faut le pouvoir. En conséquence, elle s'est mise à l'œuvre pour s'en emparer.

M. Thiers faisait alors ses débuts dans la carrière politique. Spirituel, rusé, loquace, habile à s'assimiler les idées d'autrui, il réussissait dans le journalisme. C'est alors qu'il devint un des principaux rédacteurs du *National,* journal fondé par Armand Carel. Et quand s'engagea chaudement la lutte du libéralisme contre le gouvernement de Charles X, M. Thiers fut chargé par les bailleurs de fonds de ce journal de formuler et de développer le fameux axiome de la politique parlementaire : *Le roi règne et ne gouverne pas,* axiome auquel M. Thiers dut une partie de sa célébrité.

Le plan des libéraux était de se rendre maître de la direction du gouvernement, ou de forcer le roi à sortir, par un coup de tête, de la légalité constitutionnelle. On eut alors saisi cette occasion, préparée de longue main, pour le renverser du trône par un mouvement révolutionnaire. Cela fait, le libéralisme, qui avait la majorité à la Chambre des députés et l'assentiment de la nation, devait prononcer la déchéance de la branche aînée des Bourbons, et introniser la branche cadette, en la personne du duc d'Orléans, parfaitement au courant de tout ce complot et prêt à s'approprier les bénéfices du succès.

Tous les jours donc, tympanisé par le bruit concerté des clairons de la publicité, l'ancien régime, nouvellement replanté en France par les mains victorieuses de l'invasion, était, comme les murs de Jéricho, vigoureusement secoué par un ouragan de paroles meurtrières, vomies par les trompettes libérales.

Pauvre alliance du trône et de l'autel, que pouvait-elle opposer, dans le milieu social rationnel où elle végétait, aux foudres de la logique?

Hélas! rien. Aussi sa mort approchait à vue d'œil.

Que faire dans cet état désespéré? Que faire en présence de la haute bourgeoisie qui voulait s'emparer du pouvoir parlementaire? Que faire en présence des boutiquiers narquois qui appuyaient cette prétention agressive? Que faire en présence des ouvriers qui leur prêtaient main-forte? Que faire en présence d'un monde nouveau qui ne voulait plus suivre les errements de l'ancien régime?

Telle était, de 1828 à 1830, la situation horriblement tendue de l'alliance du trône et de l'autel.

Pour opposer une digue efficace au flot montant du libéralisme, et conjurer l'orage qui s'amoncelait sans cesse sur la tête du parti clérico-monarchique, le roi, plein de confiance dans l'appui de la Sainte Vierge, résolut de frapper un grand coup, de nature à briser l'opposition persistante de la gauche parlementaire.

Par suite de cette résolution, le ministère Polignac fut nommé.

Comme ce ministère de *camarilla* n'avait pas de majorité à la Chambre des députés, la Chambre des députés fut dissoute.

La même majorité libérale ayant été réélue, le ministère prononça de nouveau la dissolution de la Chambre des députés, et rendit, le 26 juillet 1830, les fameuses Ordonnances, qui inauguraient le gouvernement personnel du roi.

Les journalistes libéraux, au nombre desquels était M. Thiers, signèrent, le lendemain, la fameuse protestation dénonçant l'illégalité des ordonnances royales.

Alors, d'un commun accord, gros bourgeois, boutiquiers et ouvriers, proclamant le principe du droit légitime d'insurrection contre un gouvernement qui viole la Constitution, se mirent à construire des barricades, contre lesquelles vinrent se briser tous les efforts de l'armée royale.

Charles X, expiant sa témérité, se retira à Compiègne avec les débris de ses troupes. Là, il abdiqua, et fit abdiquer le duc d'Angoulême en faveur du duc de Bordeaux; puis il nomma le duc d'Orléans lieutenant-général du royaume, avec mission de faire proclamer Henri V roi de France.

Le parti libéral, assuré de la victoire, résolut d'en profiter pour réaliser totalement ses projets. La majorité de la Chambre des députés, composée de 221 membres, réunie pour entendre la décision du roi, répondit, par l'organe de M. Odilon-Barrot : « Il est trop tard! »

En conséquence, le peuple victorieux se porta en masse sur Compiègne, d'où le roi s'éloigna, sous l'escorte des Gardes du corps, pour prendre le chemin de l'exil, accompagné de trois commissaires, nommés par les 221 députés, qui, usant des droits de la victoire, s'étaient emparés du pouvoir royal, arraché des mains débiles de Charles X.

Le duc d'Orléans, qui était, pour son propre compte, à l'affût du trône, ne prit aucune mesure, ne fit aucune démarche pour y faire monter le petit-fils du vieux roi, son parent, son bienfaiteur! Au contraire, le duc d'Orléans resta paisiblement dans son château de Neuilly, jusqu'à ce que la tranquillité étant partout rétablie, et les dispositions parfaitement prises, il fut acclamé roi des Français par les 221 députés qui s'étaient faits, avec l'assentiment tacite de la nation, pouvoir constituant.

Ainsi fut fondée, le 7 août 1830, la dynastie de la maison d'Orléans.

Nous avons dit que ce roi-citoyen, d'origine parlementaire, ayant sur la tête un chapeau gris, en guise de couronne et à la main un parapluie, en place de sceptre, avait été, sous cette forme civique, présenté au peuple par le général Lafayette, qui baptisa ce bloc enfariné du nom de : *Meilleure des républiques.* En foi de quoi le roi-citoyen distribua force poignées de main aux vainqueurs de l'armée royale, honorés alors du titre glorieux de : « héros de juillet. »

Voilà exactement ce que c'est que la dynastie de la maison d'Orléans.

Comme on le voit, c'est la consécration nationale de la victoire du peuple sur toute tentative ayant pour objet de porter atteinte aux principes de 89, fondés sur les *Droits de l'homme.* C'est l'insurrection, proclamée le plus saint des devoirs, quand un gouvernement viole les lois fondamentales sur lesquelles il repose. C'est le droit du peuple à se donner le gouvernement qui convient le mieux à la gestion de ses intérêts politiques.

Ainsi, les plus grandes questions résolues par la Révo-

lution française avaient trouvé leur application dans les
événements accomplis du 26 juillet au 7 août.

En conséquence, si le roi-citoyen avait eu un cœur et
une intelligence à la hauteur de la sublime mission que
la première nation du monde lui confiait si généreuse-
ment, son règne eût été le plus beau fleuron monarchique
de l'humanité.

Mais hélas! l'intelligence et le cœur de Louis-Philippe
Ier ne dépassaient pas le niveau le plus vulgaire. Élu roi
des Français, *quoique* Bourbon, par la fraction la plus
avancée de l'école libérale, à la tête de laquelle était
M. Dupin aîné, et *parce que* Bourbon, comme i. disait
la faction la moins accentuée que dirigeait M. Guizot,
le duc d'Orléans n'était digne à aucun titre d'occuper
cette haute position. Sa conduite, en effet, l'a bien
prouvé! Car elle fut l'éclatant démenti des sentiments
démocratiques dont on le croyait animé, sentiments
démocratiques qui lui val· ·ent l'acclamation du peuple,
induit en erreur par cette qualification fallacieuse : la
Meilleure des républiques.

Aussitôt en possession du trône, Louis-Philippe ne
s'inspira que d'une pensée: cette *pensée immuable*, c'était
d'effacer la tache originelle de son avénement à la couronne, et de prendre rang parmi les dynasties qui préten-
dent ne tenir le pouvoir que de Dieu seul.

En conséquence, ne tenant aucun compte de l'axiome
constitutionnel : « *Le roi règne et ne gouverne pas,* »
Louis-Philippe, dès qu'il le put, imprima à son gouvernement une double tendance, conforme à son idée fixe.
Cette double tendance, c'était, d'abord, de mettre par la
force un frein au mouvement ascensionnel de la démocratie; ensuite, de se faire un mérite auprès des puissances étrangères d'être, en France, le seul monarque
capable de museler le lion populaire.

Pour l'accomplissement de ce perfide dessein Louis-

Philippe trouva en M. Thiers un ministre zélé, qui, de son propre aveu, « n'a jamais reculé devant l'emploi de la force, » ni devant tout autre moyen de succès.

Quand donc les plus vaillants *héros de juillet*, s'apercevant que le prétendu roi-citoyen dupait cyniquement la démocratie, voulurent faire justice de cette trahison, la mitraille de l'armée royale, solidement reconstituée, leur apprit, en 1832, aux barricades du cloître Saint-Méry et de la rue Transnonain, que la *Meilleure des républiques* était la monarchie des *Gros bourgeois*.

M. Thiers, étant alors ministre de l'intérieur, eut une large part dans la responsabilité qu'un tel acte de violence répressive faisait peser sur le gouvernement du roi-citoyen. Mais bientôt après M. Thiers se signala dans une entreprise d'un autre genre, dont la gloire du succès lui fut décernée par tout le monde.

Voici de quoi il s'agit :

M. Thiers, ministre de l'intérieur, informé par une perfide révélation, obtenue à prix d'argent, que la duchesse de Berri, venue en Vendée pour faire proclamer Henri V roi de France, était enceinte, fit part à Louis-Philippe d'une découverte dont les conséquences, en mettant de côté l'honneur de la maison de Bourbon, pouvaient offrir de grands avantages à une royauté issue des barricades. En effet, en faisant arrêter et enfermer dans une citadelle l'héroïne de la branche aînée, on saurait, au moment de l'accouchement, le nom du père de l'enfant ; et si la duchesse refusait de dire à qui elle est unie par un mariage secret, le résultat politique de son accouchement serait le même ; car, dans le premier cas, elle perdrait ses droits à la régence pendant la minorité de Henri V, et, dans le cas où il n'y aurait pas de mariage secret, la déconsidération qui pèserait sur elle ne permettrait plus à la mère de l'enfant du Miracle de se poser en Jeanne d'Arc vendéenne.

Par cette prouesse M. Thiers réduisait le parti légitimiste au silence, le couvrait de ridicule et le condamnait à l'impuissance, mais aux dépens de l'honneur de la maison de Bourbon.

De pareils services s'acceptent; mais ceux qui les rendent sont immédiatement mis à la porte. C'est ce qui arriva à M. Thiers, qualifié, pour ses hauts faits, du nom de *petit Foutriquet*, que, dans un moment de belle humeur le maréchal Soult lui décerna, à la grande satisfaction de tous les membres de la famille d'Orléans, honteux de l'aventure de la duchesse de Berri.

Poursuivant, avec M. Guizot pour président du Conseil des ministres, la réalisation de son idée fixe, Louis-Philippe était, après dix-sept ans de règne, sur le point d'atteindre le but de ses persévérants efforts, quand apparut subitement, comme une lueur vengeresse, la question des *Capacités*, fulminée par le nuage orageux de la Réforme électorale qui, depuis quelque temps, s'étendait sourdement sur toute la France.

Des capacités! des capacités! s'écria avec terreur la Pensée immuable : je m'en suis toujours fort bien passé; je n'en ai nul besoin. Ce sont mes ennemies personnelles ; c'est la démagogie qui me les envoie; je n'en veux point : je ne régnerais pas deux mois avec elles. Guizot! Guizot! pas de capacités d'aucun genre. C'est entendu.

Se tournant alors vers les capacités, M. Guizot leur dit : Petites folles, nous ne voulons pas de vous. Allez vous enrichir! c'est toujours ce que je vous ai dit; je vous le répète encore.

Donc, au nom de la Pensée immuable, les capacités furent éconduites.

Mais, par malheur pour la pensée immuable, les capacités persistèrent à se croire utiles dans la représentation nationale d'un peuple libre. Elles continuèrent donc à agiter la question de la Réforme électorale.

A cet effet, on organisa, à Paris, des banquets. La police intervint, et défendit ce mode de réunion.

La libre parole, c'est le glaive lumineux de l'ange exterminateur. Si cette parole se fait entendre, l'éclair luit et l'extermination commence.

Donc, pas de libre parole, sous aucune forme. Telle est l'idée fixe qui, depuis dix-sept ans, s'est pétrifiée dans la tête du ci-devant roi-citoyen, jadis la *Meilleure des républiques.*

Mais, se croyant dans leur droit, les capacités persistèrent ardemment.

A la hauteur où elles sont, comment les mitrailler ? Impossible.

Bah ! se dit alors l'ennemi des capacités, tous ces bruits ne sont que de vaines clameurs, des criailleries de café. Les pompes à incendie en auront encore raison.

Cependant le nuage orageux monte toujours ; et bientôt la France le voit s'épaissir et couvrir tout l'horizon. Les hommes d'expérience se disent : il y a quelque chose là-dedans : ce nuage a un sinistre aspect.

De la baie de Naples, où il se trouvait, un des fils de Louis-Philippe, le prince de Joinville, aperçoit le point noir, indice du cyclone, et le signale à l'attention de son frère aîné, le duc de Nemours. Peine inutile. La pensée immuable est inflexible, et par conséquent aveugle. Les lumières de la raison n'existent pas pour elle.

Enfin, ce que le roi ne voit pas, frappe tout le monde. La France s'en émeut : un trouble général envahit toutes les têtes ; et chacun voit l'éclair formidable d'une révolution imminente luire dans l'atmosphère politique.

Pourquoi affronter follement cette révolution, se disait-on ?

— Parce que tel est le bon plaisir du roi.

Or, le bon plaisir du roi, c'est l'essence même de l'institution monarchique : tout roi veut être le maître.

Donc, il y aura toujours révolution dès que, par l'effet du progrès intellectuel et moral, qui est une loi de la nature, la raison et la conscience humaine entreront en lutte avec l'extravagance royale. Et les choses se passeront toujours ainsi en vertu de l'inexorable logique des faits, tant qu'il y aura, d'une part un monarque, et, de l'autre, une conscience humaine éclairée par une raison affranchie des habitudes serviles.

L'insurmontable obstination du roi à refuser aux capacités le droit de faire partie du corps électoral finit donc par aboutir, — cela devait arriver, — à l'exaspération intellectuelle de la nation. Tout homme qui se sentait moralement élevé au-dessus de l'humble condition de sujet du roi, était indigné de voir l'ex-citoyen d'Orléans mettre hors la loi les droits civiques de l'intelligence, et bannir de la vie politique les hommes qui pouvaient le mieux l'honorer.

Cette indignation était d'autant plus grande que le flot de la corruption orléaniste était monté si haut qu'il avait atteint deux ministres en fonction, le ministre de la guerre, lieutenant-général Despans-Cubières, et celui des travaux publics, Teste. Tous deux, en effet, comparurent devant la justice, et furent condamnés à une peine infamante.

Quelle honte pour un gouvernement d'avoir pour organes de tels hommes !

Le cyclone révolutionnaire approchait, portant dans ses flancs un monde nouveau; et son terrible mugissement disait: réforme ! réforme ! et tous les échos répétaient: réforme ! réforme !

Toute une nation oscillait sur sa base intellectuelle et morale.

Mais la monarchie est aussi sourde qu'aveugle.

« Les bruits que vous entendez, — répétait le roi, — ne sont que des bavardages de café. Je n'y fais aucune attention. »

Sérénité de l'Olympe! adorable, quand on est dieu, stupide quand on est roi.

La France était haletante pendant que le vieux monarque se déifiait sur un trône qu'il croyait avoir élevé par ses roueries jusqu'à la hauteur du firmament.

Le 23 février 1848, l'orage éclata, à huit heures du soir, sur le boulevard des Capucines.

Voici comment.

Quelques gamins se mettent à narguer le factionnaire de l'hôtel du ministre des affaires étrangères. L'officier qui commande le poste sort aussitôt avec trois ou quatre hommes, et ordonne aux gamins de se retirer. On le siffle. Il fait prendre les armes. On crie: à bas Guizot!

En un clin d'œil, un attroupement se forme sur le boulevard et les rues adjacentes. Les cris: à bas Guizot! augmentent.

Les gamins, enhardis, lancent des pierres sur la troupe; un coup de pistolet part de leurs rangs. La troupe riposte; un homme est blessé à mort sur le boulevard; on l'emporte dans le faubourg Saint-Antoine. A minuit, on met le mort dans un tombereau; on le promène, à la clarté des torches, dans les rues; on crie: aux armes! Deux heures après, le poste de la place du Palais-Royal qui défendait l'approche du Louvre est enlevé d'un coup de main, et le peuple se porte en masse sur le Louvre.

A la clarté et au bruit de la mousqueterie, le dieu, aveugle et sourd, recouvre immédiatement la vue et l'ouïe; redevient homme; prend une cassette pleine d'or; sort du palais des Tuileries; traverse le jardin; monte dans un fiacre, à la place de la Concorde; gagne Saint-Cloud; coupe ses favoris, met une perruque et se hâte de gagner Dreux, en répétant humblement : « Comme Charles X! pire que Charles X! »

De Dreux l'évadé se rendit, par Honfleur, en Angleterre sur le paquebot de Southampton, après s'être caché pendant quelques jours, avec le plus grand soin, dans une humble maison, près de Honfleur.

Voilà souvent comment finissent les hommes qui, sur le trône, se croient dans l'Olympe.

En une nuit, par un héroïque effort, le peuple de Paris a délivré la France du traître qui, durant dix-huit ans, l'avait jouée, dupée, mitraillée, bâillonnée, insultée, après s'être fait proclamer Roi-citoyen et la *Meilleure des républiques.*

Pour ces motifs, la chute de Louis-Philippe s'est appelée: la *Révolution du mépris.*

Etait bien digne, en effet, du mépris public un prince à qui la France avait noblement confié la direction constitutionnelle de son gouvernement, et qui, ayant accepté la mission de réaliser les principes rationnels de 89, fondés sur la déclaration des droits de l'homme, avait perfidement, bassement trompé la confiance de la nation, et employé le pouvoir dont il était revêtu à faire précisément le contraire de ce que la démocratie, qui le lui avait donné, voulait qu'il en fit.

L'inexorable logique des faits s'est donc chargée d'infliger au coupable la punition qu'il méritait si bien.

Révolution du mépris! voilà, en trois mots, l'histoire du règne de Louis-Philippe Ier.

Cela ne s'oublie pas.

Une autre chose ne s'oublie pas non plus : c'est que M. Thiers s'est formé sous ce maître-là, « *qu'il aimait et* « *servait,* — nous apprend-il, — *avec dévouement.* » Qui se ressemble s'assemble, dit la sagesse des nations.

La chute à jamais honteuse de Louis-Philippe prouve que le parti soi-disant libéral, sur lequel s'appuyait la politique de la pensée immuable, n'était ni par l'esprit ni par le cœur à la hauteur des principes de 89; et qu'il n'y avait dans l'intelligence des nouveaux riches aucune des notions rationnelles que professe la démocratie, en matière d'institutions sociales et de gouvernement.

Pour ces messieurs l'avénement de la démocratie était chose non avenue, la souveraineté du peuple un mythe. La seule vérité pratique, issue de la Révolution française, était donc celle-ci : Aux riches le pouvoir.

— Mais, quel pouvoir? leur demandait la *Déclaration des droits de l'homme.*

— Parbleu! répondaient les millionnaires, le pouvoir royal, qui a l'armée pour faire respecter la propriété, et maintenir le peuple dans la subordination du travail.

— Très bien dit! messieurs les millionnaires, enrichis des biens des privilégiés. Votre réponse, en effet, prouve qu'avec les biens vous avez pris aussi les idées : tout cela, ordinairement, tient ensemble. Pour en opérer la séparation, il fallait une autre éducation sociale que celle que vous avez reçue sous le Directoire, sous le Consulat et l'Empire, et sous la Restauration. Cette éducation, — l'éducation démocratique, — vous ne l'avez pas reçue : ce n'est pas votre faute. En conséquence, ayant la fortune, vous avez voulu avoir le pouvoir; vous l'avez pris de force et vous l'avez exercé conformément à vos intérêts, selon l'usage antique et solennel des Corps d'État privilégiés.

Cependant, messieurs les complices de Louis-Philippe, quel que fût votre ignorance en matière d'autorité, vous saviez bien, vous, que la veille de la chute de Charles X, la noblesse appelait encore *manants*, que vous n'étiez pas un Corps d'État privilégié; pourquoi donc avez-vous maintenu le cens électoral à un chiffre qui privaient l'immense majorité des Français de leurs droits civiques ? C'était pour que le pouvoir parlementaire restât dans les mains de la Fortune, n'est-ce pas ?

Et b'en! messieurs les orléanistes, ce calcul inique ne fait pas plus honneur à votre intelligence qu'à votre cœur.

Vous saviez que la capacité est le premier titre à la possession du droit électoral. Et vous ne l'avez jamais prise pour base de votre loi électoral. Bien mieux, à sa plus haute expression, la capacité professionnelle, vous l'avez formellement répudiée.

Quelle preuve d'intelligence !

Et ce pouvoir parlementaire, qui vous l'avait donné ? était-ce votre héroïsme ? Pouviez-vous, comme la noblesse, dire : Ce pouvoir, je le tiens de Dieu et de mon épée ? — Ah ! l'épée de MM. Dupin aîné, Guizot, Thiers et autres chevaliers de cette trempe aurait fait trop rire le public. Aussi, on ne parlait que de l'héroïsme du peuple. Mais, aristocratiquement, on maintenait dans la Charte-Vérité la suppression de tous les droits civiques du vainqueur.

Quel amour de la justice !

Étant donnés de tels hommes, on pouvait, sans être prophète, prédire que le gouvernement qu'ils établiraient ne serait qu'un tissu de perfidies et d'iniquités, d'hypocrisie et de violence, une honte pour la France.

C'est, en effet, ce que fut le règne de Louis-Philippe.

Pour l'instruction du peuple français arrêtons nos regards sur un ordre de choses si coupable, qu'un souffle de la souveraineté nationale à mis en poudre, une belle nuit.

La Révolution française de 1789, fille de la philosophie du XVIIIe siècle, avait créé, personne ne l'ignore, dans la sphère intellectuelle et morale, un monde entièrement nouveau.

Ce monde entièrement nouveau avait pour fondement la célèbre *Déclaration des droits de l'homme*, qui faisait de tout français un homme libre, et de tout homme libre un citoyen. De là résultait, virtuellement, le renversement de fond en comble de l'ancien ordre de choses, qui faisait de tout français un sujet, soumis à l'autorité du roi, dont la souveraineté émanait de Dieu.

Pour en être arrivé là, il avait fallu d'abord démolir la doctrine cléricale et ensuite édifier l'autorité de la raison.

Ce fut l'œuvre des grands écrivains du XVIIIe siècle, qui furent tous victimes de leur dévouement à l'humanité. L'alliance du trône et de l'autel ne les a pas épargnés. Tous, à différents degrés, ont souffert pour la vérité. C'était le sort, sous l'ancien régime, de quiconque osait faire usage des facultés intellectuelles et morales que la nature a données à l'homme, mais dont l'avait privé, d'un commun accord, l'Église et le Roi très chrétien.

L'émancipation de l'homme, en France, répandit, — tout le monde le sait, — la terreur dans toutes les cours de l'Europe. La République française fut donc attaquée avec violence par une coalition monarchique, et par une insurrection cléricale, en Bretagne. Le patriotisme de la France s'éleva à la hauteur de tels dangers ; son génie et son courage surent créer de puissants moyens de défense : elle triompha glorieusement des efforts combinés de ses ennemis.

La France, maîtresse de la rive gauche du Rhin, n'avait désormais plus rien à craindre de la coalition des rois, quand le général Bonaparte, s'inspirant des sentiments des peuples serviles, dont il s'était nourri en Orient, accomplit le coup d'État du dix-huit brumaire, et inaugura l'ignoble césarisme, dont les criminelles mains saisirent aussitôt toutes les créations intellectuelles et morales du génie démocratique, et les détruisirent avec une joie bestiale.

— « Nous avons un maître, » avait dit Siéyès, en entendant le premier Consul exposer sa théorie prétorienne de gouvernement.

Oui, hélas ! la France, qui venait de naître à la vie intellectuelle et morale en brisant, chez elle, l'alliance du trône et de l'autel, et, en Europe, la coalition des monarques; la France, qui allait s'avancer à pas de géant dans la région nouvelle des idées, fut appréhendée au corps, dans le sanctuaire des lois, en violation de la loi, par un soldat faisant battre la charge!

Oui, la France en voie de rénovation, la France des idées, la France de la raison, la France du peuple, eut à subir cette souillure. Elle l'a acceptée, dans la crainte d'être livrée à l'ancien régime par un autre traître, disposant de la force armée.

Force armée, la France sait aujourd'hui les services que tu lui as rendus! elle ne les oubliera pas quand viendra le jour de la justice.

Après trente ans de servitude sous l'Empire et la Restauration, la France de la révolution, la France démocratique, ayant de nouveau vaincu l'armée royale, avait acclamé, — comme nous venons de le dire, — sous la garantie de Lafayette, un roi-citoyen, comme expression de la Meilleure des républiques. Elle croyait donc, cette France nouvelle, s'être définitivement mise en possession de son idéal, le gouvernement du pays par le pays.

N'avait-elle pas raison de le croire?

Qui donc aurait osé, le 9 août 1830, lui dire : Ce roi-citoyen, cette Meilleure des républiques, ce chapeau gris pour couronne, ce parapluie pour sceptre, ces poignées de main distribuées au peuple, dans la rue, cette glorification de la souveraineté nationale et des droits de l'homme, ces chants de victoire qui maudissent le roi parjure, cette liberté de tout dire, de tout écrire, etc., etc... Eh bien! tout cela n'est qu'une comédie, une vraie comédie, ayant pour objet de faire passer, — sur les épaules du peuple, bien entendu,—le trône de la branche aînée dans la branche cadette, et les portefeuilles ministériels des mains de la noblesse dans celles des malins compères que Louis-Philippe va prendre à son service pour fonder sa dynastie sur le vieux roc monarchique de la pensée immuable.

Qui donc eût osé dire cela à la France, le 9 août 1830?

Impossible! impossible! impossible! aurait trois fois répété la France.

Eh bien! cet impossible a été tenté; cette comédie a été jouée. Tous les rôles ont été tenus, avec renfort de doublures, pendant dix-huit ans; et si la farce s'est terminée par une terrible catastrophe, c'est parce qu'elle avait inspiré à la France un profond dégoût.

En effet, pouvait-il y avoir un spectacle plus révoltant, plus humiliant pour un pays comme la France que celui que lui donnait, dans la sphère gouvernementale, Louis-Philippe et ses complices?

Et pouvait-on croire la France assez naïve pour se trouver heureuse d'avoir donné un trône au duc d'Orléans, et des portefeuilles à MM. Guizot et Thiers dans l'unique espoir que ces Messieurs s'en serviraient pour duper, vexer et asservir la nation? c'était vraiment trop de cynisme.

Aussi, maître Arlequin et ses Pierrots apprirent-ils un beau matin que la France savait se faire respecter, et n'avait aucun goût pour un gouvernement de parade fonctionnant sur les tréteaux de la foire, en humiliant et écrasant la démocratie.

Donc, chaque fois que la France s'apercevra qu'elle est le jouet de son gouvernement, elle saisira, pour renverser ce gouvernement perfide, la première occasion favorable qui se présentera, ne voulant pas qu'on se moque d'elle impunément.

Tels étaient les sentiments de la France à l'égard du gouvernement nauséabond de Louis-Philippe, quand la Révolution du mépris, par un coup de foudre, mit fin à un ordre de choses intolérable.

C'était justice! une justice comme le peuple français

sait la faire dans les moments périlleux de sa vie politique.

Le 24 février 1848, la Révolution du mépris était accomplie : l'héroïque peuple de Paris venait de reconquérir sa souveraineté, perfidement escamotée par la Pensée-immuable, avec le concours des nouveaux riches, jouant le rôle ridicule de bourgeois gentilshommes.

Cette fois, la République fut proclamée ; et un gouvernement provisoire, composé de républicains, prit possession de l'Hôtel-de-Ville.

Lamartine présidait ce gouvernement provisoire, et y représentait l'élément conservateur ; Ledru-Rollin, en faisait aussi partie, comme chef du mouvement démocratique.

Le gouvernement provisoire décréta le vote universel et la nomination d'une Assemblée constituante.

Aucun personnage notable du parti orléaniste n'obtint le mandat de représentant du peuple. M. Thiers, quoique jouant au plus fin avec M. Guizot, fut, comme nous l'avons déjà dit, unanimement repoussé par le suffrage universel, à cause de ces antécédents monarchiques.

Quelques légitimistes cléricaux, prenant le masque républicain, réussirent à tromper la bonne foi du peuple, et obtinrent un mandat qui les constituait représentants d'une souveraineté qui était pour eux un dogme impie.

Nous avons vu à l'article : *Légitimistes-cléricaux* quelle fut, à la Constituante, la conduite anti-patriotique des hommes de cette opinion, qui furent, en réalité, les auteurs des désastreuses journées de juin.

En effet, l'odieuse et perfide politique parlementaire des légitimistes cléricaux n'avait, au vu et su de tout le monde, qu'un but : c'était d'empêcher la République de prendre racine dans le pays. Un conflit, une prise d'armes, la guerre civile et la bataille dans les rues, voilà ce que voulaient les royalistes, pour arriver à cette conclusion : « La République est incompatible avec l'ordre. »

Pour faire obstacle dans l'Assemblée à ces criminels desseins, qu'aurait-il fallu?

Il aurait fallu, pour président du Gouvernement provisoire, un homme d'une autre trempe d'esprit que Lamartine.

Il aurait fallu un homme qui eût, à la fois, le génie de l'organisation politique d'une démocratie, et la force de caractère nécessaire pour imposer, légalement, cette organisation à la bande affolée des monarchistes récalcitrants, jetant partout feu et flamme contre l'avénement de la démocratie au pouvoir.

Eh bien! les faits l'ont bien prouvé, — Lamartine n'avait aucune des qualités essentielles, indispensables à sa position. Influencée, d'une part, par les clabauderies des royalistes, auxquels il appartenait par ses liens de famille, par ses anciennes croyances religieuses, par ses habitudes d'esprit, par son entourage ; et, d'autre part, troublé par la hardiesse des solutions sociales de la politique démocratique, hardiesse bien supérieure à celle du christianisme naissant, le poétique Lamartine, au lieu d'être Licurgue, ne fut qu'Aspasie :

« Aimer, prier, chanter, voilà toute ma vie. »

(Lamartine).

.Le souffle de la tempête le trouva sur le Parnasse, parmi les Muses. Sa fin politique fut la chute d'une fleur, non celle d'un grand homme : le monde n'en fut pas ébranlé, ni même ému.

Durant trois jours le sang français avait coulé dans les rues.

Le glaive monarchique avait triomphé.

Un général, le général Cavaignac, devint chef du pouvoir exécutif : la royauté espéra.

Dans toute la France un cri d'indignation, poussé par les royalistes, s'éleva contre la démocratie *socialiste*, qui avait osé regimber contre la houlette conservatrice des *honnêtes gens*.

Dans ces déplorables conditions d'existence, l'Assemblée constituante discuta et vota la Constitution républicaine de la France; et pressée de toute part par l'ardente propagande, demandant la dissolution, que les royalistes de toutes nuances avaient organisée avec un zèle passionné, cette Assemblée constituante, après l'élection populaire de Louis Bonaparte, qu'elle était loin de prévoir, décréta sa fin et fixa le jour de l'élection de l'Assemblée législative.

Il est bon de rappeler ici que Louis Bonaparte eut quatre millions et demi de voix ; le général Cavaignac un million et demi, et Lamartine quelques centaines de mille seulement.

La légende napoléonienne régnait donc dans les campagnes : la France sait ce que cette foi aveugle lui a coûté !

En faisant naître la guerre civile dans le sein de la République, les légitimistes cléricaux savaient bien qu'ils la frappaient mortellement. Aussi , sous le nom de *Conservateurs* les monarchistes de toutes nuances, profitant habilement du discrédit que les événements de juin avaient répandu sur la République, se présentèrent-ils en masse devant le suffrage universel, demandant, avec des professions de foi équivoques à la main, le mandat de représentant du peuple. Le plus grand nombre fut nommé, et M. Thiers en était.

Aussitôt réunis en Assemblée législative, ces monarchistes, représentants du peuple, se mirent à conspirer contre la souveraineté du peuple, et tombèrent d'accord sur un point, celui-ci : guerre à mort à la République. M. Thiers, reconnu le plus capable en ce genre d'exploits, prit la direction du mouvement, et les hostilités commencèrent.

La loi du 31 mai 1850, qui supprimait plus de trois millions d'électeurs, presque tous républicains, fut la victoire, croyait-on, décisive de la conspiration monarchique.

Mais six mois après, le 2 décembre, le président de la République apprit à Messieurs les royalistes qu'ils n'étaient pas les seuls à conspirer contre la République, et que lui, héritier du 18 brumaire, était au premier rang dans cette croisade liberticide.

Nous avons dit comment le guet-apens du 2 décembre s'était accompli. Inutile donc d'en rappeler ici les odieuses et criminelles circonstances. D'ailleurs, par la gravité des faits, ce sont des événements que les générations se transmettent de vive voix, et que, par conséquent, les peuples n'oublient jamais.

Aussi, sommes-nous certain que la démocratie se rappellera toujours que c'est la conspiration des membres royalistes de l'Assemblée constituante qui lui a valu les journées de juin ; et que c'est la même conspiration, à l'Assemblée législative, qui a rendu possible le coup d'État du Deux-Décembre.

Quand donc la démocratie verra sur la figure d'un candidat le *masque conservateur*, elle se dira : il y a là-dessous un ennemi des droits de l'homme, et elle ne se trompera point, à coup sûr.

Sous l'Empire, les monarchistes, se trouvant dans le milieu social qui convient à leurs goûts et à leurs intérêts, se sont associés, comme sénateurs, comme députés, comme préfets, comme courtisans et favoris, à toutes les turpitudes de l'homme du guet-apens, et lui ont été fidèles jusqu'à sa chute, comme c'est leur habitude.

Mais au-dessus de l'abîme où l'Empire avait précipité la France, la République du 4 septembre ayant lui, comme une clarté céleste, nous allons de nouveau voir les monarchistes se lancer, furieux, sur elle, ayant toujours M. Thiers à leur tête, et la mordre, la déchirer à belles dents, en haine de la démocratie, qui, aujourd'hui, au nom de la souveraineté du peuple, leur dit : le règne de la justice est venu ; nous l'aurons ! La République nous le donnera ce beau règne de la justice, idéal de l'humanité, quand elle se sera débarrassée de vous, Messieurs les monarchistes, qui n'aspirez qu'aux faveurs corruptrices de votre Seigneur et Maître.

Ainsi, après avoir vu à l'œuvre, tels que l'histoire nous les montre les légitimistes cléricaux et les orléanistes, tantôt ennemis, se disputant la possession du pouvoir, tantôt, ligués ensemble pour combattre la démocratie, de même nous les retrouverons, après Sedan, tels qu'ils seront jusqu'à l'extinction des intérêts monarchiques, *les ennemis des droits de l'homme.*

Que l'évidence de ces faits pénètre donc tous les esprits, et parvienne aux dernières profondeurs des couches sociales démocratiques, pour les illuminer de ses logiques clartés.

Après avoir parcouru le dossier politique des orléanistes pour bien connaître leurs antécédents anti-patriotiques, leurs perfidies et leurs trahisons envers la souveraineté du peuple, revenons à l'Assemblée de Versailles, où nous avons laissé les orléanistes et les légitimistes ligués ensemble, pour faire, subrepticement, tout le mal possible à la démocratie.

Faire subrepticement tout le mal possible à la démocratie, telle était dans l'Assemblée de Versailles, — les faits vont le prouver, comme ils l'ont prouvé pour les Assemblées précédentes, — oui, telle était la volonté formelle, l'idée fixe de la coalition des royalistes blancs et tricolores, appelée : la *fusion.*

Cette pensée criminelle s'était révélée, — nous l'avons

dit, — dans le premier acte public de l'Assemblée réunie à Bordeaux. Ce premier acte, c'était le refus d'entendre le général Garibaldi, refus accompagné d'ignobles clameurs, de bestiales vociférations.

Aux yeux du monde civilisé, c'était une Assemblée jugée, et mise au rang des instruments de décadence d'un Bas-Empire.

Ayant encore mieux à faire, — l'aveu public de M. Thiers a révélé l'intention d'en finir avec la démocratie armée, — les royalistes ligués, se rappelant tous les avantages qu'ils avaient retirés de la victoire de l'armée sur le peuple, en juin 1848, victoire remportée sous le masque de la République, seule condition de succès possible, résolurent donc, l'occasion se présentant de nouveau, de faire le même coup.

Cela convenu, il ne restait plus qu'à trouver l'homme capable d'exécuter l'entreprise. M. Thiers, sans rival, obtint l'unanimité des suffrages monarchiques. C'était son idéal ! car de son côté, — il l'a dit lui-même à la tribune nationale, — il avait jugé la chose indispensable au succès de la politique monarchique de l'Assemblée.

En conséquence, M. Thiers, nommé chef du pouvoir exécutif, ayant conclu la paix, — comme nous l'avons déjà dit, — porta toute son attention sur l'exécution du grand dessein, qu'à l'exemple de son maître, il méditait d'accomplir contre *l'ennemi intérieur*.

Dans ces royales dispositions, « le *vieux routinier monarchique*, » comme M. Thiers s'appelle lui-même, fit son plan de campagne. En voici les principaux points, indiqués par l'auteur.

Comme « *saisir le pouvoir* » a toujours été le rêve passionné de M. Thiers, le dernier plan de campagne, à l'aide duquel ce personnage est parvenu à s'en emparer, remonte au moment où la débâcle de l'Empire ouvrait une perspective séduisante à ses amoureux pro-

jets. Voici donc comment, dans un document authentique et public, qui est la déposition faite par M. Thiers
devant la *Commission d'enquête sur les événements de la
guerre*, cet homme, que la France doit enfin connaître,
raconte la part occulte qu'il a prise, dès le début, aux
événements qui ont plongé la France dans un désastre
inouï.

« J'étais chargé, — dit M. Thiers, — de dépêches
« pour le gouvernement de Tours. Elles étaient dans un
« très bon esprit et même un peu sévères.

« Le gouvernement de Paris m'avait fortement engagé
« à rester à Tours, pour tâcher de donner aux membres
« de la délégation des conseils fondés sur la connais-
« sance que j'avais acquise de la situation, en courant
« l'Europe et en passant plusieurs fois du camp français
« au camp prussien.

« Je fis, pour ramener les esprits au sentiment de la
« vérité, des efforts assez grands pour me compromettre.

« Je disais aux représentants de l'armée et de la diplo-
« matie qui se trouvaient à Tours : *Il faut conclure la
« paix. La résistance n'est plus possible; vous ne ferez
« rien qui vaille en vous obstinant.* »

Quel aveu ! et qu'il fait bien connaître M. Thiers, le
roué politique par excellence.

Eh bien ! grâce à M. Thiers, voulant mériter les bonnes
grâces de la majorité monarchique de Versailles, la France,
l'Europe savent que, muni d'un sauf-conduit de M. de
Bismarck, parfaitement au courant de la mission que
M. Thiers allait remplir à Tours, ce faux patriote a prê-
ché aux représentants de l'armée et de la diplomatie l'i-
nertie, le découragement, et par conséquent l'oubli de
l'honneur national.

Voilà ce que, devant les royalistes de la Commission
d'enquête, M. Thiers s'est vanté d'avoir fait.

La France et l'Europe apprécieront, et sauront pourquoi tous les nobles et vaillants efforts du gouvernement de Tours ont été paralysés et anéantis par un odieux complot, dont M. Thiers avait, de concert avec M. de Bismarck et le gouvernement de Paris, la haute direction.

Or, nous ne sommes qu'au début des récits et aveux de l'élève de Louis-Philippe. Ce que nous venons d'apprendre n'est donc qu'une peccadille.

Parvenu au comble de ses vœux en marchant sur le corps mutilé, sanglant, défiguré de la France, et nommé chef du pouvoir exécutif, M. Thiers ouvre son cœur aux royalistes de la Commission d'enquête, et leur révèle les faits suivants : « Dès que je fus chargé des affaires, j'eus « immédiatement cette double préoccupation : CONCLURE « LA PAIX ET SOUMETTRE PARIS. Et pendant qu'à Bordeaux « nous nous occupions de faire voter le traité de paix, le « ministre de la guerre, le général Le Flô, reçut l'ordre « d'acheminer des troupes sur la capitale. »

Ce sont là de précieux aveux. Il est rare d'en avoir d'aussi explicites.

Quand l'évidence existe, tout commentaire est inutile. On constate les faits, et l'histoire impartiale les burine sur l'airain.

Voici donc les faits : à Tours, M. Thiers vient remplir les fonctions d'endormeur national. Au profit de qui ? au profit de celui qui l'en récompensera. Bien mieux, dans la joie du succès, M. Thiers, pour caractériser son œuvre, déclare qu'il est allé dans la voie qu'il suivait « jusqu'à se *compromettre* vis-à-vis la délégation du gouvernement de la Défense nationale, siégeant à Tours. »

Se compromettre pour qui ? La logique des faits le nomme.

Parvenu au pouvoir par ce moyen, M Thiers se met en devoir de s'acquitter des engagements qu'il a dû prendre envers la Prusse. Quels pouvaient être ses engagements ?

Faire les deux choses auxquelles la Prusse tenait le plus :

1° Signer une paix honteuse et ruineuse pour la France ;

2° Soumettre Paris et désarmer la démocratie.

Eh bien ! ce furent, précisément, les deux premières préoccupations de M. Thiers dès qu'il prit la direction des affaires.

Ainsi constatés, ces faits sont irrévocablement acquis à l'histoire, et font partie du domaine de la vérité démontrée.

Nous allons voir que toute la conduite politique de M. Thiers en est la conséquence logique.

Voici, en effet, un document authentique, extrait de l'acte d'accusation de Bazaine, lu devant le conseil de guerre chargé de juger ce grand coupable. Ce document, ce sont les instructions données par Bazaine au général Boyer, chargé par lui d'aller négocier à Versailles, au nom du maréchal, une convention spéciale, relative à l'armée du Rhin. Ces instructions disaient :

« Au moment où la société est menacée par l'attitude
« qu'a prise un parti violent, et dont les tendances ne
« sauraient aboutir à une solution que cherchent les
« *bons esprits* » — le bon esprit de Bazaine l'a conduit à une condamnation à mort pour cause de trahison — « le
« maréchal commandant l'armée du Rhin, s'inspirant du
« désir qu'il a de sauver son pays, et de le sauver de ses
« propres excès, interroge sa conscience et se demande
« si l'armée sous ses ordres n'est pas destinée à devenir
« le palladium de la société.

« La question militaire est jugée : les armées alle-
« mandes sont victorieuses, et sa S. M. le roi de Prusse
« ne saurait attacher un grand prix au stérile triomphe qu'il
« obtiendrait en dissolvant la seule force qui puisse aujour-
« d'hui maîtriser l'anarchie dans notre malheureux pays et

« assurer à la France et à l'Europe un calme devenu si
« nécessaire après les violentes commotions qui viennent
« de les agiter.

« L'intervention d'une armée étrangère, même victo-
« rieuse, dans les affaires d'un pays aussi impressionnable
« que la France, dans une capitale aussi nerveuse que
« Paris, pourrait manquer le but, surexciter outre me-
« sure les esprits et amener des malheurs incalcu-
« lables.

« L'action d'une armée française encore toute cons-
« tituée, ayant bon moral et qui, après avoir loyalement
« combattu l'armée allemande, a la confiance d'avoir su
« conquérir l'estime de ses adversaires, pèserait d'un poids
« immense dans les circonstances actuelles. Elle rétablirait
« l'ordre et protégerait la société, dont les intérêts sont
« communs avec ceux de l'Europe. *Elle donnerait à la
« Prusse, par l'effet même de cette action, une garantie des
« gages qu'elle pourrait avoir à réclamer dans le présent, et
« enfin elle contribuerait à l'avénement d'un pouvoir régu-
« lier et légal, avec lequel les relations de toute nature pour-
« raient être reprises sans secousses et naturellement.* »
« Ban-Saint-Martin, 10 octobre 1870. »

Un tel langage a conduit son criminel auteur à la
trahison infâme qui lui a valu une condamnation à mort,
avec dégradation.

Cette infâme trahison, qui livrait Metz et une armée
de cent soixante-dix mille hommes à la Prusse, M. Gambetta, ministre de la guerre et membre de la Délégation
du gouvernement de la Défense nationale, n'a pas hésité à
la qualifier de capitulation *scélérate*, le jour même où il
en eut connaissance.

Quand donc l'auteur d'un tel forfait remit cyniquement
le pied sur le territoire français, M. Thiers, chef du pouvoir exécutif, l'a-t-il fait immédiatement arrêter et traduire
devant un conseil de guerre?

Non! non! le traître savait fort bien que M. Thiers avait une autre *préoccupation*, celle qu'il n'avait pu accomplir lui-même, faute de pouvoir obtenir de l'armée, comme l'exigeait M. de Bismarck, qu'elle proclamât l'impératrice Eugénie régente de l'Empire.

Or, cette préoccupation, c'était, — de l'aveu de M. Thiers, — « *de soumettre Paris.* »

De là, par conséquent, la nécessité de ménager les « illustres et grands chefs » qui avaient fait, avec Bazaine, comme prisonniers de guerre, le salutaire voyage de Prusse, et qui, voyant M. Thiers en mesure de réaliser ce que Bazaine leur avait promis, « venaient avec confiance lui offrir leur épée. » C'est M. Thiers qui l'a dit.

Nous constatons les faits, rien de plus. Leur éloquence n'a pas besoin de commentaires.

Dans cette situation, M. Thiers n'avait donc que des paroles de gratitude pour Bazaine, qu'il affectait d'appeler « *un grand homme de guerre*, » et pour ses compagnons d'armes, auxquels il s'empressait de rendre leur commandement.

Quels meilleurs choix pouvait-il faire pour *soumettre* Paris?

Voilà donc pourquoi, à défaut de Bazaine, qui s'était criminellement offert à M. de Bismark, mais dont celui-ci n'avait pu se servir, comme le prouve la déclaration suivante, transmise par l'état-major prussien à Bazaine, le 24 octobre 1870 : « Les propositions qui nous arrivent de Londres sont inacceptables; je le constate à mon grand regret » Voilà donc pourquoi M. de Bismark fut amené, par la force des choses, à se servir de M. Thiers pour imposer à la France, partout trahie et dupée, une paix honteuse et ruineuse, et le désarmement de la démocratie, noyée dans son généreux sang.

Le coup ainsi monté, l'action commence.

« En traversant Paris, — dit M. Thiers, — j'avais ac-
« quis la conviction profonde qu'il fallait, pour saisir le
« pouvoir qui n'était pas dans nos mains, une lutte ter-
« rible pour écraser la démagogie, qui s'était emparée de
« la capitale et ne voulait pas l'abandonner. »

Ces paroles, dites plus tard à la tribune nationale par
M. Thiers, étaient confiées tout bas à l'oreille des amis,
dont la haine pour la démocratie était connue.

Quand donc la paix honteuse et ruineuse fut signée et
ratifiée par l'Assemblée, M. Thiers fit entendre ces mémorables paroles : « Il faut réorganiser l'armée. »

Et pourquoi, disaient tous les gens sensés, réorganiser
l'armée impériale? La guerre n'est-elle pas finie? et d'ailleurs impossible dans l'état où est la France ?

— Oui ! répondaient tout haut les confidents de
M. Thiers ; mais l'armée est nécessaire pour rendre à la
France le rang qu'elle doit occuper parmi les nations.

Toute l'activité gouvernementale se porta donc sur ce
seul point : réorganiser l'armée impériale.

— Vous allez mécontenter la Prusse ! disaient les
innocents.

— Ne vous en inquiétez pas ! répondaient les initiés ;
nous sommes d'accord avec l'Allemagne.

La preuve de cet accord, évident de soi et dont tout
homme intelligent avait la claire notion, résulte des
paroles suivantes prononcées par Bazaine, dans le cours
de son procès : « Je n'ai nul regret de ce que j'ai fait,
« puisque la plus grande partie de cette armée, à sa
« rentrée en France, a pu concourir puissamment au
« salut de l'ordre social, au maintien du gouvernement
« national, à la réorganisation de l'armée. »

Et quand une condamnation à mort avec dégradation
fut prononcée à l'unanimité contre Bazaine, Me Lachaud,
son défenseur, adressa à M. Thiers la lettre suivante:

« Monsieur le député,

« Après la terrible sentence qui vient de frapper
« M. le maréchal Bazaine, j'ai un devoir à remplir.

« Vous avez — comme président de la République —
« accordé à M. le maréchal Bazaine, qui vous le deman-
« dait instamment, le droit d'expliquer sa conduite
« devant des juges. Je vous en remercie, et le condamné
« du 1er conseil de guerre vous en remercie par ma
« voix.

« Vous avez, dans l'impartialité de votre conscience et
« dans la perspicacité de votre esprit, cru fermement à
« l'innocence du maréchal. Je vous en remercie.

« *Vous m'avez encouragé de votre sympathie pour*
« *l'accusé, et soutenu de vos avis.* Je vous en remercie.

« Aujourd'hui, tout est fini; *mais la reconnaissance du*
« *maréchal Bazaine et la mienne savent se souvenir.*

« Une douloureuse expérience a déjà fait connaître à
« la France la sagacité de vos vues et la sagesse de vos
« conseils! L'avenir lui prouvera que, cette fois encore,
« vous ne vous étiez pas trompé.

« Veuillez agréer, Monsieur le député, la nouvelle
« assurance de mes sentiments très respectueux.

« Signé : Ch. Lachaud. »

11 décembre 1873.

Cette lettre est la preuve matérielle, authentique et
publique, que, à la connaissance de tout le monde officiel,
M. Thiers était le *continuateur*, et par conséquent le
protecteur de Bazaine, convaincu de trahison et frappé de
la peine capitale.

De cette situation réciproque résulte l'explication de
la conduite pleine de mansuétude de M. Thiers à l'égard
de Bazaine.

En effet, sans l'armée du Rhin, donnée en garde au

roi de Prusse, pour servir, après la paix, comme le disaient les instructions données au général Boyer par Bazaine: « à maîtriser l'anarchie, à rétablir l'ordre, à protéger la société, etc., » M. Thiers n'aurait pu « *soumettre Paris, écraser la démagogie,* » et désarmer le peuple.

Entre M. Thiers et Bazaine il y avait donc, — c'est prouvé par les faits, — il y avait: identité de volonté, identité de langage, identité du choix des moyens, identité de connivence avec la Prusse; seulement Bazaine n'ayant pu obtenir de l'ex-impératrice et de l'armée les conditions imposées par l'ennemi, et les événements de la guerre, grâce à la trahison de Bazaine, grâce au complot d'inertie générale que dirigeait M. Thiers, et auquel participaient, à des degrés différents, les membres influents du gouvernement de la Défense nationale, grâce à l'abaissement intellectuel et moral que les règnes corrupteurs de Louis-Philippe et de Louis Bonaparte avaient engendré en France, les événements de la guerre, dis-je, ayant pris la tournure que désiraient les ennemis de la République, M. Thiers, avec l'approbation de M. de Bismarck, se mit à la tête du mouvement qui, au mépris de l'honneur national, mettait la France aux pieds de l'empereur d'Allemagne.

De ridicules paroles, simulant, parodiant les sentiments patriotiques, furent dites alors avec affectation. Quelques naïfs les crurent; mais la démocratie qui, de longue date, connaissait le *vieux comédien*, savait à merveille ce que de telles paroles signifiaient dans sa bouche.

Voilà l'œuvre que, à défaut de Bazaine, M. Thiers s'est chargé d'accomplir, avec le concours de M. de Bismarck.

Bazaine a trouvé la récompense de sa conduite devant un conseil de guerre. Cette récompense a été une condamnation à mort avec dégradation, prononcée à l'unanimité.

Il y a eu des naïfs qui ont cru et croient encore au patriotisme du traître ; mais, ce qu'il y a de certain, c'est que la France pense exactement comme le conseil de guerre, où pas un doute n'a fait hésiter une conscience.

Quant à M. Thiers, c'est devant l'histoire qu'il doit comparaître et être jugé. Lorsque l'histoire aura parlé, quelques naïfs croiront peut-être encore à son patriotisme, — les naïfs croient à tant de choses ! — mais la France, qui n'est point sotte et a bonne mémoire, la France dira : c'est bien lui ! toujours le même ! mis au rebut par Louis-Philippe, M. de Bismarck l'emploie avec un éclatant succès : c'est conforme à l'ordre moral monarchique. Ces instruments-là passent de main en main. Les princes les connaissent, et leurs ministres savent s'en servir.

Nous venons de le voir, M. Thiers, à peine investi du pouvoir exécutif de la République, avait donné l'ordre au ministre de la guerre de diriger des troupes sur Paris.

D'après un aveu, explicite et public, nous savons pourquoi M. Thiers faisait opérer ce mouvement de concentration.

C'était un plan de campagne ! en voici la suite.

« Je vous ai dit, — c'est M. Thiers qui parle devant
« l'Assemblée, — venez prendre une *position militaire*. On
« avait songé à Fontainebleau ; nous y avions songé
« nous-même un moment ; mais la position militaire était
« Versailles, les résultats l'ont prouvé ; et c'est cela que
« je conseillais. »

En conséquence, l'Assemblée de Bordeaux vint s'établir à Versailles, d'après les conseils de M. Thiers, s'inspirant des combinaisons stratégiques de M. de Moltke.

C'était donc une guerre en règle que M. Thiers entreprenait contre Paris.

4.

En effet, le 18 mars, avant le jour, les hostilités commencent.

De quelle nature sont ces hostilités?

Cette question, posée au nom de la conscience humaine, provoque le jugement de l'histoire sur des événements qui ont été plus funestes à la France que l'invasion étrangère.

Étudions donc la nature de l'agression de M. Thiers contre la garde nationale de Paris.

D'abord, en vertu de quelle loi M. Thiers s'attribuait-il le droit de procéder au désarmement de la garde nationale de Paris?

Il faut bien le reconnaître et l'avouer : aucune loi n'autorisait M. Thiers à désarmer la garde nationale de Paris.

L'acte en question était donc d'une nature essentiellement illégale.

La preuve matérielle de l'illégalité de l'agression clandestine du pouvoir exécutif contre la garde nationale de Paris, c'est que la loi qui ordonnait la dissolution et le désarmement de toutes les gardes nationales n'a été votée que le 25 août 1871, *deux mois* après la victoire de M. Thiers.

Devant la conscience humaine, devant la raison, la justice, la morale, que faut-il de plus?

Oui, que faut-il de plus pour établir démonstrativement la culpabilité de M. Thiers?

Eh bien! puisque, le 18 mars 1871, aucune loi n'autorisait M. Thiers à procéder au désarmement de la garde nationale de Paris, de quel droit, avant le jour, a-t-il tenté, avec deux régiments de troupes de ligne, d'enlever, par un coup de main, un parc d'artillerie composé de canons abandonnés sur les remparts après la reddition de Paris, et que la garde nationale avait traînés à Montmartre pour les dérober aux yeux du vainqueur?

De quel droit? — du droit dans lequel était entré

l'homme du Deux-Décembre, quand il sortit de la légalité et fit, nuitamment aussi, appréhender au corps M. Thiers et ses collègues de l'Assemblée législative.

Ce droit-là est connu ; il est vieux comme le monde ; et s'appelle : Droit de la force.

C'est le principe de l'autorité monarchique.

Or, M. Thiers n'étant ni roi de France, ni régent, pas même lieutenant-général du royaume, mais tout simplement le *délégué* d'une Assemblée, ne pouvait exercer légalement le pouvoir royal. L'ayant donc exercé dans ce qu'il a de plus absolu, de plus dangereux, dans l'acte prémédité et le fait accompli d'agression à main armée, en vue de porter atteinte à la souveraineté du peuple, M. Thiers est responsable de toutes les conséquences de sa tentative autocratique.

Et pourquoi M. Thiers, qui avait la pleine connaissance de la portée de l'acte qu'il accomplissait, a-t-il volontairement encouru les dangers de cette responsabilité ?

Parce que, qui veut la fin, veut les moyens.

Or, la fin pour M. Thiers, c'était le pouvoir, qu'il venait enfin de saisir, et dont il voulait rester toujours en possession.

— Comment atteindre ce but ?

— Par un coup d'éclat.

Très bien. Mais de quel coup d'éclat M. Thiers est-il capable ?

Nous allons le voir.

Aussitôt la honteuse chute de l'homme qui, par le guet-apens du 2 décembre, avait rendu impossible la restauration orléaniste à laquelle M. Thiers avait jadis travaillé avec ardeur, un rayon d'espoir brilla de nouveau dans l'imagination du « *vieux routinier monarchique.* »

En conséquence, sans mission officielle, et ne relevant que de lui-même, M. Thiers, dans le mois d'octobre 1870, se rendit dans les principales cours de l'Europe, se mit en relation avec les gouvernements, et chercha à connaître leurs intentions touchant les diverses solutions politiques que le cours des événements pourrait amener.

Prétention éminemment puérile de la part de M. Thiers, qui, après avoir révélé aux puissances étrangères tous les petits secrets de sa politique personnelle, n'apprit, en retour, absolument rien des projets des grandes puissances à l'égard de la France : cela devait être.

Mais si les voyages princiers de M. Thiers ne furent point utiles à la France, ils servirent à mettre en relief la personne de *l'illustre* voyageur : c'est tout ce que voulait M. Thiers. Aussi, quand Bazaine se trouva dans l'impossibilité de remplir les vues de M. de Bismarck, ce fut à M. Thiers qu'échut la mission d'exécuter les rigueurs de la Prusse contre la France.

Voilà donc M. Thiers à l'œuvre, *bazainant* la France au profit de la Prusse.

Mais M. Thiers entend aussi travailler un peu pour son propre compte. Et son propre compte, c'est de rester, comme nous venons de le dire, en possession du pouvoir gouvernemental que la confiance de la Prusse vient de mettre dans ses mains.

Or, M. Thiers n'ignore pas les sentiments que les légitimistes et les républicains de l'Assemblée professent à son égard. Il y a aussi dans l'Assemblée quelques bonapartistes qui ne sont pas de ses amis. Une majorité se formerait donc vite contre lui s'il ne s'imposait à l'Assemblée par un coup d'éclat, comme nous venons de le dire.

Eh bien! ce coup d'éclat voulu par la position personnelle, essentiellement équivoque, de M. Thiers dans l'Assemblée; ce coup d'éclat indispensable à un homme dont les antécédents politiques étaient si déplorables; ce coup d'éclat, le voici tel que la nature des choses et leur inexorable logique l'imposaient à l'intelligence de son coupable auteur.

France, écoute!

Si un projet de loi demandant la dissolution de la garde nationale de Paris et son désarmement avait été présenté à l'Assemblée, d'abord, il eût soulevé les discussions les plus passionnées, les plus orageuses; ensuite, de deux choses l'une, ou ce projet de loi eût été rejeté ou il eût été adopté. S'il avait été rejeté, le coup d'éclat contre Paris serait devenu impossible; s'il avait été adopté, la garde nationale eût obéit à la loi; en ce cas le coup d'éclat était encore impossible.

Que faire alors, puisque le coup d'éclat est absolument nécessaire au maintien de M. Thiers à la tête du Gouvernement?

Que faire? — parbleu! faire ce que font les princes : agir sans droit et mettre Paris hors la loi; le désarmer clandestinement, et s'il résiste, taper ferme, en *écrasant* tout sur son passage. Comme ça, quand on s'y prend bien, on réussit toujours; on est couvert des lauriers de la victoire et proclamé grand homme d'État. Témoin le succès des deux Bonaparte.

« La fortune favorise l'audacieux, » dit un vieux proverbe.

D'après la nature des choses et leur inexorable logique, voilà donc ce qui se passait dans la tête de M. Thiers, le 17 mars 1871.

En conséquence, le chef du pouvoir exécutif arrêta les derniers préparatifs de son coup d'état, et en fixa la mise à exécution pour le lendemain 18, avant le jour.

De tels hauts faits commencent toujours dans les ténèbres.

Gardons-nous de les décrire.

A deux heures, la troupe de ligne, après avoir fraternisé avec le peuple, descendait, la crosse en l'air, la rue du Faubourg-Montmartre.

M. Thiers, venu à Paris pour suivre le cours de l'entreprise et diriger les opérations ultérieures, ayant appris le funeste résultat de son entrée en campagne, s'enfuit lestement à Versailles, selon l'usage de ses maîtres.

Si M. Thiers eût été un prince, de Versailles il se serait rendu en Angleterre, et toute la grosse affaire d'agression à main armée qu'il venait si témérairement d'entreprendre se fût terminée par sa fuite à l'étranger. Mais M. Thiers était le chef du pouvoir exécutif de la République française. Il trouva donc dans cette position les moyens de réparer, avec le concours dévoué de la Prusse, l'échec honteux que ses allures monarchiques venaient de faire subir à sa politique personnelle.

Nous laissons et nous laisserons toujours de côté les faits de guerre, dont le récit ne peut que déchirer les cœurs français, et les remplir d'amertume.

Nous n'avons à nous occuper, pour remplir notre programme, que des événements politiques, de leurs causes et de leurs conséquences, afin de pouvoir en donner une explication raisonnée à nos chers concitoyens, si souvent trompés par les hommes corrompus ou incapables, aux mains desquels les institutions monarchiques confiaient les rênes de l'État.

Nous venons de dire que le concours dévoué de la Prusse avait été un des moyens offerts à M. Thiers pour réparer l'échec de sa royale entrée en campagne contre Paris. En voici la preuve : « Nous avons réussi, — c'est « M. Thiers qui parle, — à réunir une armée de 140,000 « hommes. Cela paraît extraordinaire. »

— Non, Monsieur, cela ne paraît point extraordinaire; puisque tout le monde, en France, savait que l'armée du Rhin avait été donnée en garde au roi de Prusse par Bazaine, précisément pour faire l'œuvre à laquelle vous l'employez. Donc, cela n'étonne personne.

Nous avons dit aussi que M. Thiers avait trouvé dans sa position de chef du pouvoir exécutif de la République des ressources dont aucun prince n'aurait pu disposer. Ces ressources, les voici :

« En ce moment-là, — poursuit M. Thiers, — non-
« seulement une partie des habitants de Paris, mais tous
« les personnages qui dans les grandes villes détenaient
« l'autorité sont venus à Paris ; ils ont engagé des négo-
« ciations avec moi ; vous les avez connues ; j'ai été in-
« terpellé dans ces négociations ; et que disait-on ? On
« me disait : Nous détestons la Commune ; elle professe
« des principes qui ne sont pas les nôtres ; nous sommes
« prêts à nous séparer d'elle ; mais dites-nous si vous
« travaillez pour la monarchie ou pour la République ?

« A cela j'ai répondu : Vous calomniez l'Assemblée ; il
« est bien vrai que beaucoup d'hommes respectables de
« cette Assemblée sont, je dirai depuis leurs aïeux, de-
« puis leur naissance, passionnés, — j'ai prononcé le
« mot, — pour la monarchie, c'est leur droit ; mais per-
« sonne dans l'Assemblée ne conspire, vous la calom-
« niez ; et, en tout cas, moi qui vous parle, je tiendrai
« ma parole, je maintiendrai la République.

« On m'a dit : Nous croyons à votre parole ; pas un
« de nous ne cherchera à agiter les localités au milieu
« desquelles il vit. On a tenu parole : aucune de nos
« villes n'a fait un mouvement.

« Messieurs, aujourd'hui nous pouvons le dire, il n'y
« a aucun danger ; et notre armée française, revenue à
« sa discipline, dans les mains de nobles et grands
« chefs, ne faillira jamais ; le moindre trouble sera im-
« placablement réprimé.

« A cette heure, il n'y a rien à craindre, rien ! l'armée
« appartient à la loi, avec le plus parfait dévouement.
« Aujourd'hui, nous pouvons parler ; il n'y a pas de dan-
« ger de désordre ; c'est la vérité. On n'abusera pas de

« nos paroles. Mais alors, si j'avais été obligé de déta-
« cher vingt ou trente mille hommes de l'armée de Paris,
« je n'aurais pas triomphé de la Commune.

« Quelle a été ma situation? Vous avez trouvé bon, vous
« m'en avez remercié, que l'ordre triomphât, et vous
« avez eu raison Il faut vous mettre à ma place. Figurez-
« vous la situation où j'étais. J'ai été assez vivement in-
« terpellé. Je suis venu vous le dire; m'a-t-on interrompu?
« M'a-t-on dit que j'avais eu tort d'engager ma parole?
« Mais je me hâte de l'affirmer : *elle n'engage que moi ici.*
« Il faut tout dire, elle n'engage que moi seul ! mais elle
« m'engage.

« Je vous remercie, Messieurs, d'écouter en silence les
« faits , les raisonnements qui doivent vous agiter pro-
« fondément et qui m'agitent, moi aussi , et que je n'ap-
« porte à cette tribune que contraint par les regards de
« ce grand juge, qui est notre pays, qui a les yeux sur
« nous et nous écoute.

« Eh bien! je suis obligé de tout dire : vous n'êtes pas
« engagé, *moi*, je le suis !

« Quand j'ai donné ma parole, moi monarchiste, moi
« qui ai toujours rêvé pour mon pays la monarchie
« constitutionnelle, eh bien! oui, sous l'empire des
« circonstances, je me suis engagé! Mais il n'y a que
« moi d'engagé, je le répète. Vous avez parfaitement le
« droit de me dire : Vous êtes engagé, tenez vos enga-
« gements. Je suis tout prêt ; car mon engagement,
« quand j'ai quitté le pouvoir, il est rempli. »

A quel monarque, engagé dans une agression à main
armée et assiégeant Paris, les délégués des grandes
villes, ayant la confiance du peuple armé, seraient-ils
venus dire : «Dites-nous si vous travaillez pour la monar-
« chie ou pour la République? » Et auxquels le monarque
aurait répondu : « En tout cas, moi qui vous parle, je
« maintiendrai la République. »

Or, de l'aveu public de M. Thiers, c'est la neutralité des grandes villes armées « qui lui a permis de triompher de la Commune. »

De tels faits doivent être enregistrés par l'histoire, et nous en prenons acte pour l'instruction de la démocratie.

La France républicaine saura donc, par la légèreté perfide de la déclaration suivante : « Mon engagement, « quand j'ai quitté le pouvoir, il est rempli, » que M. Thiers a mystifié et dupé les délégués des grandes villes sachant fort bien, lui et les royalistes de l'Assemblée, pour quelle cause on faisait *travailler* l'armée contre la garde nationale de Paris. L'auteur de cette déclaration avait donc pleine conscience de l'acte qu'il accomplissait ; et la preuve de cela, c'est qu'il en a fait, à l'égard des délégués, une restriction mentale jésuitique, au lieu de leur tenir ce digne langage : J'ai de puissants ennemis dans l'Assemblée. Si je suis renversé demain, c'est le maréchal Mac-Mahon qui me remplacera. Si l'armée sous ses ordres triomphe, c'est la monarchie qui profitera de sa victoire. Voilà pour ce qui me concerne personnellement. Mais, Messieurs, ce n'est pas à ma personne que vous avez affaire ; c'est au pouvoir exécutif de la République. Eh bien ! comme l'homme qui remplit cette haute fonction n'est que le délégué de l'Assemblée, c'est à l'Assemblée qu'il faut vous adresser pour obtenir une promesse authentique, ayant une valeur politique, un titre qui soit l'équivalent du service rendu par le fait de votre neutralité volontaire.

Tel devait être selon la conscience, selon la raison, selon la morale, selon la justice, selon tout ce qu'il y a de grand et de noble dans la nature humaine, oui, tel devait être son langage au point de vue des devoirs d'un honnête homme envers ses semblables.

De toutes ces choses qui ennoblissent la conduite

publique comme la conduite privée d'un homme,
M. Thiers n'a tenu aucun compte. Il s'est, au contraire,
enfermé royalement dans son *moi*, et de cette hauteur
autocratique, d'où sont bannis tous les devoirs d'honnête
homme, il jeta, en ricanant, un billet à La Châtre, que
des naïfs, peu au courant des mœurs d'une Ninon politique, ont pris pour un contrat de mariage. Les grandes
villes de France, devinrent ainsiles épouses soumises de
M. Thiers, « et pas une d'elles ne fit un mouvement. »

Tel fut donc le fiasco de la délégation républicaine des
grandes villes; fiasco qui permit à M. Thiers de mener à
bonne fin son entreprise contre Paris.

Voilà les faits, avec preuve authentique à l'appui.

Ne fallait-il pas, en effet, que les membres de la délégation républicaine des grandes villes fussent bien naïfs
pour adresser à M. Thiers, violant à la fois la légalité et
la souveraineté du peuple, cette question puérile :
« Travaillez-vous pour la monarchie ou pour la répu-
« blique ? »

Dans la mémorable série d'aveux de M. Thiers, que
nous venons de citer, on a dû remarquer avec quelle
affectation complaisante il répète ces mots: « J'ai engagé
« ma parole... mais elle n'engage que moi ici... elle
« n'engage que moi seul.... mais elle m'engage... vous
« n'êtes pas engagés... moi, je le suis... je me suis
« engagé... mais il n'y a que moi d'engagé, je le répète. »
Oui, c'est vrai, M. Thiers répète sept fois de suite qu'il
est seul engagé vis-à-vis les délégués des grandes
villes; mais il a bien soin aussi de nous apprendre que
cet engagement n'était qu'une rouerie de courtisane, dont
il était le premier à se moquer.

A part le cynisme de cet aveu, il y a le fait capital, qui
est la répétition, sept fois renouvelée, de cette parole:
« Moi seul je suis engagé. » Dans quel but cette persistance affectée? dans un but inhérent à la nature orga-

nique de M. Thiers, dans le but d'exploiter la naïveté politique des républicains d'occasion. Voici comment :

Les deux premières préoccupations de M. Thiers, en saisissant le pouvoir : Faire la paix et écraser la garde nationale de Paris, — étant réalisées, une troisième préoccupation, de premier ordre, surgit dans le cerveau césarien de M. Thiers, et l'occupa exclusivement.

Cette troisième préoccupation se formulait ainsi : En temps de révolution, quand on est un grand homme d'Etat comme moi, on ne reste pas « un petit bourgeois. »

En conséquence, ayant su, par des voies savamment frayées, arriver au pouvoir ; et, par l'emploi énergique de la force armée, conquérir l'autorité royale, — pensait M. Thiers, — ce n'est pas pour la remettre sottement entre les mains d'une nullité princière, qui, après m'avoir dit : « Je vous dois le trône, » me mettra le lendemain à la porte ; oh! non, ce n'est pas pour cela que j'ai couru le risque de mettre Paris hors la loi et de passer crânement le Rubicon. Adolphe Thiers a mieux que cela à faire. Adolphe Thiers a conquis l'autorité royale ; Adolphe Thiers, suivant l'usage, la gardera pour lui : c'est entendu. D'ailleurs, c'est le droit monarchique : *conquête vaut titre.* De tels faits fourmille dans l'histoire ; je ne serai qu'un exemple de plus.... très-bon à imiter. Donc, place! place! la première place à l'homme de génie. C'était la règle de conduite du grand Napoléon. J'ai tant vécu dans son histoire, que je me suis assimilé toutes ses idées ; et vraiment, quand je m'examine, je ne trouve aucune différence entre lui et moi. Pourquoi donc ne ferai-je pas de ma victoire le même usage qu'il fit des siennes ?

Eh bien! c'est décidé : je tiens le pouvoir, je le garderai, comme Napoléon 1er.

C'est le moyen certain de n'être pas mis à la porte par le principicule que j'aurais bêtement mis sur le trône. Au contraire, Adolphe Thiers étant président à vie de la République française, tous les prétendants feront antichambre à sa porte, disant : Monsieur le président vieillit beaucoup, n'est-ce pas ?

A quoi il sera lestement répondu : Monsieur le président vieillir ? allons donc : il rajeunit tous les jours ; il vivra cent vingt ans au moins ; probablement plus. Nous l'espérons bien ! L'Europe l'admire ; la France l'adore.

Voilà ce que les prétendants entendront dans mon antichambre ; et que sait-on ?... les vœux des gens de ma maison, d'accord avec les sentiments de l'Europe et de la France, se réaliseront peut-être : Le pouvoir, c'est la Fontaine de Jouvence !

Sous l'empire de cette troisième préoccupation, d'un napoléonisme accentué, on conçoit aisément pourquoi, en quelques lignes, M. Thiers, parlant à la France du haut de la tribune nationale, a répété sept fois : « *Moi seul je suis engagé à maintenir la République.* »

Etant le *maître*, sous la république, pourquoi se rendrait-il *sujet* sous la monarchie ?

Un simple citoyen ne se révolte-t-il pas à la seule idée de redevenir sujet ? et moi... allons donc !.. ce serait si bête !

Pour ces motifs, parfaitement fondés, M. Thiers ne voulait donc pas de la monarchie ; mais d'une république faite par lui et pour lui, à sa mesure.

Les traits principaux de la politique personnelle de M. Thiers se résument donc dans les trois faits suivants, qui la caractérisent lumineusement :

Obtenir la confiance et la protection de la Prusse en signant une paix honteuse.

Faire un coup d'éclat contre la démocratie armée, pour assurer la prompte exécution de cette paix honteuse.

Essayer, en profitant habilement des divisions des

trois partis monarchiques de l'Assemblée, d'instituer, sous l'étiquette : *République conservatrice*, un gouvernement hybride, à ressorts constitutionnels et à bascule politique, pour son usage particulier.

Tel est donc le bilan politique que des événements parlementaires, plus forts que sa tenace volonté, ont forcé M. Thiers à déposer devant la France et le monde entier.

Il suffit d'en signaler toute la perfidie pour que l'homme qui a conçu et exécuté les principales dispositions qui caractérisent ce chef-d'œuvre politique soit jugé et connu ; jugé et connu d'après ses paroles et ses actes, dont l'histoire est heureusement en possession, grâce aux luttes passionnées que M. Thiers a eu à soutenir contre les implacables adversaires qu'il voulait duper.

Sur les deux premiers points la lumière est faite.

Actuellement, il s'agit de la troisième *préoccupation* de M. Thiers, vainqueur de la garde nationale de Paris ; cette troisième préoccupation, — nous l'avons dit, — est celle-ci : En temps de révolution, un grand homme d'État comme moi ne reste pas un petit bourgeois.

Cette troisième préoccupation n'a pas été formulée par M. Thiers avec le même cynisme que les deux premières, au contraire, avec l'art des Grandes-Coquettes, il affirme toujours qu'il n'aspire qu'aux douceurs de la vie privée. Mais c'est le secret de la comédie. La troisième préoccupation de M. Thiers n'apparaît donc que sous les voiles équivoques de son langage politique ; mais ses actes, comme pouvoir exécutif, la révèle avec évidence. Aussi, les royalistes, ennemis de M. Thiers, ne pouvant douter de ses projets ambitieux, engagèrent-ils résolument la lutte qui devait y mettre fin. Cette lutte étant le grand événement qui a exlusivement occupé la vie politique de la France pendant deux ans, nous devons, pour l'instruction du peuple, en rendre un compte sommaire. La nation saura ainsi ce que, d'une part, voulait M. Thiers ;

et, d'autre part, ce que cherchait à lui imposer la coalition des partis monarchiques.

Voici donc la France en présence d'un de ces drames politiques qui n'apparaissent sur la scène du monde qu'aux époques de décadence, époques qui suivent fatalement les grandes maladies morales que subissent les nations dans le cours de leur existence.

Il faut, en effet, que les facultés mentales d'un grand peuple aient été profondément ébranlées, troublées, obscurcies par des événements exceptionnels, des catastrophes inouïes, pour que la raison et la conscience en arrivent à supporter les atteintes honteuses qui portent, dans l'histoire, un nom célèbre, le nom d'*intrigues byzantines*.

Telle était la déplorable situation de la France après l'invasion allemande de 1870. Voilà pourquoi elle fut la proie des hommes imbus de coupables sentiments et habitués aux excès de pouvoir les plus condamnables. Hélas! nous allons donc voir les représentants de la France donner au monde le spectacle humiliant d'une scène de décadence complète, où ne manquent ni le conspirateur et ses rivaux, ni la lutte finale pour le partage du butin.

Il faut que l'histoire, — c'est son devoir, — trace de tels tableaux, et les mette courageusement sous les yeux de la partie saine de la nation, afin qu'elle en ait horreur et dégoût, et fasse tous ses efforts pour en prévenir le criminel retour. Oui! oui! la partie saine de la nation mettra fin aux abus et aux excès de ce pouvoir personnel, qui est la source corrompue d'où jaillit à flot continu l'onde délétère de la décadence. Voyons donc, sous l'autorité de M. Thiers, voyons couler l'impur torrent.

Le coup d'éclat s'était accompli avec le concours moral de M. de Bismarck, et au moyen de l'armée impériale, réorganisée à cet effet. Tous les partis monarchiques de l'Assemblée, y compris les républicains *incomplets*, avaient prêté leur concours à M. Thiers, sans dénoncer l'illégalité de l'acte clandestin, commis dans la nuit du 18 mars, et ayant pour objet l'enlèvement d'un parc d'artillerie dont la conservation faisait honneur au patriotisme de la garde nationale.

Durant les opérations militaires dirigées contre Paris par M. Thiers, le parti légitimiste, très nombreux dans l'Assemblée, témoignait rudement le désir de voir le pouvoir exécutif passer dans les mains du Maréchal Mac-Mahon, qui commandait l'armée. Ce désir blessait vivement M. Thiers et l'irritait au suprême degré ; car, c'était pour lui, Adolphe Thiers, qu'il avait risqué le coup et assumé sur sa tête toute la responsabilité d'une attaque nocturne, à main armée, contre un corps régulièrement constitué par un gouvernement national, au nom duquel M. Thiers avait agi comme négociateur de l'armistice.

Cette responsabilité, M. Thiers en connaissait parfaitement et la nature et l'étendue. Et quand, deux mois après la prise de Paris, il fallut en venir au désarmement de toutes les gardes nationales, désarmement demandé avec passion par les légitimistes, la discussion de la loi prescrivant cette mesure fut tellement orageuse, que M. Thiers faillit y perdre le pouvoir. Mais ne voulant pas laisser à ses ennemis les bénéfices de son coup d'éclat, il se calma, et se résigna aux exigences des légitimistes cléricaux.

La loi suivante fut donc votée à une immense majorité :

« ART. Ier. Les gardes nationales sont dissoutes dans « toutes les communes de France.

« Sont exceptées de cette mesure les compagnies de « sapeurs-pompiers.

« Ces opérations seront effectuées par le gouverne-

« ment, sous sa responsabilité, dans le plus bref délai
« possible. »

M. Thiers voulait, pour les besoins de son pouvoir
personnel, que le désarmement fût laissé à l'initiative du
gouvernement. Les monarchistes, qui lisaient dans son
jeu, exigeaient au contraire que, sous la responsabilité
du pouvoir exécutif, le désarmement général ait lieu dans
le plus bref délai possible.

Les royalistes déchiraient ainsi au nez de M. Thiers
l'engagement personnel, pris par lui, vis-à-vis les délégués des grandes villes, de « *maintenir la république.* »

Qu'est-ce, en effet, qu'une république entre les mains
d'une armée impériale, victorieuse des milices nationales?

M. Thiers vit clairement alors « pour qui il avait travaillé; » et sa douleur fut aussi amère que profonde
quand il s'aperçut que ses ennemis s'appropriaient tous
les bénéfices de son coup d'éclat, et le traitait, lui, l'auteur
du plan de campagne contre Paris, lui, l'écraseur de la
démocratie, comme « un instrument qu'on jette à l'écart
« quand on n'en a plus besoin » : ce sont ses propres
expressions.

En présence d'un tel sort, M. Thiers résolut de
conserver par la ruse ce qu'il avait acquis par la force.

C'était agir à la fois comme Napoléon Ier et Louis-
Philippe.

Quels plus beaux modèles à suivre!

A l'œuvre donc! homme deux fois grand : Hercule et
Mercure.

Les événements parlementaires qui ont eu pour cause
la résolution de M. Thiers de se maintenir au pouvoir,
par la ruse, contre la volonté des royalistes, retentissent
encore aux oreilles du monde politique. Tous les hommes
au courant de ces questions s'y intéressent donc; et ceux
qui ont pour devoir de les connaître apprendront avec

satisfaction la nature des faits qui ont fait naître une agitation parlementaire dont l'Europe entière s'est émue.

L'importance du sujet nous oblige à donner aux points essentiels un développement psychologique que personne ne blâmera.

Essayons donc de peindre un tableau que la France et l'Europe doivent toujours avoir devant les yeux pour leur perpétuelle édification.

Après le vote orageux de la loi sur la dissolution et le désarmement de toutes les gardes nationales, l'Assemblée prit ses vacances.

Éclairé, sans l'ombre d'un doute, sur les dispositions de la majorité de l'Assemblée à son égard, M. Thiers se rendit à Trouville-sur-Mer, et choisit pour résidence un magnifique chalet.

Là, en présence du sublime spectacle de la mer et de la majesté des nuits étoilées, tout le monde pense que M. Thiers, qui a eu ses nerfs si cruellement irrités par la discussion et le vote d'une loi qu'il avait, de son autorité privée, mise à exécution, à l'égard de Paris, trois mois auparavant, tout le monde, dis-je, pense que M. Thiers va s'enterrer dans une profonde solitude.

Eh bien, non!

Tout le monde se trompe; M. Thiers ne s'enterre point.

Comme l'éclair il éblouit; comme la foudre il tonne.

Il se moque des hommes, et peut-être, *in petto*, de Dieu, par habitude de se moquer de tout.

— Vous en doutez?

En voici la preuve.

Non loin de son chalet, il fit construire une batterie de canons à longue portée.

Comme Napoléon Ier, à tous les dieux il préfère le dieu des armées.

L'emblème de la future présidence à vie sera deux

canons en croix : dans les hautes régions du pouvoir, la force prime le droit. *Écraser*, c'est régner.

Voilà donc la personnification du pouvoir exécutif de la République française, d'après nature.

En conséquence, la batterie est construite. — M. Thiers en a choisi l'emplacement : — c'est là, a-t-il dit, qu'il faut la mettre. Je ne crois pas me tromper... non, je ne me trompe point : c'est la place qu'aurait indiquée Napoléon-le-Grand.

Durant un mois la batterie tira sur des objets fixés à différentes distances en mer. On dit même que, pour être conforme à la légende napoléonienne, M. Thiers pointa plusieurs coups. C'est possible! avec une telle vocation pour l'artillerie... de plaisance.

— Allons! allons! me dira-t-on, cette plaisanterie ne peut atteindre M. Thiers, un homme de tant d'esprit et de bon sens.

— Une plaisanterie! la batterie de canons à longue portée, établie, pour l'instruction et l'amusement de M. Thiers, à proximité de son chalet, à Trouville-sur-Mer, au mois de septembre 1871, après la victoire remportée sur la garde nationale de Paris? Oh! non, non, ce n'est pas une plaisanterie. C'est, au contraire, une réalité matérielle, hélas! trop matérielle pour l'honneur de la France, dont M. Thiers était le chef politique, à titre de pouvoir exécutif.

— Alors, si ce n'est pas une plaisanterie, c'est l'acte d'un chef politique du Congo.

Lecteur, ce n'est pas moi, c'est vous qui l'avez dit.

A l'odeur de la poudre, brûlant tous les jours sous le nez de Son Excellence, l'imagination de M. Thiers s'est sublimée ; et la France lui est apparue, comme à Napoléon en Égypte, sous la forme d'une esclave, destinée à ses plaisirs. Viens à moi, cède à mes transports, France si belle,...... ne t'ai-je pas enchaînée, après t'avoir cassé les bras? N'es-tu pas bâillonnée, et à moitié soumise à l'état de siége? Que peux-tu donc, ainsi mutilée, faire contre moi? Évidemment, rien; donc, pauvre captive, tu es à moi; oui, à moi pour toujours; à moi, qui ai rêvé toute ma vie de te posséder.... et qui te possède enfin !!! grâce à mon coup d'éclat, dont le bruit quotidien du canon me rappelle la gloire, et ne me laisse jamais oublier que j'ai écrasé la démocratie pour t'enlever, adorable France, des mains d'une « *vile multitude*,» indigne de te posséder.

Et bien ! puisque je t'ai conquise et que tu m'appartiens, je vais, mon Andromaque, rédiger les conditions légales de notre union ; et, comme je t'aime bien et suis bon prince, je t'accorderai de précieux avantages ; tu seras, — réjouis-toi donc, petite France un peu légère, — tu seras une épouse *presque constitutionnelle!* J'espère que, dans l'état où l'Empire et la Commune t'ont mise, je te traite avec autant d'amour que de désintéressement, n'est-ce pas, moitié équivoque de ton vainqueur?

Donc, vive Thiers, le grand patriote !

A présent, passons aux clauses et conditions de mon contrat de mariage avec « la pauvre malade. »

Le coup d'éclat qui m'a mis en possession de cette captive ayant parfaitement réussi, il s'agit maintenant de fixer mon sort et de m'unir pour toujours à la plus belle puissance du monde ; oui, à la plus belle, malgré tant de souffrances !... Parbleu ! je la guérirai ;... qu'elle aimera son Adolphe !

Hâtons-nous ! guérissons-la.

Plein de ces nobles pensées et de ces généreux sentiments, M. Thiers se retira majestueusement dans le sanctuaire de ses plus profondes réflexions, pour trouver la solution du problème de son union indissoluble avec la France.

Pas d'illusions, se dit-il; je suis un homme pratique : allons aux faits.

De quoi s'agit-il? Il s'agit, — appelons les choses par
leur nom, pour ne pas nous tromper sur leur nature, —
il s'agit, — parlons. bas, toute muraille a des oreilles,
surtout à Trouville en ce moment. — Monsieur Thiers,
autre chose qu'une muraille, dit la vérité, et la dit beaucoup mieux ; cette autre chose, c'est la logique des faits.
Eh bien, actuellement vous êtes en son pouvoir ; c'est
elle qui analyse vos facultés mentales, et en donne la
photographie exacte, si précieuse à connaître. Continuez
donc à poser devant la logique des faits. — Il s'agit, — si
l'on m'entendait ! — il s'agit, — je crains de le dire à moi-
même, parce que j'ai la mauvaise habitude de parler
quelquefois trop, — il s'agit, — chut ! — il s'agit, —
comme certaines pensées ont le don de nous troubler ! —
Oui, Monsieur, les pensées coupables.

Bah ! voilà qui est drôle : je me fais peur à moi-même... Est-ce un pressentiment ?... La France aurait-elle
aussi peur de moi ?... Qu'est-ce que cela veut dire ?...
Cela veut dire que j'ai une peur d'enfant. Allons ! rassure-
toi, mon petit Adolphe : il n'y a ici aucun démagogue ; tu
ne cours nul péril ; tu es en parfaite sûreté. Dis donc tout
ce que ton vaste génie suggérera à ta lucide pensée. Et
d'abord, achève ta phrase ; tu disais : il s'agit... Eh ! oui,
parbleu, il s'agit de faire un coup de ruse : en quoi c'est-
il effrayant ?

Étais-je donc simple de tant m'en émouvoir. Est-ce que
les coups de ruse parlementaires ne se font pas perpétuellement ? En suis-je à mon coup d'essai, moi, qui en ai
tant fait sous le glorieux règne de Louis-Philippe ? D'ailleurs, en est-il un qui soit mieux justifié que celui que
j'ai conçu ! Oui, si bien justifié qu'on puisse même dire
qu'il m'est dû. Je dois donc réussir..., corbleu ! je réus-
sirai : la certitude du succès me transfigure : le succès,
c'est mon Dieu. En sa présence, je me sens capable de
faire des miracles : je parie sauter, demain matin, la

tranchée de mes batteries, tant m'enflamme la certitude du succès de mon projet.

Posons donc mes jalons politiques.

Je suis en possession du pouvoir. Comment m'y maintenir ma vie durant? Voilà la question.

Eh bien! en temps de révolution, quand les hommes ne croient plus au droit divin des rois, il n'y a qu'un moyen de tenir un peuple en tutelle, c'est de jouer perpétuellement, sur la scène politique, la vieille farce de l'*Étiquette du sac*. Si Louis-Philippe m'avait écouté, il serait mort sur le trône, et sa postérité régnerait encore. Je lui disais : Sire, n'ôtez jamais l'étiquette du sac; c'est avec cela que vivent les monarchies constitutionnelles. En montant sur le trône, vous avez reconnu vous-même cette nécessité. C'est votre chapeau gris et votre parapluie qui vous ont valu le titre de roi-citoyen et vous ont fait accepter comme la Meilleure des républiques. Sire, ne vous séparez jamais de ces emblèmes bourgeois, avec lesquels nous ferons de la France ce que vous voudrez, tout ce que vous voudrez. Hélas! il n'a pas voulu m'écouter; il a fait ostensiblement le roi... patatras! le roi en bas. Ce que je n'ai pu lui persuader de faire, rien n'est plus facile que de le faire moi-même, puisque j'ai en mains le pouvoir monarchique, à peu près dans les mêmes circonstances. Si je ne suis pas prince, les lauriers de la victoire ombragent mon front : c'est plus beau.

Vive le grand patriote!

Voilà donc une base solidement établie. Je puis construire dessus un monument qui passera à la postérité. On dira, en le voyant dans l'histoire, c'est l'œuvre du plus grand homme d'État de son temps.

L'étiquette du sac, telle est donc notre base d'opérations. Rien ne doit, rien ne peut nous le faire abandonner. A défaut de droit divin, c'est avec l'étiquette du sac qu'on mène le peuple. Ne l'oublions jamais.

Achevons la pose de nos jalons.

Évidemment, je ne puis donner à mon œuvre le nom, devenu ridicule, de : La Meilleure des républiques ; c'est usé et fini. Il me faut du nouveau, quoique, je ne puis me le dissimuler, je travaille dans le vieux, le très vieux. Eh bien, si comme étoffe je n'ai aucune nouveauté à offrir à ma fiancée, il me reste, comme ressource, une forme d'une élégance exquise, que personne n'ait encore vue. Cette forme, qui vient de jaillir de mon cerveau, à tous les mérites d'une Minerve, et doit plaire au monde entier, cette forme unique en son genre, la voici :

République conservatrice.

A qui n'en voudra pas, je dirai : « *incorrigible !* » ce seul mot suffira pour le convaincre qu'il ne sait absolument rien en matière de gouvernement.

Voici donc, en deux mots, le plan de mon édifice : Étiquette du sac pour base; République conservatrice pour corps de bâtiment.

A présent, occupons-nous des moyens d'édifier ce somptueux monument dans l'Assemblée.

Je m'attends bien, je dois l'avouer, à rencontrer quelques difficultés. Mais n'ai-je donc pas le génie parlementaire, et ne suis-je pas l'alcyon qui se plaît dans l'écume de la tempête ? Donc, les difficultés ne m'arrêteront pas; j'en triompherai, et leur résistance accroîtra la gloire de l'homme d'État qui aura su les vaincre.

L'importance de mon œuvre nécessite un message. C'est par la lecture de ce document que commenceront les travaux de l'Assemblée. Il doit donc contenir tout ce que je veux obtenir de la représentation nationale. Par conséquent je dois consacrer tous mes soins à l'excellence de sa rédaction. Il faut que ça soit solide; car on va taper furieusement dessus ; je m'y attends.

Attention ! et pesons bien les mots dont nous allons nous servir.

— Les faits vont nous dire si la photographie mentale de M. Thiers, que nous venons de tracer par voie d'analyse et d'induction, est erronée, ou même exagérée en un point quelconque.

A présent, c'est M. Thiers qui parle et rédige, à Trouville, le fameux Message qui, selon ses vœux, doit mettre dans ses mains, à titre de président de la République, le pouvoir qu'il n'exerce qu'en qualité de délégué de l'Assemblée.

Voici donc M. Thiers en présence de son idéal, et manœuvrant, pour le réaliser, conformément aux facultés de son organisation.

Écoutons-le et prenons acte de ses paroles.

« Messieurs,

« J'ai trouvé dans tous les esprits la préoccupation
« que voici : Le temps s'écoule ! on n'est pas maître
« des événements. Cette Assemblée a le droit souverain.
« — Droit que je ne lui ai jamais contesté ; je crois que
« j'aurais été dans l'erreur si j'en avais même douté un
« seul instant, — cette Assemblée a le droit souverain
« de limiter elle-même sa mission, de dire quel jour, dans
« quelle circonstance elle touchera à son terme. Mais per-
« sonne n'est maître des événements. Oui, j'ai vu par-
« tout cette préoccupation, non pas de venir proclamer
« ici telle ou telle forme de gouvernement, de déclarer que
« cette forme est définitive, impérissable, comme disait
« la Convention, il y a trois quarts de siècle; *mais de se*
« *demander si l'on ne doit pas prendre quelques précau-*
« *tions pour l'avenir, et si l'on ne donnera pas à ce gou-*
« *vernement tel quel les formes nécessaires pour qu'il*
« *puisse remplir sa mission et assurer le repos du pays*
« *ainsi que son développement régulier.*
« Je ne sais pourquoi on m'a choisi pour le confident
« de toutes ces préoccupations ; mais elles remplissent

« tous les organes de la publicité, et, quant à moi, je
« puis dire que tout le monde m'en a entretenu.

« Le Message paraîtrait écrit non pas en France, non
« pas même en Europe, mais je ne sais dans quel pays
« éloigné du nôtre, s'il ne contenait rien sur ce sujet.

« Nous voulons seulement appeler votre attention sur
« un *seul point : sur la nécessité de quelques précautions à*
« *prendre pour l'avenir. Nous ne voulons pas autre*
« *chose.* »

Ce fut le 13 novembre 1872 que M. Thiers lança sur
l'Assemblée cette fusée, qui brûla six mois et dix jours
avant de faire explosion, et de tuer, ce qui arrive presque
toujours, son téméraire inventeur.

Comme durant cette période de six mois et dix jours
la vie politique de la France a été absorbée par la lutte
de l'ambition de M. Thiers contre les projets de restauration monarchique de la majorité de l'Assemblée, nous
devons, pour l'instruction, de la France, indiquer les
points essentiels de cette mémorable lutte, dans laquelle
M. Thiers, attaché à sa proie comme un affamé à son
dernier morceau de pain, a défendu, avec la passion
d'Hermione et l'art de Médée, le pouvoir dont il s'était
saisi, et dont il ne voulait pas être dépossédé.

Comme on vient de le voir par la citation précédente,
le Message avait pour objet d'*insinuer* à l'Assemblée,
sous une forme puérile, celle de la confidence des préoccupations d'esprit de tout le monde, que l'heure était
venue de *constituer* le pouvoir dont M. Thiers n'avait que
la jouissance éphémère. Une pareille prétention, chez
un tel homme, souleva l'indignation du parti légitimiste.
En conséquence, après la lecture du Message, M. de
Kerdrel, organe de ce parti, demanda la nomination
d'une commission de quinze membres, chargée de faire
un rapport à l'Assemblée sur la réponse à faire à la proposition de M. le président de la République.

Le drame héroï-comique de l'enlèvement de la France par M. Thiers, pour l'obliger à l'épouser, commence.

C'est un spectacle national, fait pour intéresser tous les Français.

Donc, attention !

Il est de règle que toute grande lutte soit précédée d'escarmouches. A la séance qui suivit la lecture du Message, le général Changarnier interpella le président de la République au sujet des discours prononcés par M. Gambetta en Savoie et à Grenoble. C'était un coup d'épée dans l'eau : M. Thiers n'y fit aucune attention. Ce que voyant, le duc de Broglie courut au secours du vieux général, et invita M. Thiers à venir répéter à la tribune les paroles dites au sein de la Commission de permanence à propos des doctrines de M. Gambetta.

C'était un piège au moyen duquel on mettait le président de la République dans la nécessité de renier des paroles dites devant témoins, ou, en les maintenant, de se brouiller avec les républicains avancés de l'Assemblée.

Mis ainsi au pied du mur, M. Thiers, ému, monta à la tribune, et articula énergiquement les paroles suivantes : « Je dis que c'est une offense qui m'est faite que de « me traîner à cette tribune. Je n'accepte pas qu'on m'y « traîne comme sur une sellette. Les paroles qu'on veut « me faire dire, je ne les dirai point. Si vous le voulez, « je ne récuse pas le jugement du pays. Quant à moi, je « suis prêt à comparaître à deux titres, et comme député « et comme chef de l'Etat. Je ne crains pas son juge- « ment. Quand on veut un gouvernement fort, on lui fait « une situation digne de lui. On ne le traite pas comme « un suspect et un coupable. Parlons franchement, ce « n'est pas l'incident de Grenoble qui est en jeu. Pre- « nez-y garde. On a posé la question de confiance Ne « perdons pas de temps. N'agitons pas le pays inutile-

« mont. Nous savons ce que nous voulons. Vous pouvez
« voter aujourd'hui. Laissez-moi dire deux mots de moi.
« J'ai passé deux ans sous un poids accablant. Il y a des
« honnêtes gens qui le croiront. Je n'y reste que par
« dévouement. (*Murmures.*) Tant pis pour ceux qui ne
« le croient pas. Vous m'avez à l'instant donné le droit
« de poser la question de confiance : je la pose. Quand
« on veut un gouvernement décidé, il faut être soi-même
« décidé. Vous vous plaignez d'un gouvernement provi-
« soire, faites-le définitif! Apportez-nous ce gouverne-
« ment plus ferme et plus résolu que nous. Je cède vo-
« lontiers la place à ceux qui voudront apporter ce gou-
« vernement que la France acceptera. » (*Bravos frénéti-*
« *ques à gauche.*)

Après ce mouvement passionné, qui montre à quel
point M. Thiers était irrité, et combien le blessait l'opposition que s'apprêtaient à lui faire les royalistes, qui
ne voulaient pas servir de marchepied à son intronisa-
tion présidentielle, vint la réflexion ; et la réflexion con-
seilla au chef du gouvernement de ne pas poser, séance
tenante, la question de confiance. Il adhéra donc, par
l'organe de M. Dufaure, garde des sceaux, à un ordre du
jour présenté par un membre du centre droit, ordre du
jour ainsi conçu : « L'Assemblée, confiante dans l'énergie
« du gouvernement et réprouvant les doctrines de Gre-
« noble, passe à l'ordre du jour. »

L'extrême gauche, atteinte par le blâme de la droite
auquel le gouvernement s'était associé, vota contre l'ordre du jour, n'obtint que 263 voix, à cause d'un très
grand nombre d'abstentions.

Tel fut le résultat du premier choc de la politique personnelle de M. Thiers contre la politique du parti royaliste de l'Assemblée.

Ce résultat fait voir que M. Thiers, très hardi en paroles, comme les fanfarons, comme eux aussi sait fort bien se dérober aux exigences de ses déclarations.

Par suite de cette conduite ambiguë, le chef du gouvernement se trouva naturellement lancé dans la voie ténébreuse des équivoques, qui, du reste, était celle qu'il devait nécessairement suivre pour arriver à ses fins inavouables. Et c'est précisément pour avoir montré à l'Assemblée le défaut de la cuirasse de l'auteur du Message, que M. de Broglie a provoqué l'explosion de colère dont nous venons de rappeler le souvenir. Rien, en effet, n'est plus humiliant pour un jongleur que d'entendre dire : voici par où passe la muscade ! elle est à tel endroit. Portez-y la main, vous la trouverez. Les moins fins de l'Assemblée savaient donc désormais à qui ils avaient affaire. Les plumes du paon étaient visibles sur le dos du geai : c'est à qui les arrachera. Pauvre geai !

Aussi la nomination, qui eut lieu dans la même séance, de la commission demandée par M. de Kerdrel, fut-elle entièrement défavorable à M. Thiers.

En effet, le rapport de cette commission, rédigé par M. Batbie, disait : « Il faut organiser un gouvernement « de combat, » et se terminait par les paroles suivantes, motivées par l'élection des candidats républicains :

« Tous les jours nous voyons monter le flot de la barba-« rie révolutionnaire. Aussi, avons-nous cru qu'il était de « notre devoir de pousser un cri d'alarme. Avons-nous « eu raison de pousser ce cri ? Si tel est votre avis, nous « vous prions d'exprimer votre sentiment en votant la « résolution suivante que nous substituons à la proposi-« tion de M. de Kerdrel :

« *Article unique*. Une commission de quinze membres « sera nommée dans les bureaux à l'effet de présenter, « dans le plus bref délai, à l'Assemblée nationale un « projet de loi sur la responsabilité ministérielle. »

La *responsabilité ministérielle*, telle est donc la cage

parlementaire dans laquelle le geai plumé doit être enfermé et soigneusement gardé, en attendant que le parti royaliste ait réalisé son idéal, qui est de faire un roi, et nullement de constituer, sous l'étiquette de : *République conservatrice*, un gouvernement borgne, à l'usage particulier de M. Thiers.

La vue de cette cage : responsabilité ministérielle, glaçait d'horreur M. Thiers. Être plumé, se disait-il, est bien humiliant; mais être encagé, c'est intolérable!... Non, non, je ne me laisserai point encager : nous verrons! je suis plus fin qu'eux.

En conséquence, M. Thiers se mit à l'œuvre, et évoqua le souvenir de toutes les roueries à l'aide desquelles un chef d'État dupe une majorité parlementaire hostile à ses desseins. C'est une riche mine historique, dont M. Thiers connaît à merveille, par expérience, les meilleurs filons. D'ailleurs, ce qu'il cherche est facile à trouver. Que lui faut-il? Un simple contre-projet : le voici.

A *l'article unique* de la commission Kerdrel, le gouvernement propose à l'Assemblée de substituer la rédaction suivante : « Une commission de trente membres sera « nommée dans les bureaux à l'effet de présenter à « l'Assemblée nationale un projet de loi pour régler les « attributions des pouvoirs publics et les conditions de la « responsabilité ministérielle. »

De cette cage-là, se dit alors M. Thiers, je m'en moque ! car l'oiseau qui sera dedans aura assez de force pour en sortir quand il voudra: je me charge de lui donner des ailes, dont il saura faire usage, Messieurs les *encageurs.*

Donc, nous allons d'abord régler les attributions des pouvoirs publics, et nous fixerons ensuite les conditions de la responsabilité ministérielle, qui ne sera ainsi que ce qu'elle doit être dans une monarchie constitutionnelle, à savoir : une cinquième roue à une charrette.

La jolie cage que ce sera que cette cinquième roue! Allons, Monsieur le duc de Broglie..., le *jeune*, qui menez l'intrigue contre le Message, le vieux renard est plus fin que vous : c'est moi qui vous le dis, et vous le verrez.

Pauvre France! après avoir été mystifiée et flétrie par Louis-Philippe; après avoir été avilie, corrompue et livrée à la Prusse par Louis Bonaparte, te voilà, aujourd'hui, livrée à la compétition d'ambition de MM. Thiers et de Broglie, à la compétition des partis anti-nationaux, à la compétition des prétendants à la couronne : tout cela s'accomplissant sous l'égide de l'armée impériale, comme au temps du Bas-Empire.

Oui, pauvre France, tel est ton triste sort!

En conséquence, pour appuyer et faire voter la proposition de M. le garde des sceaux, ayant pour objet l'organisation des pouvoirs publics, et non comme le voulaient les royalistes, *l'unique* organisation de la responsabilité ministérielle, M. Thiers monta à la tribune le 29 novembre 1872, et prononça le célèbre discours, longuement préparé, à l'aide duquel il voulait porter un coup mortel aux prétentions des royalistes à s'emparer de la direction du gouvernement, et à le mettre, lui, Thiers, en tutelle au moyen de la responsabilité ministérielle.

Traqué à outrance par les royalistes, à cause de l'étiquette républicaine de son gouvernement, M. Thiers se réfugia prudemment dans son passé monarchique; et, dans ce discours monumental, traça l'historique de sa vie politique. Que d'aveux précieux à recueillir de la bouche de cet homme! réduit à s'accuser devant la nation pour se justifier aux yeux des hommes de parti, qui veulent le mettre au rebut, après s'en être servi pour faire le coup de force contre la garde nationale de Paris; oui, que d'aveux précieux à recueillir! l'histoire doit en prendre acte, pour que la France ne les oublie jamais.

Voici donc ce que dit M. Thiers :

« Le pouvoir, je le répète, n'était pas dans mes mains.
« Toutes les villes du midi étaient coalisées ; elles étaient
« armées, mal armées pour résister à l'étranger, suffisam-
« ment pour résister à un gouvernement NAISSANT. *Si
« nous avions alors parlé monarchie aux villes de Lyon, de
« Marseille, de Toulouse, de Bordeaux, qui étaient armées,
« nous n'aurions pas pu nous saisir du pouvoir.* »

Que peut-on dire de plus clair ?

Se saisir du pouvoir, qui n'était pas dans ses mains,
voilà le mobile de M. Thiers.

Écraser la garde nationale de Paris, pour désarmer
toutes les grandes villes démocratiques, (voilà le moyen.

En présence de tels aveux, aucun doute n'est possible :
la lumière est faite pour le monde entier.

Le monde entier saura donc ce que l'avénement de
M. Thiers au pouvoir a coûté à la France.

Enfin, M. Thiers s'écrie :

« Je ne cherche pas, par des ménagements puérils, à
« perpétuer, je redis le mot, ce triste pouvoir dans mes
« mains. »

A quoi M. Ernoul, orateur de la coalition royaliste,
répond :

« M. le président de la République a apporté à cette
« tribune, il faut bien que je le dise, et il nous a pré-
« senté comme appropriée à notre état actuel et malheu-
« reux la *théorie complète, radicale du gouvernement per-*
« *sonnel.*

« A droite : c'est cela ! c'est cela !

« M. le président de la République, — poursuit M. Er-
« noul, — est venu dire à cette tribune : Dans un gouver-
« nement comme celui qui nous régit il faut qu'il y ait
« une pensée qui inspire tout, un homme qui veille sur
« tout, un homme qui ait le droit de vous persuader tous,
« et qui soit engagé dans la lutte.

« Eh bien, je réponds que la liberté du parlement et de
« la majorité n'existe plus dans de semblables conditions.

« Dénégations au banc des ministres.

« Le fait, — reprend M. Ernoul, — est plus fort que
« vos dénégations. *La liberté n'existe plus !* »

Et pourquoi la liberté n'existe-t-elle plus ? parce que
M. Thiers exerce le pouvoir personnel, le pouvoir dictatorial.

Voilà donc, démontré devant l'Assemblée par l'orateur
de la droite, le résultat de l'écrasement de la garde nationale de Paris et du désarmement de toutes les villes
de France.

Ce résultat était facile à prévoir ; car il est virtuellement contenu dans la nature des choses, dont l'inexorable logique le fait toujours sortir. En effet, écraser et
désarmer les citoyens, c'est à coup sûr, opérer la conquête d'un pays, et par conséquent faire naître la dictature, le césarisme,

Le grand débat parlementaire soulevé témérairement
par M. Thiers a donc, dès le début, porté les heureux
fruits de toute discussion publique, ces heureux fruits,
c'est la mise en pleine lumière de la vérité, soigneusement cachée sous les *équivoques* et les *insinuations* perfides.

Tout le monde sait donc que le *coup d'éclat*, c'était la dictature militairement instituée. M. Thiers en est en pleine
possession, il l'exerce ; et la preuve, c'est que la liberté
n'existe plus : impossible de nier le fait ; il a été constaté
à la tribune nationale. Tout le monde va savoir maintenant que le Message avait pour objet d'instituer légalement le césarisme, au moyen d'un *coup de ruse* parlementaire.

Le spectacle continue. — *Scène de piperie.*

« L'équivoque va cesser à l'instant même, — s'écrie
« M. Thiers. — Vous me demandez pourquoi on m'ap-

« plaudit à gauche, et bien, je réponds : On m'applau-
« dit parce je suis très arrêté sur ce point qu'il n'y a,
« aujourd'hui, pour la France, d'autre gouvernement
« possible que la République *conservatrice.* »

Or, selon M. Thiers, qu'est-ce que c'est que la République conservatrice établie par lui, depuis que, par un
coup d'éclat, il s'est emparé de la direction du gouvernement ?

Cette République conservatrice, — répond M. Ernoul,
— c'est le gouvernement personnel au grand complet ;
c'est la liberté supprimée et remplacée par la volonté
d'un homme.

Hélas ! il est donc bien vrai, et c'est démontré jusqu'à
la dernière évidence, que le mot : république ne figure
dans le gouvernement établi par M. Thiers qu'à titre
d'étiquette fallacieuse d'un sac, dont le contenu réel est :
Régime du bon plaisir.

Telle est la chose à *conserver* : rien n'est plus clair.

Cela plaît-il à la France ? à elle de le dire.

Elle le dira à haute et intelligible voix, car la France
démocratique ne sera jamais la dupe de M. Thiers ; elle
le dira quand l'épée de Damoclès ne sera plus suspendue sur sa tête ; quand l'état de siége sera levé et la parole rendue au peuple souverain.

Après cette scène de fourberie, fort mal réussie, on
vient de le voir, M. Thiers nous donne sa photographie
mentale sous trois aspects différents : politique, social,
religieux.

Rien n'est plus important pour la jeune France que de
connaître cette photographie, puisque la possession d'un
pouvoir *naissant* avait déjà répandu sur la personne de
M. Thiers son prestige, et qu'une légende, quasi-royale,
était en voie de formation dans le cerveau de l'immense
troupeau de Panurge qui couvre la France et le monde
entier.

Au point de vue politique, voici le portrait de M. Thiers tracé par lui-même : « Je suis un vieux monarchiste ; je « n'ai pas changé depuis quarante ans. »

Or, une des formes de la monarchie mise en lumière par le vieux croyant est celle-ci :

« Il y a des sociétés, — heureusement la nôtre n'est pas de ce nombre, — « qui sont situées bien loin de nos « contrées, vers l'extrême Orient, où les peuples, compo- « sés de quelques laboureurs, de quelques ouvriers, sans « lumières, ne croyant pas qu'ils aient les droits de « l'homme, — car ils ne savent pas ce que c'est que les droits de l'homme, — « qui se croient dans la situation de « la bête de somme qui les aide dans leurs labours, et « qui n'ont pas d'autre conviction sinon qu'il faut se « soumettre et souffrir, qui quelquefois se vengent en « allant égorger, sous l'aiguillon de la douleur, le maître « endormi dans son sérail. Et quelquefois le maître, « quand il a été le plus fort, leur répond en les égor- « geant par milliers. »

Quel ravissant tableau ! quelle sublime institution ! c'est le paradis terrestre réalisé ! partons tous pour l'ex- trême Orient : M. Thiers marche à notre tête, couvert des lauriers de la victoire, les pieds dans le sang des victimes immolées par milliers. C'est bien lui ; M. Ernoul l'a reconnu sous l'étiquette du sac, et d'une main vigou- reuse a sonné le tocsin parlementaire.

—Halte-là ! halte-là ! s'écria l'orateur.

Monsieur Thiers, où nous menez-vous ?

— Parbleu ! répond une petite voix aigre-douce, sor- tant du fond du sac, je vous mène à la *meilleure des mo- narchies* ; ne suis-je pas un vieux monarchiste, qui n'a « jamais reculé devant l'emploi de la force, » et qui vient d'écraser, sous vos yeux, la *vile multitude*, se croyant lé- gitimement en possession des droits de l'homme, et vou- lant, au besoin, les conserver par la force ?

— Oui, vous êtes un vieux corsaire, un écumeur de mer, travaillant pour son propre compte. Nous savons cela; et nous ne voulons pas être capturés et portés au chapitre des prises légales. C'est pourquoi nous nous défendons contre vos entreprises dangereuses, avec l'intention de vous ôter votre commandement et votre lettre de marque, et de vous forcer ainsi à rentrer au port pour être désarmé et redevenir une vieille carcasse... de navire, bien entendu.

Je regrette, Monsieur, de vous le dire, mais voilà l'intention bien arrêtée de la majorité royaliste.

Renoncez donc, Monsieur le corsaire, à capturer l'Assemblée, et à la conduire dans l'extrême Orient. Elle reste et veut rester dans la monarchie traditionnelle, qui est l'alliance du trône et de l'autel. C'est là que la France retrouvera le bonheur. Nous avons hâte de mettre à néant votre République conservatrice, votre projet de lois constitutionnelles et votre dictature, pour mettre enfin une barrière efficace au flot révolutionnaire toujours montant. C'est donc d'abord d'une *question sociale* qu'il s'agit; et la majorité royaliste veut la résoudre conformément au principe monarchique. C'est son droit: vous l'avez reconnu et dit vous-même.

Ainsi, M. Thiers, en voulant orner le début de son Message d'une fleur de rhéthorique, n'a procréé qu'un spécimen monarchique de haut goût, que M. Ernoul s'est empressé, au nom de la logique des faits, de lui jeter au nez. En effet, cet homme qui a fait tuer par milliers et dizaines de mille des citoyens en possession des droits de l'homme pour en dépouiller les survivants, n'est-il pas un tyran de la pire espèce?

Comme c'est juste et bien fait de remettre à sa place ce vieux corsaire simulant une sainte-n'y-touche! comme c'est juste et bien fait, en prenant de nouveau en flagrant délit cette ancienne bonne à tout faire de la monarchie

de juillet, de montrer qu'elle n'a jamais su faire autre
chose que du despotisme à la façon de l'extrême Orient!

Ici se présente de nouveau une question qui a été bien
souvent agitée sous le règne de Louis-Philippe, alors que
M. Thiers, étant ministre, servait les passions anti-
libérales et anti-démocratiques « du roi qu'il aimait. »

Cette question était celle-ci : Comment se fait-il qu'un
homme, qu', par sa naissance, son instruction, la finesse
de son esprit, le temps où il a vécu, aurait dû être un
apôtre des conséquences logiques de la Révolution française, en a-t-il été l'adversaire déclaré? Est-ce l'effet
d'une lacune dans l'ensemble des facultés intellectuelles
de cet homme? est-ce un vice du cœur? est-ce une
fâcheuse habitude contractée dans le monde politique de
l'orléanisme?

Que sais-je?

A moins que ça ne soit ce qu'une grande dame anglaise
expliquait par cette antithèse : « Il y a des personnes
« qui, étant nées sur le velours, ont, par grandeur d'âme,
« des idées de justice et des sentiments de fraternité; il
« y en a d'autres qui, étant nées sur autre chose, ont,
« par petitesse d'âme, des aspirations et des appétits aris-
« tocratiques. »

En comparant ces paroles, prononcées en 1840, à
celles-ci, dites à la tribune nationale en 1872, on est frappé
de la justesse de l'explication contenue dans l'antithèse :

« Ce peuple, oui, on tâche de le tenter par les plus
« tristes et les plus détestables doctrines. L'ai-je jamais
« encouragé ou flatté dans ces doctrines? on va trouver
« ce peuple et on lui dit : Oui, ce patron, quand vous
« gagnez 6 francs, 7 francs par jour, il gagne des cen-
« taines de francs! des dizaines de mille francs! et c'est
« vous qui travaillez pour lui ! »

Sans l'instruction aux frais de l'État qu'a reçue
M. Thiers, il eût été ouvrier; et si, étant ouvrier gagnant

6 ou 7 francs par jour, il se fût trouvé dans l'usine d'un patron gagnant dix mille francs par jour, il n'eût pas cru que c'était une doctrine détestable de penser, de croire et de dire que l'écart entre le bénéfice du patron et celui de l'ouvrier était fort peu évangélique.

Mais, — et pour cause, — autre situation, autre jugement.

En effet, voici comment parle M. Thiers, devenu chef de l'État :

« On va plus loin, on pousse le peuple » — qui le poussait le 27 juillet 1830 ! — « on pousse le peuple quel-« quefois à ne plus garder de mesure, à ne plus se « borner à de fausses doctrines, à des inspirations « déplorables ; on le pousse à se jeter sur la société, en « armes, pour la violenter. Oh ! ces jours-là, je suis d'avis « qu'il n'y a plus de doctrines à refuser ; il n'y a que la « force, accompagnée de justice, à employer. *La force,* « *à toutes les époques de ma vie, je n'ai pas reculé devant* « *son emploi.* »

Paris le sait bien !

Et voilà l'usage que M. Thiers a fait de l'instruction qu'il a reçue au frais du peuple !

Ce trait achève le portrait de l'homme politique, et suffit amplement à le faire connaître.

Le peuple l'a élevé dans son sein paternel ; et quand il est devenu grand, il n'a jamais reculé devant l'emploi de la force, dont la monarchie se sert toujours contre le peuple, aussi bien en Occident que dans l'extrême Orient, quand la tyrannie arrache aux sujets des cris de douleur et des gémissements de désespoir. Faire couler le sang ! telle est la justice qui « *accompagne la force armée,* » fondement de la monarchie.

On le voit donc clairement, M. Thiers n'a pas dans l'esprit d'autre idée du pouvoir que l'idée du pouvoir monarchique. Or, à la moindre résistance le pouvoir monarchique oppose la force, et devient ainsi la tyrannie, c'est-à-dire l'oppression de la raison.

C'est donc le pouvoir monarchique, dans toute sa crudité, que M. Thiers a exercé, comme M. Ernoul le lui a dit, sous le nom de République française.

Ce pouvoir monarchique n'écoute la voix de la raison que quand le peuple le met dans l'impossibilité de faire usage de la force. Ce qui ne l'empêche pas de trouver encore dans sa nature monstrueuse mille moyens de faire le mal.

Hélas! la France le sait trop bien. C'est pourquoi elle n'en veut plus à aucun titre, ni sous aucun nom.

Telle est, d'après nature, la photographie politique de M. Thiers, le *routinier monarchique*, comme il s'appelle lui-même.

Voyons maintenant, au point de vue des questions sociales, ce que représente M. Thiers.

A ce sujet, le portrait politique nous apprend les choses essentielles. Nous savons quel cas M. Thiers fait des droits de l'homme, base de toute société fondée sur des lois rationnelles. Personne ne sera donc étonné de voir M. Thiers divaguer comme un enfant chaque fois qu'il parlera des rapports à établir entre les citoyens d'un État démocratique.

Exemple: « J'ai dit à ce peuple, tâchez d'amener par « des intermédiaires votre patron à votre façon de pen- « ser, de calculer, soit!»

— Mais, répond le peuple, le patron a pour habitude de mettre à la porte les intermédiaires que je lui envoie pour l'amener à ma façon de penser, de calculer. Que faut-il alors que je fasse?

— Cela vous regarde! réplique M. Thiers.

— Pardon! s'écrie le peuple, c'est vous, qui, parlant au nom du gouvernement, formulez un *modus vivendi*, à indiquer, les moyens de le réaliser.

— Silence ! réplique l'organe du gouvernement ; je vous répète que cela ne me regarde pas. Mais je vous préviens que « *si vous avez recours à ce moyen qu'on* « *appelle la grève, et si vous vous réunissez sur la voie* « *publique, le gouvernement ne le souffrira pas.* »

Un enfant de douze ans verrait tout ce qu'il y a de faux, d'injuste, d'impertinent, de ridicule dans un tel raisonnement, et en ferait justice d'un seul mot : farceur !

Farceur ! ah, s'il n'avait été que cela, on en rirait ; mais il a été monarque, et le sang de la France a coulé en abondance.

Farceur ! oui, c'est l'épithète qui convient à celui qui donne avec fatuité, en matière sérieuse, un conseil inexécutable.

En toute circonstance on retrouve le même homme.

Un exemple suffit donc à le faire connaître, et d'ailleurs est-ce que la démocratie ne le connaît pas ? M. Thiers lui a fait payer cette connaissance assez cher pour être certain qu'elle passera à la postérité la plus reculée.

Au point de vue des questions sociales, la photographie du personnage représente la fatuité du parvenu.

Passons maintenant au point de vue religieux.

M. Thiers, parlant à l'Assemblée, s'exprime comme il suit : « On dit : mais là aussi, — à gauche, — on nie « Dieu, on ne croit pas en Dieu. Je ne cherche pas à pé- « nétrer dans le secret des consciences, à dire à tel ou « tel : vous croyez en Dieu ou vous n'y croyez pas ! Mais « l'accusation est vraie, et j'en ai éprouvé, quant à moi, « une grande douleur pour mon pays, car par l'effet de « ces doctrines qu'on a flétries si justement, il y a abais- « sement pour le pays où elles se produisent »

Eh bien ! s'il y a abaissement intellectuel et moral dans les pays où l'on ne croit pas aux miracles, le contraire doit se produire dans les pays où l'on y croit.

Exemple :

DIEU, PATRIE ET LE ROI.

Quartier général du Guipuscoa.

« Comme Commandant de cette province, nommé par
« Sa Majesté le roi Charles VII (que Dieu garde !) ayant
« à entreprendre des opérations pour délivrer l'Espagne
« de l'état d'esclavage où elle est réduite.

« Considérant que la circulation des trains et les com-
« munications télégraphiques sont les armes les plus
« puissantes sur lesquelles compte le gouvernement athée
« du pays, j'ai jugé à propos, afin de le priver de ces
« moyens, d'ordonner et j'ordonne ce qui suit :

« ART. 1er. Dans les six heures qui suivront cette pro-
« clamation, toutes les dépendances de la voie dont vous
« êtes chargés cesseront d'être occupées et seront fer-
« mées.

« ART. 2. Ces six heures écoulées, tous les mécaniciens
« qui seront trouvés conduisant des trains, et tous les
« employés servant sur la ligne seront arrêtés et *fusillés*
« après la constatation du délit de violation du présent
« ordre et avoir reçu les secours spirituels.

« *Vous devez être catholiques avant tout,* et comme tels
« obéir à mes ordres. »

Signé : Antonio Sizarraga,

Brigadier.

Voilà un ordre militaire où brille assurément la foi la
plus vive aux miracles. Les sentiments élevés qui y sont
exprimés doivent par conséquent avoir l'approbation de
M. Thiers ; et les actes que cet ordre prescrit d'accomplir
doivent être en rapport avec ceux que le vainqueur de
Paris a fait exécuter.

La logique des faits le veut ainsi.

En effet, un journal monarchiste, le *Constitutionnel,* que
n'aveugle pas totalement l'éclat du droit divin de
Charles VII, ayant émis quelques doutes au sujet de la

légitimité des actes d'arbitraire et de cruauté, commis à l'égard de personnes inoffensives par les bandes d'insurgés qui, sous le nom pompeux de : *Armée de la foi et de l'Ordre moral*, font œuvre de bandits dans les régions montagneuses du nord de l'Espagne, un lieutenant-général de ce roi de droit divin adressa au *Constitutionnel* une lettre, dans laquelle il affirme que de tels actes sont autorisés par le droit martial, en vertu duquel, dit-il, « nous devons combattre par tous les moyens qui sont « en notre pouvoir une *révolution que nous méprisons*, et « nous userons de ce droit, si intimement lié à cet axiome « du code des nations : *Jus gladii*, — le droit du glaive. » Voilà pour la morale et la foi aux miracles.

Et voici pour M. Thiers : « *Songez !* — dit l'apôtre du droit du glaive, — « *songez à Paris emporté par l'armée* « *de Versailles, et, dans votre âme et conscience d'honnête* « *homme, dites si l'armée royale d'Espagne ne se trouve* « *pas en présence des mêmes ennemis ?*

« Signé : FRANCISCO DE VILLARICA,

« Lieutenant-général. »

Bruxelles, 15 mars 1873.

Le coup porte en plein visage : c'est un soufflet !

Quelque chose que l'on puisse dire de M. Thiers, rien n'égalera l'effet avilissant d'un tel coup. M. Thiers a dû le comprendre, et en rougir amèrement.

Une telle complicité, publiquement dénoncée, sur un homme d'État, même un homme d'État postiche, même une bonne à tout faire en politique.

La France a vivement ressenti cette honte.

Qu'elle lui serve de leçon !

Ainsi s'explique la confiance des monarques étrangers en M. Thiers : c'est un instrument de despotisme.

Cette confiance est, en effet, parfaitement fondée. Un

acte authentique, en bonne et due forme, en est la preuve:
quel diplôme que celui signé: de Villarica!

M. Thiers ne s'est point inscrit en faux contre l'acte
qui assimile ses opérations militaires à celles des généraux carlistes.

Le fait est donc acquis à l'histoire: le soufflet reste!
rien ne peut l'effacer: c'est une tache indélébile.

Merci, monsieur de Villarica; merci au nom de la
raison et de la conscience humaine. Vous avez rendu
justice à M. Thiers et constaté qu'il a fait descendre la
France au niveau de l'Espagne: la prédiction de M. de
Bismarck est accomplie!

Et ce qu'il y a de plus triste, c'est que M. de Bismarck,
en faisant cette prédiction, savait par qui elle serait
accomplie: M. Thiers étant, depuis Sedan, à sa disposition, comme tous les faits le démontrent jusqu'à la dernière évidence.

Ainsi, grâce aux aveux publics de M. Thiers, nécessités par sa position vis-à-vis la majorité royaliste de
l'Assemblée, qu'il voulait éblouir par l'éclat de sa victoire
sur la démocratie, toute le monde connaît cet homme;
tout le monde sait ce qu'il y a de duplicité et de perfidie
dans ses paroles et ses actes, Le dirai-je? pas un rayon
du génie démocratique n'éclaire son esprit; pas un mouvement du grand cœur de l'humanité ne fait battre son
cœur: absence complète de tout ce qui est beau, noble
et vrai. Jamais, durant les malheurs inouïs de la France,
le mot *honneur national* n'est sorti une seule fois de sa
bouche, parce que jamais le sentiment qu'exprime ce mot
n'a ému son cœur. Voilà l'homme? sa place naturelle est
parmi les êtres malfaisants qui apparaissent aux époques
d'épidémie sociale pour en accroître les désastreux effets.
Hélas! ce que physiquement et moralement M. Thiers,
dans sa vie publique, a fait du mal à la France est incalculable. D'une ambition insatiable, d'une médiocrité

désolante, M. Thiers, en possession du pouvoir, n'a jamais été que l'instrument des mauvaises passions et des coupables habitudes de la monarchie : voilà l'homme.

Que ceux qui se sentent des inclinations d'esprit et des similitudes d'instinct avec un tel homme, le portent aux nues, c'est naturel : « Dis-moi qui tu hantes, je te dirai qui tu es, » est une vérité vieille comme le monde. Donc, que les hommes qui veulent exploiter l'étiquette du sac se rangent sous la bannière de M. Thiers et suivent ses traces : il les conduira où ils veulent aller.

Mais que les hommes qui ont en horreur la duplicité et la perfidie se tiennent pour avertis, s'éloignent de ce *bloc enfariné*, et arborent fièrement le drapeau de la *République démocratique*, seul gouvernement que puisse admettre la souveraineté du peuple. La France moderne se rangera autour d'eux.

Maintenant que l'acteur principal est connu, parfaitement connu, voyons la suite et le dénouement de la lutte héroï-comique, dont le Message est le sujet, lutte ayant, comme on sait, pour objet de séduire les royalistes faibles de caractère et les républicains demi-monde, dont la vertu civique succombe toujours en présence des faveurs du gouvernement : ministères, ambassades, préfectures, sous-préfectures, recettes générales et particulières, etc., etc.

Après la vigoureuse réponse de M. Ernoul, orateur de la droite, au discours insidieux du président de la République, réponse dans laquelle M. Ernoul signalait et dénonçait la politique du Message comme étant l'expression la plus radicale du gouvernement personnel, et opposait à la réalisation de cette politique les paroles suivantes de M. Thiers, extraites de *l'Histoire du Consulat et de l'Empire* : « Comme citoyens, tirons de la vie de « Napoléon Iᵉʳ une dernière et mémorable leçon, c'est « que si grand, si sensé, si vaste que soit le génie d'un

« homme, jamais il ne faut lui livrer complètement les
« destinées de pays, » après, dis-je, la vigoureuse réponse de M. Ernoul et l'humble réplique de M. Thiers,
qui se trouvait pris en flagrant délit de dictature, le président de l'Assemblée mit aux voix l'amendement de
M. le garde des sceaux, dont il a été précédemment fait
mention, amendement ainsi conçu :

« Une commission de trente membres sera nommée
« dans les bureaux, à l'effet de présenter à l'Assemblée
« nationale un projet de loi pour régler les attributions
« des pouvoirs publics et les conditions de la responsa-
« bilité ministérielle. »

Le dépouillement du scrutin donna le résultat suivant :

> Nombre des votants. 707
> Majorité absolue. 354
>
> Pour l'adoption. 372
> Contre 335
>   ———
> Différence 37

L'amendement du gouvernement fut donc adopté à la
majorité de 37 voix.

Ce n'était pour M. Thiers qu'un succès éphémère. En
effet, la nomination de cette commission de trente membres, faite dans les bureaux de l'Assemblée, donna un
résultat contraire aux espérances du gouvernement. Dix-
neuf députés opposés à la politique du Message furent
nommés, tandis que le gouvernement n'obtint que onze
nominations.

Cette commission fit choix pour son président de
M. de Larcy, légitimiste.

M. Thiers fit alors une horrible grimace. Un légitimiste, un incorrigible, dit-il, ça va mal. Je n'ai pas d'autre

ressource que de jeter la discorde dans leurs rangs. Je vais prendre mes mesures pour cela.

Pendant que M. Thiers méditait sur ce grave sujet, la majorité de la commission, ardente à l'attaque, portait résolûment l'offensive sur le terrain parlementaire qu'occupait le président de la République, le chassait de toutes les positions où il lui avait plu de s'établir, et, au moyen d'un appareil composé de formalités puériles, appelé *Cérémonial chinois*, réduisait ce pauvre président de la République à un état de nullité complète, qui lui a arraché ce cri de détresse : « Mais je serai donc un manne-« quin dans le palais de la pénitence ? »

Ayant réduit l'auteur fanfaron du Message à cette situation désespérée, la commission des Trente allait lui porter le coup mortel en adoptant la conclusion de la commission Kerdrel, ainsi conçue : « Présenter à l'Assem-« blée, dans le plus bref délai, un projet de loi sur la « responsabilité ministérielle, » quand, dans la joie d'un succès certain et prochain, un légitimiste, membre de la commission des Trente, a-t-on dit, publia dans un journal de province la lettre de faire-part de la mort politique de M. Thiers. Dans cette lettre, qui fit beaucoup de bruit, se trouvait le passage suivant, où sont exprimés si crûment les sentiments que les légitimistes professent pour M. Thiers :

« Enfin, mon cher ami, j'espère que, d'ici à peu de jours « vous apprécierez les magnifiques résultats obtenus « par la commission des Trente. Thiers, malgré ses sou-« plesses et ses ruses, n'a pu se dérober à nos étreintes ; « le rusé compère est vaincu : il demande grâce.

« Nous verrons ce que nous aurons à lui donner ; mais « comptez toujours que sa fameuse politique du Message « ira rejoindre les autres théories du vieux *Foutriquet*, « et que le règne impérial de ce grotesque président de « la République est fini, et bien fini. La bête est morte ;

« il s'agit de savoir comment on emploiera ses débris.
« C'est la dernière question à débattre ; au besoin, nous
« aurions la voirie. »

Voilà donc ce que pensent de M. Thiers la majorité
royaliste et l'extrême gauche, c'est-à-dire les trois quarts
de l'Assemblée. Quant à l'autre quart, composé d'orléanistes caméléons et de républicains équivoques, il n'a pas
de M. Thiers une meilleure opinion, c'est problable ; mais
il suit ses traces tant par mauvaise habitude que par faiblesse de caractère.

Or, si par mauvaise habitude et faiblesse de caractère
un quart seulement de l'Assemblée se laisse mener par
M. Thiers, qui oserait affirmer que le quart des citoyens
français obéit aux mêmes penchants? Personne, assurément !

La place que M. Thiers occupe réellement dans l'opinion publique en France est donc, en réalité, bien infime ;
et ce n'est certainement pas le cas de dire que la qualité
de la chose compense sa quantité ; de quelle considération jouissent en France les orléanistes caméléons et les
républicains équivoques? Quel candidat oserait se présenter devant le suffrage universel avec l'un ou l'autre
de ces titres? Pas même Arlequin.

Mais, me dira-t-on, d'où provenait l'auréole de popularité qui brillait sur la tête de M. Thiers, au moment de
sa chute parlementaire?

Je vais répondre à cette question, qui intéresse la
France entière.

De tout temps la charlatanerie politique a existé ; l'histoire en contient de nombreux exemples. Mais, c'est dans
les temps présents que, grâce aux moyens de publicité
dont dispose la civilisation moderne, cet art perfide a
pris son plus grand développement. Nous avons dit avec
quelle audace et quel succès Louis-Philippe avait ex-
ploité la naïveté des hommes simples d'esprit et de cœur

avec son chapeau gris, son parapluie, ses poignées de main, sa meilleure des républiques et son roi-citoyen. M. Thiers était un des coryphées les plus intelligents, les plus zélés de cette entreprise dramatique, une des mieux réussies dans l'ordre moral monarchique. Formé à cette école, l'ancien ministre de la pensée immuable connaissait toutes les ressources du métier et possédait la quintessence du grand art d'obscurcir l'intelligence d'un peuple en lui jetant de la poudre aux yeux. Quand donc après être allé sonder les intentions des puissances étrangères; après s'être entendu avec M. de Bismarck, lorsque Bazaine fut mis de côté; après avoir été s'établir à Tours pour y jouer le rôle d'agent prussien; après avoir discuté et conclu les conditions de l'armistice avec M. de Bismarck; après s'être fait porter sur le plus grand nombre possible de listes électorales comme candidat à la députation; après s'être fait confier le pouvoir exécutif, à Bordeaux; après avoir signé la paix honteuse qu'il avait tant contribué à faire subir à la France; après avoir déterminé l'Assemblée à venir s'établir à Versailles pour mieux faciliter l'exécution du coup d'éclat contre Paris; après avoir obtenu de la bienveillance de la Prusse cent quarante mille hommes des troupes impériales; après avoir fait pour son compte un second siége de Paris mille fois plus meurtrier que le premier; après avoir *écrasé* la démocratie et désarmé le peuple pour être maître du sort de la France, M. Thiers, méditant à Trouville son coup de ruse contre l'Assemblée, s'était dit ce qui suit: la politique que je me propose d'inaugurer aura pour adversaire la majorité monarchique de l'Assemblée, c'est évident. Que puis-je donc faire pour désunir et affaiblir cette majorité? Parbleu! une chose bien simple : prendre le masque de la République, et sous ce masque me créer une popularité qu'au besoin j'opposerai à l'acharnement de mes ennemis. Sous l'égide de cette popularité, qui imposera silence aux timides, fera réfléchir les irrésolus, et portera à gauche, par le courant d'idées qui en naîtra, tous les bâtons flottants de la droite, j'aurai une majorité de circonstance, — c'est tout ce dont j'ai besoin, — pour répondre : ainsi soit-il ! à mes propositions, et voter avec résignation mes projets de présidence à vie. Mon but sera par conséquent atteint. Donc, de la popularité ! de la popularité ! et pour cela, vive la République !

— Tiens ! tiens ! dira-t-on, comme il est devenu républicain !

— « Oui, répondrai-je, la République est le seul gou-
« vernement actuellement possible en France : je le dis
« avec sincérité. »

Les journaux officieux, ayant reçu le mot d'ordre, se mirent à chanter sur tous les tons les vertus civiques du *grand patriote*, du nouveau Washington, du fondateur de la République française.

Les journaux républicains, ne voyant que l'avantage présent du fait, et non les dangers prochains d'un traquenard, organisé perfidement sous le nom de : république, pour le seul usage de M. Thiers, les journaux républicains, dis-je, se mirent aussi à chanter les louanges du grand homme d'État.

Comment donc l'auréole ne se serait-elle pas formée, quand tout le monde répétait : M. Thiers est devenu républicain ?

Non-seulement l'auréole s'était formée, mais encore la légende commençait à naître.

Donc, que ceux qui l'ignorent, l'apprennent : en fait de charlatanerie politique, M. Thiers est un grand maître. Auréole et légende, il sait que tout cela s'acquiert avec de la monnaie de singe et des articles de journaux.

En politique, que de gens prennent cette monnaie-là pour du bel et bon argent !

Citoyens français, toujours dupes des charlatans politiques, c'est à vous qu'il appartient de porter remède à un pareil ordre de choses.

Vous ne manquerez pas à cet impérieux devoir : vous ferez de la diffusion des lumières la base des institutions démocratiques.

Reportons nos regards sur le jeu du principal acteur du drame politique ayant nom le *Message présidentiel*.

En présence de la lettre de faire-part de sa mort politique, M. Thiers résolut de faire usage du grand moyen monarchique, qui consiste à diviser ses adversaires, en faisant briller aux yeux des plus fragiles les faveurs du pouvoir. En homme qui connaît son monde parlementaire, le président de la République s'adréssa donc à M. le duc de Broglie, rapporteur de la commission des Trente, et lui fit comprendre qu'il était de son intérêt et de l'intérêt du centre droit de ne pas se laisser mener par les casse-cou du parti légitimiste, gens *incorrigibles*, étrangers aux idées modernes, et vivant parmi les ombres plaintives des trépassés ; gens qu'il faut par conséquent laisser à l'écart, puisqu'ils n'entendent rien à la pratique des affaires, ni aux nécessités actuelles de la politique européenne.

Au contraire, poursuivit le président de la République, le centre droit et le centre gauche, ayant au fond les mêmes idées, les mêmes sentiments, les mêmes intentions doivent naturellement s'entendre pour réaliser la même politique : rien n'est plus facile. Entrons donc en arrangement, et opérons la *conjonction* des centres.

— Nous ne demandons pas mieux ; nous ne voulons pas autre chose, s'écria le duc de Broglie : posons donc, sans perdre de temps, les bases de notre *entente cordiale.*

— Oui, posons-les, reprit M. Thiers ; et commençons par cette responsabilité ministérielle, dont, je le reconnais, vous avez fait une arme parlementaire qui m'a blessé cruellement.

— Eh bien! fit M. de Broglie, je suis de bonne composition ; et, comme vous, je dirai : rien n'est plus facile que de nous entendre à ce sujet. En effet, que voulions-nous obtenir parlementairement au moyen de la responsabilité ministérielle? c'était de faire partie du gouvernement, dont votre politique personnelle nous a systématiquement exclus. Du moment que vous renoncez à ce parti pris, et que vous rendez justice à notre droit souverain, la chose essentielle étant ainsi obtenue, nous serons accommodants, très-accommodants sur les choses accessoires.

— Je savais bien, mon cher duc, répliqua M. Thiers, que rien n'était plus facile que de nous mettre d'accord, avant que ces casse-cou de légitimistes aient mis le feu à mon gouvernement. J'admets donc pleinement vos droits à faire partie du ministère. Veuillez, mon cher duc, en donner l'assurance à vos collègues de la commission. Inutile de vous dire que mon choix s'était déjà fixé sur vous ; et que c'était pour avoir le plaisir de vous en informer que j'ai voulu avoir cet entretien avec vous. Mais, pour des raisons que vous comprenez fort bien, la transformation importante du ministère que je projette ne peut se faire que pendant les vacances de Pâques auxquelles nous touchons. En conséquence, dans les heureux sentiments de conciliation et d'entente cordiale où nous sommes, mettez-vous d'accord, mon cher duc, avec le garde des sceaux, pour la rédaction de votre rapport. C'est, croyez-le bien, l'unique moyen de réaliser la seule chose possible: je compte sur vous! n'est-ce pas ?

— C'est entendu, dit le duc de Broglie, en échangeant une bonne poignée de main orléaniste avec M. le président de la République.

Aussitôt que M. le duc de Broglie eut franchi le seuil de l'hôtel de la présidence, M. Thiers fut saisi d'un fou rire à perdre la respiration; et quand il put articuler quelques mots, ce furent ceux-ci: Mon Dieu! mon Dieu! comme le petit goujon parlementaire a mordu à mon hameçon!... Lui, mon ministre!... il l'a cru!... qu'il est naïf!... et cela voulait m'enterrer!... Ah! c'est moi, au contraire, Messieurs de la commission des Trente, qui vous enterrerai sous les lois constitutionnelles.

Ce que nous venons de raconter, au nom de la logique des faits, est confirmé par les paroles suivantes, extraites du rapport de la commission des Trente lu par M. de Broglie à la tribune nationale: « Vous ne rechercherez « pas, et le pays ne recherchera pas plus que vous « quelle a été, de part et d'autre, la mesure des conces- « sions et des sacrifices. »

C'était donc un traité *secret* que M. le président de la République et M. le duc de Broglie, organe du centre droit, avaient conclu ensemble; puisque ni l'Assemblée, ni le pays ne devaient avoir connaissance des clauses de ce pacte de famille, tels que les princes en concluent entre eux pour régler leurs intérêts politiques.

Le peuple souverain appréciera, et dira ce qu'il pense des allures princières de MM. Thiers et de Broglie.

Le rapport de la commission des Trente, rédigé par M. de Broglie, d'accord avec M. Thiers, avait pour objet de motiver le projet de loi suivant :

« L'Assemblée nationale,

« Réservant dans son intégrité le pouvoir constituant « qui lui appartient, mais voulant apporter des amélio- « rations aux attributions des pouvoirs publics,

« DÉCRÈTE :

« ART. 1er. L'article 1er de la loi du 31 août 1871 est « modifié ainsi qu'il suit :

« Le président de la République communique avec
« l'Assemblée par des Messages qui, à l'exception de
« ceux par lesquels s'ouvrent les sessions, sont lus à la
« tribune par un ministre. Néanmoins, il sera entendu
« par l'Assemblée dans la discussion des lois, lorsqu'il
« le jugera nécessaire, et après l'avoir informée de son
« intention par un Message.

« La discussion à l'occasion de laquelle le président
« de la République veut prendre la parole est suspendue
« après la réception du Message, et le président sera
« entendu le lendemain, à moins qu'un vote spécial ne
« décide qu'il le sera le même jour. La séance est levée
« après qu'il a été entendu, et la discussion n'est reprise
« qu'à une séance ultérieure. La délibération a lieu hors
« la présence du président de la République.

« ART. 2. Le président promulgue les lois déclarées
« urgentes, dans les trois jours, et les lois non urgentes,
« dans le mois après le vote de l'Assemblée.

« Dans le délai de trois jours, lorsqu'il s'agira d'une
« loi non soumise à trois lectures, le président de la Ré-
« publique aura le droit de demander, par un Message
« motivé, une nouvelle délibération.

« Pour les lois soumises à la formalité des trois lec-
« tures, le président de la République aura le droit, après
« la seconde, de demander que la mise à l'ordre du jour
« pour la troisième délibération ne soit fixée qu'après le
« délai de deux mois.

« ART. 3. Les interpellations ne peuvent être adressées
« qu'aux ministres, et non au président de la Républi-
« que.

« Lorsque les interpellations adressées aux ministres,
« ou les pétitions envoyées à l'Assemblée se rapportent
« aux affaires extérieures, le président de la République
« aura le droit d'être entendu.

« Lorsque les interpellations ou pétitions auront trait

« à la politique intérieure, les ministres répondront seuls
« des actes qui les concernent. Néanmoins si, par une
« délibération spéciale, communiquée à l'Assemblée
« avant l'ouverture de la discussion par le vice-président
« du conseil des ministres, le conseil déclare que les
« questions soulevées se rattachent à la politique géné-
« rale du gouvernement et engagent ainsi la responsabi-
« lité du président de la République, le président de la
« République aura le droit d'être entendu dans les formes
« déterminées par l'article 1er.

« Après avoir entendu le vice-président du conseil des
« ministres, l'Assemblée fixe le jour de la discussion.

« ART. 4. L'Assemblée nationale ne se séparera pas
« avant d'avoir statué :

« 1° Sur l'organisation et le mode de transmission des
« pouvoirs législatif et exécutif.

« 2° Sur la création et les attributions d'une seconde
« chambre ne devant entrer en fonction qu'après la
« séparation de l'Assemblée actuelle.

« 3° Sur la loi électorale.

« Le gouvernement soumettra à l'Assemblée des pro-
« jets de loi sur les objets ci-dessus énoncés. »

Tel est donc le résultat parlementaire de la transaction
intervenue entre M. Thiers, *in extremis*, et les orléanistes
de la commission des Trente.

Le parti légitimiste, qui voulait exécuter sommairement le président de la République, et qui déjà avait
mis le public dans la confidence de sa résolution, fut
excessivement mécontent de la transaction secrète des
orléanistes, ses alliés, avec M. Thiers. Quand donc
M. le garde des sceaux monta à la tribune, après la lecture du rapport, pour déclarer que le gouvernement
acceptait sans réserve le projet de la commission des
Trente ayant pour objet d'instituer « un pouvoir qui con-
« servera plus fortement, avec plus d'énergie, la liberté

« A laquelle la majorité monarchique tient, de déclarer,
« quand les circonstances le permettront, quelle est la
« forme du gouvernement du pays, » M. de Larcy,
ministre démissionnaire, président de la commission des
Trente, monta à la tribune et fit la déclaration suivante :
« Après avoir été tour à tour de la majorité et de la
« minorité de la commission, je tiens à dire un mot
« dans ce débat. Je suis resté sur le terrain du pacte de
« Bordeaux. Je suis heureux que M. le garde des sceaux
« s'y soit placé. J'éprouve le besoin de déclarer que
« lorsque je faisais partie du gouvernement, je n'ai pris
« part à aucun engagement capable de rompre ce pacte. »
(Bravos à droite.)

« Aussi, j'ai voulu maintenir ce pacte par les considé-
« rants mis en tête du projet de loi.

« Ce n'est qu'à bon escient que nous sortirons de ce
« pacte. Il viendra un moment où la trève des partis
« sera rompue. Mais nous voulons qu'on déclare haute-
« ment qu'elle est rompue lorsque viendra le moment de
« la rompre.

« Nous ne voulons pas que cela se fasse d'une ma-
« nière détournée. C'est pour cela que nous repoussons
« le Message.

« M. Ricard nous a dit que c'est un pas fait vers la
« République. Eh bien, nous ne voulons pas faire ce
« pas. (Bravos à droite.)

« Je tenais à faire cette déclaration par respect pour
« vos opinions à tous. (Très bien !)

« Nous repoussons la politique du Message, pour que
« vous ne veniez pas dire plus tard : vous êtes engagés.

« J'en ai dit assez. C'est sous le bénéfice de ces décla-
« rations que je ne m'oppose pas à ce qu'on passe à la
« discussion des articles. »

Citoyens français, vous vous rappelez que M. Thiers,
répondant aux délégués des grandes villes qui lui expri-

maient la méfiance que leur inspirait la majorité monarchique de l'Assemblée, a dit : « Vous calomniez leurs intentions !

Eh bien, leurs intentions, soigneusement cachées alors, les voilà dévoilées au grand jour.

Que nous apprennent-elles ?

Elles nous apprennent que les députés légitimistes, nommés par le peuple souverain, ne veulent pas reconnaître le seul gouvernement compatible avec le principe en vertu duquel ils sont en possession du pouvoir.

C'est fort, n'est-ce pas ?

Eh bien, il y a encore quelque chose de plus fort : c'est que les députés légitimistes ne veulent pas rendre au peuple souverain le mandat qu'il leur a confié « en un jour de malheur, » comme un ministre, M. Beulé, l'a dit à la tribune.

Hélas ! oui, en un jour de bien grand malheur.

Quelle sera la fin de ce jour de malheur ?

Voilà le terrible problème politique qui pèse sur les destinées de la France, et dont la solution dépend des événements imprévus qui peuvent naître du conflit des partis monarchiques qui divisent l'Assemblée.

Suivons donc le cours de ces événements, dont la connaissance est si importante, surtout au point de vue des motifs qui les engendrent.

Dès le début de la séance suivante, la colère des légitimistes contre M. Thiers éclata en paroles injurieuses et violentes. Le général Du Temple dit : « Cet homme est « la révolution incarnée. Je ne vous rappellerai point ses « paroles, car il a tout dit ! mais je rappellerai ses actes. « Quelle confiance voulez-vous qu'on ait en un homme « qui a trahi et renversé son roi légitime ? qui a détrôné « son bienfaiteur ? qui a présidé, en 1831, au sac de l'ar- « chevêché ? »

Le général Du Temple est rappelé à l'ordre.

Pour calmer cette tempête parlementaire, M. le garde des sceaux monte à la tribune et déclare que rien n'est changé dans la situation du gouvernement, que le pacte de Bordeaux subsiste toujours.

A cette déclaration, si contraire au langage du Message, la nuit se fait dans toutes les intelligences; le gouvernement s'éclipse et devient invisible. Alors M. Bertauld s'écrie : « Si le gouvernement n'a pas d'opinion « faite sur la meilleure forme de gouvernement, je ne « puis reconnaître en lui un gouvernement. » Sous l'influence des mêmes sentiments, M. le comte Rampon, personnage influent et considéré du centre gauche, se lève et dit : « Pour voter le préambule du projet de loi, « nous avons besoin de savoir pour quelle politique on « nous demande notre suffrage. Est-ce pour celle du « Message ? est-ce pour celle du discours de M. le garde « des sceaux ? Nous demandons au gouvernement de « s'expliquer. »

Voilà donc ce que c'est qu'un gouvernement sans principes, sans convictions ! voilà ce que c'est qu'un gouvernement à bascule, à équivoques, à insinuations, visant au succès par des roueries et des perfidies ! Quand on le met au grand jour, il disparaît ; quand on l'examine, il s'efface ; quand on l'interroge, il répond à la fois oui et non ; quand on le palpe, il s'évapore : c'est un rêve ; mais hélas ! ce n'est pas un doux rêve. C'est aussi une ombre, afin que chaque parti, abusé, croie que c'est son ombre.

Pauvre gouvernement ! le geai plumé qui le dirige, forcé de s'expliquer devant l'Assemblée, fit l'humble déclaration suivante : « *Nous aurions voulu nous taire* « pour ne pas troubler le calme des esprits. Mais à « l'heure qu'il est, ce n'est plus par le silence, c'est par « des explications sincères que les esprits peuvent être « calmés. Je donnerai demain ces explications. »

Le lendemain, 4 mars, — comme on le voit, trois mois et demi s'étaient déjà écoulés depuis que M. Thiers cherchait par un coup de ruse à escamoter la présidence à vie, — le lendemain, dis-je, M. Thiers est monté à la tribune pour donner des explications *sincères*. Il y est resté près de trois heures — rien n'est plus long à dire que ce qu'on ne veut pas dire ; — il a prodigué les narrations, a pris mille choses en considération et s'est épuisé en subtiles distinctions. Quant aux explications sincères, il n'en a donné absolument aucune. Enfin, il a terminé son discours en disant que le projet de loi présenté ne détruisait pas plus le Message que le Message ne détruisait le pacte de Bordeaux ; que ces deux choses, en apparence opposées, s'accordaient parfaitement bien ensemble ; il a rappelé, avec complaisance, pour calmer l'irritation de la droite, qu'il était l'auteur de la guerre civile qui avait amené l'incendie et la ruine de Paris ; il a renouvelé, en y ajoutant l'outrage envers les victimes, cette déclaration : « J'avais vu Paris, et j'étais arrivé à « Bordeaux avec la conviction profonde qu'il nous fau- « drait une lutte terrible pour *écraser* cette démagogie « qui a été bientôt sanguinaire et incendiaire, qui s'était « emparée de la capitale et ne voulait pas l'abandonner ; » il a de même rappelé que c'était lui qui avait indiqué Versailles comme la meilleure position militaire ; il a affirmé que « la démagogie a essuyé une défaite qui a « porté ses fruits, » c'est-à-dire qu'elle est actuellement et pour longtemps hors d'état de s'opposer à la restauration d'une monarchie. Puis, dans un langage, devenu mielleux et patelin, il a cherché à expliquer comment, lui, vieux routinier monarchique, s'était fourré dans la peau de la République pour formuler le Message. Enfin, enfin, il a conclu cette macédoine oratoire en engageant l'Assemblée à adopter le projet de loi de la commission des Trente, ayant pour objet de mettre le gouvernement en position de réparer les désastres que le despotisme avait ligués à la France.

— Chose curieuse et qui mérite d'être relatée : au moment où nous écrivons ces lignes, où se trouve la glorification par M. Thiers de la conquête, non de Berlin, mais de Paris par l'armée impériale, et la constatation de l'écrasement de la démocratie et du désarmement des citoyens, un journal clérico-monarchique, le *Monde*, publie un article en faveur de la restauration de Henri V, dans lequel on lit le passage suivant : « Aujourd'hui, il « ne s'agit pas de refaire la charte de 1830, de paraphra- « ser les niaiseries de 89… La *France armée*, ce n'est « plus la France pérorant, écrivaillant, c'est la *France* « ayant un roi qui ne soit plus soumis à cinq cents « bavards… Il faut renoncer à l'idée d'un roi qui serait « le mandataire de l'Assemblée nationale. La France « bourgeoise et *désarmée* de 1830 a pu accepter cette « utopie. *La France de 1873, c'est la France armée, dis-* « *ciplinée, obéissant à un vrai chef, à un roi indépendant.* »

Voilà donc ce que pensent, disent et écrivent les légiti- mistes-cléricaux. Sans nous arrêter à discuter l'imper- tinence de telles paroles, nous bornant à dire que jamais, en faveur d'une mauvaise cause, un fait doublement faux, tel que celui-ci : « France désarmée en 1830 — France armée en 1873, » ne fut invoqué avec un pareil mépris de la vérité ; allons au fond des choses, et voyons ce qu'elles signifient. Le fond des choses dont parle le journal le *Monde*, le voici : « La France armée, disci- « plinée, obéissant à un vrai chef, à un roi indépen- « dant. » Or, qu'est-ce que le *Monde* appelle : France armée et disciplinée ? Sont-ce les milices nationales ? Non ! c'est l'armée impériale, réorganisée par M. Thiers, à l'effet d'écraser la démocratie et de désarmer le peuple partout en France. La France armée et disciplinée du *Monde* est donc précisément la France conquise et désar-

mée. M. Thiers qui, nous dit-il, « aime l'uniforme français, » est l'auteur de cet ordre de choses : il a ses
raisons pour cela; nous les connaissons. Et quand on lui
fait remarquer les dangers d'une armée maîtresse du
gouvernement ou maîtresse de la nation, selon la volonté
des chefs qui la commandent, M. Thiers répond :
« *L'armée appartient à la loi.* » Or, à quelle loi appartient
une armée impériale? M. Thiers le sait mieux que personne. La réponse du *Monde* ne lui apprend donc rien
de nouveau. Il sait qu'une armée impériale appartient à
César, qui, en ayant besoin pour régner, comble les
généraux de faveurs, aux dépens de la nation.

En conséquence, M. Thiers voulant régner, a réorganisé l'armée impériale, et s'en est servi « *comme un roi
indépendant;* » mais les légitimistes ne voulant à aucun
prix de la dictature de M. Thiers, et les orléanistes doctrinaires voulant une trop grosse part du gâteau de la
République conservatrice, M. Thiers se trouve dans une
position difficile, et la France, comme le dit le *Monde*,
sous le glaive de cinq cent mille soldats « obéissant à un
homme. » Voilà donc où ces trois vouloirs ont abouti !
— Est-ce la fin? — Non.

Ainsi se dévoile tout le mal que M. Thiers a fait à la
France.

Fermons cette longue mais instructive parenthèse, et
allons retrouver M. le président de la République, réduit à ses ressources personnelles, luttant corps à corps
avec la majorité monarchique, qu'il ne peut, malheureusement pour lui, faire écraser par l'armée impériale;
attendu, comme il l'a dit lui-même, « qu'il n'est en possession d'aucun prestige dynastique, à son grand regret
sans doute; car ce serait le cas de s'en servir, étant
exposé à faire prochainement une chute politiquement
mortelle.

— Nous avons laissé le président de la République à

la tribune, achevant son pot-pourri du 4 mars. Avant de terminer, l'orateur, pour montrer à ses adversaires monarchiques tout ce qu'on pouvait, au besoin, attendre de lui, et avec quelle facilité il s'était habitué, lui, président de la République, au cérémonial chinois qu'on venait de lui imposer, l'orateur, dis-je, a tenu à honneur d'orner son œuvre du morceau d'éloquence béate que voici :

« Quel était le sens de mes paroles ? Elles signifiaient
« que, président de la République, je n'aurais pas clan-
« destinement travaillé à changer la forme du gouverne-
« ment ; elles signifiaient qu'à votre égard je n'aurais
« pas clandestinement favorisé l'avénement.... pardon-
« nez-moi, Messieurs, ici je ne dirai pas un mot qui blesse
« les *êtres augustes* qui vous sont chers, je n'emploierai
« pas le mot de prétendants. »

L'homme qui dit ces paroles, est celui qui, sous Louis-Philippe, traitait le peuple de *vile multitude*.

L'homme qui dit ces paroles, est celui qui, aujourd'hui, appelle la démocratie *faction détestable*, les patriotes *fous furieux*, les principes rationnels *athéisme*.

L'homme qui « n'aurait pas favorisé *clandestinement* l'avénement d'un *être auguste*, est celui qui a tenté *clandestinement* de désarmer le peuple, et qui, n'ayant pas réussi, l'a fait royalement *écraser* pour s'approprier le bénéfice de la mission anti-patriotique qu'il était allé, de concert avec le général Trochu, remplir à Tours.

Eh bien ! de qui cet homme tient-il les pouvoirs en vertu desquels il gouverne la France ? Est-ce de ces *êtres augustes* qu'il n'ose appeler prétendants ou du peuple souverain qu'il a fait *écraser* ?

La réponse, la foudroyante réponse à cette question n'est-elle pas la condamnation à perpétuité de l'immorale conduite d'un tel homme ?

Et cette réponse que tout le monde connaît, que tout le

mondo peut faire, donne par conséquent à tout le mondo le droit de prononcer le jugement qu'elle comporte.

Mais les légitimistes ne se laissant pas empêtrer dans la glu monarchique que M. Thiers, ce jour-là, répandait à pleine main dans l'Assemblée, se rappelant, au contraire, que l'orateur n'avait pas toujours eu pour les *êtres augustes qui lui sont chers* les sentiments d'un bon chinois, chargèrent M. de Belcastel de faire connaître à M. Thiers l'opinion qu'ils avaient toujours de lui.

Dans la discussion de l'article 4 du projet de loi en question, M. de Belcastel s'acquitta de sa mission dans les termes suivants : « En réalité, le projet de loi dont il s'a- « git crée un mécanisme d'institution *exprès pour un* « *homme.* Est-ce là, Messieurs, l'héritage que vous lais- « serez au pays ? Tous les coups d'État ne sont pas des « coups de force ; il y a aussi les *coups d'État de ruse,* « dont vous ne devez pas vouloir davantage. »

Merci, Monsieur de Belcastel! merci, au nom de la vérité. Vous êtes dans le vif et le très-vif de la question ; et si bien, que vous faites manquer le coup de ruse en l'appelant tout simplement par son nom.

Quelle humiliation pour ce pauvre geai, plumé ainsi à la face du monde!

Bah! il s'en moque bien! n'a-t-il pas la certitude que, devenu loup et se cachant sous l'étiquette de : Républi- que conservatrice, tous les moutons de Panurge le pren- dront pour un fidèle berger? Cela soutient son courage, et il espère encore arriver à ses fins.

Qu'il est doux de régner!... de régner sur une France *dont on a fait les institutions exprès pour soi!* se disait M. Thiers.

Quelle gloire de donner son nom à la République fran- çaise! et d'entendre répéter : la *République de Monsieur Thiers...* la République de M. Thiers.

C'est à rendre fou de joie... Vive la République de M. Thiers !...

— Prenez garde! on dit aussi : la joie fait peur; et vous savez que du trône à terre la distance n'est pas grande, surtout quand ce trône est la chaise curule d'un dictateur.

En effet, le danger que l'ambition effrénée de M. Thiers l'empêchait de voir se montre tout à coup aux yeux de ses plus zélés partisans. M. Em. Arago retire son amendement ainsi conçu :

« Proroger les pouvoirs du président de la République « jusqu'à l'organisation du pouvoir exécutif par la pro- « chaine Assemblée. »

M. de Choiseul retire aussi le sien : « Demandant la « prorogation durant trois ans, à partir du 1er mars 1873, « des pouvoirs du président de la République. »

La dénonciation du coup de ruse a donc porté ses fruits, et mis en complète déroute les troupes parlementaires de M. Thiers.

On dit que ce qui arrive toujours aux fanfarons démasqués advint à M. Thiers; et que voyant le prestige dictatorial dont il s'était affublé, soudainement enlevé, sa situation réelle lui apparut dans toute sa nudité. Or, cette situation, c'était celle de la grenouille s'enflant pour atteindre la grosseur du bœuf. Un doute amer pénétra donc dans l'esprit de M. Thiers, et lui arracha ce cri : ne suis-je pas téméraire?

M. Louis Blanc, saisissant avec beaucoup d'à-propos l'état moral de l'auteur du Message, monta à la tribune et dit : « Messieurs, je viens combattre le dernier article « du projet de loi de la commission des Trente. La pre- « mière raison pour laquelle je repousse cet article, c'est « qu'il est le résultat d'une transaction dont la significa- « tion me paraît obscure et dont je redoute la portée. Un « grand débat avait eu lieu, qui n'avait fait qu'épaissir

« les ténèbres autour de nous, et la France, lasse d'avoir
« toujours peur du lendemain, attendait que la lumière
« se fît.

« La lumière s'est-elle faite ? Messieurs, si j'avais à
« résumer le discours de M. le président de la Républi-
« que, je le résumerais dans les termes que voici : « Il est
« difficile, et il serait dangereux dans les circonstances
« actuelles d'être clair. Je comprends cela. Mais qu'il
« ait cru, qu'il ait pu croire qu'il mettait le pays à l'abri
« d'un gouvernement régulier en se concertant avec le
« duc de Broglie et ses amis pour l'institution d'une se-
« conde Chambre et la modification de la loi électorale,
« voilà, je l'avoue, ce qu'il m'est absolument impossible
« de comprendre. Et ce qui m'étonne, c'est que M. le pré-
« sident de la République s'adresse, pour l'institution
« d'une seconde Chambre, lui, gardien de la République,
« à des royalistes. »

Logiquement, c'est en effet fort étonnant. Mais tout le
monde comprend que l'étonnement qu'exprime ici
M. Louis Blanc n'est qu'une figure de rhétorique, et que
l'homme qui est Janus quand on le regarde et Protée
quand on l'étreint n'a plus d'aspect ni de forme qui puissent étonner.

C'est un fait à constater et nous le constatons, sans
nous en étonner.

Mais voici un incident extra-parlementaire digne d'attention. Le 13 mars, les journaux du matin donnaient
l'extrait suivant du discours prononcé par l'empereur
d'Allemagne à l'ouverture du Reichstag :

« J'ai l'espoir fondé que le moment n'est pas éloigné
« où le complet achèvement de nos négociations finan-
« cières avec le gouvernement français amènera l'entière
« évacuation du territoire français plus tôt que nous n'en
« avions la perspective. »

C'était précisément ce jour-là que devait se terminer

l'orageuse discussion des articles du projet de loi de la commission des Trente. Impossible donc de ne pas reconnaître dans la coïncidence de cette déclaration avec la clôture de la discussion parlementaire, un petit service rendu à un homme qui en avait rendu de si grands à la Prusse.

L'effet prévu et voulu, se réalisa au gré de M. Thiers : les moutons de Panurge se groupèrent en nombre suffisant sous la houlette du loup devenu berger.

Le projet de loi de la commission des Trente, accepté sans réserves par le gouvernement, fut donc voté par 411 voix contre 231. Consolidé par ce vote sur sa chaise curule, le président de la République sentit renaître son courage et reprit le cours de ses projets.

M. Thiers avait espéré enlever d'emblée et de haute lutte le succès de son coup de ruse au moyen de l'initiative hardie du Message, tombant sur l'Assemblée comme la foudre. Mais le Jupiter-Scapin s'était lourdement trompé. Dès le premier choc, il fut entouré et rudoyé, mis sur la sellette et plumé : on allait même l'exécuter et porter ses restes, hélas ! où il a été dit, quand soudain, pour échapper à la mort politique, il se jeta avec effusion dans les bras de son cher duc de Broglie, obtint son concours au prix d'une convention secrète, et, muni d'une réclame envoyée à propos par l'empereur Guillaume, termina la bataille parlementaire par un vote qui donnait une majorité respectable à la politique écornée du Message.

Ainsi finit, après quatre mois de lutte, la campagne d'hiver entreprise par M. Thiers en faveur de sa dictature, qu'il voulait, par ruse, obliger l'Assemblée à instituer définitivement.

Voici en quels termes le journal *le Rappel* apprécie le grand débat soulevé par le Message :

« Enfin, elle est arrivée à finir, cette interminable dis-

« cussion, lassante pour tous, écœurante pour tous, ac-
« ceptée par la Chambre comme une corvée ; entreprise,
« par les défenseurs de la loi, sans enthousiasme ; soute-
« nue, par ses adversaires, sans espoir ; ballottée au ha-
« sard dans le désarroi de l'Assemblée, et terminée par
« fatigue plus que par conviction. Il fallait y assister pour
« juger la décomposition des partis et l'accumulation des
« équivoques ; il n'est pas un article voté où l'Assemblée
« ne dise : Je suis impuissante. Il n'est pas un discours
« où elle ne s'écrie : Je suis impuissante.

« Maintenant où sont les victorieux ? qu'on les cherche !
« Ceux qui ont fait voter la loi, déjà odieuse à ce pays ?
« ils sont devenus suspects et importuns à la Chambre.
« Les républicains qui s'y sont résignés ? ils s'y montraient
« la mine piteuse, à la remorque du centre droit. Les
« monarchistes restés debout et entiers ? leur honneur
« est sauf, mais leur parti est perdu. De tous les côtés
« de l'Assemblée, on a vu éclater des discours ardents et
« des impuissances furieuses. »

Tel est, durant quatre mois le portrait parlementaire
de la France, conçu et exécuté par M. Thiers, pour le
bon plaisir de ce « routinier monarchique. »

Comme ce charmant portrait fait honneur à l'auteur !
comme il développe l'esprit de ceux qui le contemplent !
comme il ennoblit les sentiments de ceux qui l'admirent !
comme il arrache à tout le monde ce cri patriotique :
Sauveur de la France, achève ton œuvre ! pour qu'on
t'élève une statue dans tous les villages, au nom de la
patrie reconnaissante.

Après tant de hauts faits parlementaires, qui ont fait
l'admiration du monde, l'Assemblée de Versailles s'est
accordé un congé bien mérité.

Rendu au repos, l'auteur du Message envisagea sa
position, et la résuma dans les termes suivants : Ah !
vous croyez, Messieurs les meneurs du centre droit, qui

m'avez si cruellement plumé, encagé et condamné à subir votre cérémonial chinois, en attendant les menottes de la responsabilité ministérielle, que je vais, pour récompense, vous admettre dans mon cabinet ? et vous laisser m'enfermer, comme un mannequin, dans le *palais de la pénitence !* Allons donc ! pour qui me prenez-vous ? Eh bien ! moi, je vous apprendrai qui je suis, et nous verrons de quel côté seront les rieurs ; oui, je le répète, nous le verrons, à la rentrée des vacances, de quel côté seront les rieurs.

M. Thiers ayant dit comme Louis XIV : l'État, c'est moi, l'histoire de M. Thiers est devenue l'histoire de France. Or, tout citoyen français devant connaître l'histoire de son pays, se trouve par conséquent dans l'obligation d'apprendre celle de M. Thiers.

Puisqu'il en est ainsi, hélas ! mettons en lumière les faits et gestes du *grand patriote* des moutons de Panurge.

L'Empereur d'Allemagne s'étant montré bon prince, et ayant consenti à évacuer le territoire français, dès qu'il serait intégralement payé, la date de cet heureux événement fut fixée au 5 septembre.

M. Thiers songea immédiatement à tirer parti de la joie de la France : une politique d'homme d'affaires connaît les ressources de l'escompte, et s'en sert au besoin : en voici la preuve.

Il y avait en ce moment des siéges vacants à l'Assemblée. Vite ! s'est dit M. Thiers, faisons les élections partielles ; mais faisons-les avec discernement, avec poids et mesure, c'est-à-dire faisons celles qui me seront favorables : elles serviront de modèle pour les autres.

Ainsi, Paris a un député à nommer : commençons de suite à nous en occuper ; j'ai son affaire, c'est Rémusat. Quant à l'élection à faire dans le Rhône, nous l'ajournerons : la loi du 4 avril, qui supprima la mairie centrale de Lyon, fit un trop mauvais effet sur la masse de la population, pour me permettre d'espérer un succès dans ce département. C'est donc sur Paris que doit se porter toute mon attention. Nous verrons après ce qu'il y aura de mieux à faire dans les six autres départements qui seront aussi appelés à nommer un député.

Paris ! Paris ! Après en avoir fait la conquête matérielle sur la *démagogie*, il serait beau, pour ma gloire, d'en faire la conquête intellectuelle et morale : j'y arriverai.

Parbleu ! il me vient une idée : si je mettais la candidature de Rémusat sous le patronage des maires de Paris, que j'ai tous nommés, cela lui donnerait une vigoureuse impulsion. On criera : candidature officielle ! candidature officielle ! je m'en moque bien, pourvu que cette candidature réussisse.

En conséquence, la candidature de M. de Rémusat est mise sous le patronage des maires de Paris, qui l'acceptent : c'est le devoir des maires nommés par le gouvernement.

Cette audacieuse résurrection de la candidature officielle de l'Empire, dont la France fut, pour son malheur infestée, parut à la démocratie un attentat contre la souveraineté du peuple. Dans cette conviction, les députés de l'extrême gauche se rendirent chez M. le comte de Rémusat, ministre des affaires étrangères, pour le prier de retirer sa candidature. M. de Rémusat, — le croirait-on ? — M. de Rémusat répondit : « *Cela ne me regarde pas.* »

Emus d'une telle réponse, les députés de l'extrême gauche allèrent chez M. Thiers, que *cela regardait*, et lui firent la demande du retrait de la candidature officielle de M. de Rémusat. M. le Président de la République, gardien de la souveraineté du peuple, leur répondit : « *Je la maintiens !* » France démocratique, tu entends : c'est la voix de l'*écraseur* et la parole du maître.

— « C'est un dictateur ! » s'écrièrent les députés en se retirant.

— Oui, Messieurs, c'est un dictateur ! encore en herbe ; mais, comme vous le voyez, cette herbe promet d'être une belle plante, de l'espèce de celles « *qui n'ont jamais reculé devant l'emploi de la force.* »

En sortant de chez le dictateur, les députés radicaux se rendirent chez les députés du centre gauche, et leur dirent : Comment ! vous acceptez et même vous patronez une candidature officielle ? Partout on leur répondit : « Que voulez-vous ? M. Thiers la maintient. »

Ainsi, de son propre aveu, le centre gauche déclare obéir, sans raisonner, à la volonté de M. Thiers, au sujet du rétablissement illégal et immoral de la candidature officielle. C'est un aveu très important, dont il faut prendre acte pour ne pas l'oublier au moment des élections générales, quand les députés du centre gauche jetteront feu et flamme contre le mandat impératif que la démocratie imposera à tous les candidats qui solliciteront son suffrage.

Or, que voulait le dictateur « *naissant* » avec sa candidature officielle ? Il voulait lancer un ballon d'essai dans les couches aériennes de la démocratie, pour s'assurer si le français, *né léger,* conservait encore le souvenir de son royal écrasement.

Si mon ballon d'essai, se disait M. Thiers, traverse, sans crever, l'atmosphère démocratique de Paris, ce résultat produira les plus heureux effets ; et je pourrai, en changeant une seule épithète, en mettant *agréable* à la place d'*officielle,* reprendre pour mon compte une chose dont l'Empire s'est servi avec tant de succès. Qui donc, mieux que moi, sait quels sont les députés dont la France à besoin ? Cela étant, quel électeur, parmi ceux que je conserverai, pourra refuser son suffrage au candidat agréable au libérateur du territoire ? Je ne vois que quelques insensés, comme il s'en trouve partout, qui puissent avoir l'indignité de voter contre « *mon candidat.* » Les conceptions despotiques sont tellement similaires que les hommes du 16 mai ont fait les élections générales avec cette formule : Candidat du Maréchal.

Donc, — et ma conclusion est parfaitement logique, — en l'air ! en l'air ! mon petit Rémusat : il faut absolument pour ma gouverne, que je sache ce qu'on pense de moi dans ce monde-là qui existe encore, hélas ! malgré ce que j'ai fait, toute ma vie, pour l'anéantir.

Une chose cependant, — je dois l'avouer, — m'inquiète : je vois un point noir à l'horizon; et ce point noir c'est la suppression de la mairie centrale de Lyon. Quel diable d'embarras ces légitimistes-cléricaux ont-ils été me créer là pour la satisfaction de leurs dévotes passions ! et dans quel moment ? au moment où, vaincu dans l'Assemblée, je suis forcé de me replier en bon ordre sur le pays pour y chercher un point d'appui que je ne trouve plus à Versailles. Heureusement ! je suis plein de ressources. Messieurs de la droite le verront bientôt.

Pendant que M. Thiers méditait l'opération stratégique de son ballon d'essai, la période électorale pour les élections partielles s'ouvrait dans sept départements. En conséquence, les délégués des groupes républicains de tous les arrondissements du département de la Seine se réunirent en assemblée générale, et adoptèrent à l'unanimité la candidature de M. Barodet, ex-maire de Lyon. Séance tenante fut nommée une commission, chargée de s'entendre avec M. Barodet, à l'effet d'obtenir son adhésion au mandat suivant;

1° Dissolution immédiate de l'Assemblée de Versailles;

2º Intégrité absolue du suffrage universel ;

3º Convocation à bref délai d'une Assemblée constituante, unique et souveraine, qui, seule, peut nous assurer l'amnistie et la levée de l'État de siége.

Maudit point noir ! s'écria M. Thiers. Avisons aux moyens d'en paralyser les effets. Il me vient une idée : faisons à Lyon l'élection que j'avais ajournée pour qu'on ne protestât pas contre la loi qui supprimait la mairie centrale, en nommant l'ex-maire. De cette manière, le Rhône reprenant son Barodet, Paris en sera délivré : c'est la chose importante. Après cela j'enguirlanderai Rémusat de quelques déclarations ronflantes, telles que celles-ci : « Maintien de la République ; intégrité du suffrage universel ; » et le succès devient certain : à l'œuvre donc, et ne perdons pas un instant.

Malheureusement pour M. Thiers, le temps opportun était déjà passé. En effet, M. Barodet ayant, par dépêche télégraphique, accepté le mandat des groupes républicains, se trouvait être, irrévocablement, le candidat démocratique de Paris.

Maudit point noir ! s'écria de nouveau M. Thiers, je ne puis donc me débarrasser de toi ?

Pour comble de malheur, le Rhône, en apprenant la maintien de la candidature Barodet à Paris, s'était adressé aux groupes républicains pour leur demander de désigner un candidat à la prochaine élection. Les groupes républicains s'empressèrent de recommander M. Ranc, démocrate éclairé et résolu.

C'est bien fait !

M. Thiers avait voulu jouer au plus fin avec le peuple le plus spirituel du monde, ce n'est pas lui qui a gagné : il n'y a rien d'étonnant en cela !

Enfin, les élections partielles se firent, le 27 avril, dans huit départements. Le succès de la démocratie fut colossal : sept républicains accentués contre un clérical, élu à une faible majorité dans le Morbihan. Dans la Seine, M. Barodet obtint 180,000 suffrages contre 135,000 donnés à M. Rémusat, ami de M. Thiers. Les monarchistes de toutes nuances : légitimistes, orléanistes, bonapartistes, qui avaient voulu se compter et qui, pour cela, avaient fait choix d'un candidat spécial, le colonel Stoffel, ne purent réunir que 27,000 voix, malgré une active propagande.

Un tel résultat était une éclatante victoire pour la démocratie. Et les cent quatre-vingt mille voix proclamant Barodet député, disaient hautement et fièrement à la France et au monde : Non! la démocratie parisienne n'est pas morte de *l'écrasement* qu'elle a subi.

La conscience humaine en a tressailli de joie.

Le ballon d'essai, qui portait *Césarion* et sa fortune, ayant ainsi crevé dans l'atmosphère radicale de Paris, gare à cette peau de grenouille dans laquelle le dictateur, pour devenir taureau, a fait entrer la République.

La lumière est donc faite! elle montre que la France veut la République démocratique. Cela fait le désespoir des monarchistes et trouble l'esprit des républicains de rencontre, espèce équivoque, nageant entre deux eaux, pour happer également ce qui descend et ce qui monte, l'aristocratie qui plonge et la démocratie qui émerge : quelle bonne position! C'est là, actuellement, que M. Thiers et ses disciples ce sont cantonnés, à l'affût des événements.

Que leur fallait-il donc? Parbleu! il leur fallait des élections partielles à leur image, des députés du juste-milieu comme on disait autrefois, de *l'entre-deux*, comme on les appelle aujourd'hui. Or, la France n'étant pas d'une espèce hybride mais du genre démocratique accentué, sept députés sur huit, comme nous l'avons dit, étaient des radicaux. De là, colère en haut et trouble à l'entre-sol. Décidément la politique cauteleuse du Message, que M. Thiers lui-même avait appelé une « *insinuation*, » ne réussissait pas mieux dans le pays qu'à l'Assemblée, malgré le concours zélé de M. de Bismarck. En présence de ces douloureux mécomptes, on comprend l'anxiété du dictateur. Que vont dire! s'écriait-il, que vont dire les royalistes au retour des vacances? Ils vont dire d'une voix unanime : Vous le voyez bien! vous menez la France directement à l'abîme. Votre politique frelatée est donc intolérable. Nous n'en voulons plus; il faut enfin que cela finisse! — Voilà bien du bruit, n'est-ce pas? Eh bien, je m'en moque : le bruit ne me fait pas peur quand j'ai le moyen certain de l'apaiser d'un seul mot. Ainsi, aux légitimistes-cléricaux je dirai : où donc avez-vous conduit le pays, en 1830? Et aux disciples de M. Guizot : où donc votre maitre a-t-il mené la France, en 1848? Que pourront les uns et les autres me répondre? Rien, absolument rien. Donc, ils seront forcés de se taire. Aussi, n'est-ce pas cela qui m'inquiète.

Ce qui m'inquiète, c'est la figure que feront mon cher duc et son centre droit quand ils verront que je les ai carrément dupés. Oui, je le dis sans en rougir, je les ai carrément dupés. C'est bien fait! ils l'ont mérité pour m'avoir tant humilié. Donc, pas un ne sera ministre, c'est décidé. Cela n'empêchera pas l'Assemblée de voter les projets de loi qui lui seront présentés, parce que je ferai de ce vote une question de gouvernement. Et comme, en dernière analyse, ces projets de loi donnent satisfaction aux vœux des monarchistes, ils ne voudront pas courir les dangers de toute sorte auxquels ma résolution exposerait l'Assemblée et le pays. Par conséquent ils céderont, en faisant, il est vrai, un vacarme du diable; mais j'en ris d'avance, tellement leur colère m'effraie peu. Quel est, en effet, celui d'entre eux qui soit de force à me remplacer? Personne, pas même vous, mon cher duc de Broglie. Il faudrait alors avoir recours au maréchal

Mac-Mahon. Et bien, ce n'est pas un homme politique, et je doute fort qu'il accepte le fardeau que les disciples de M. Guizot veulent lui imposer pour exploiter la France sous son nom. Ma position, à l'égard de l'Assemblée, est donc parfaitement claire et parfaitement sûre. Il me suffira de prendre pour ministres, dans la section du centre gauche la plus voisine du centre droit, des hommes capables et solides, tels que Casimir Périer et Waddington, pour avoir une position inébranlable ; je n'ai jamais été plus assuré du succès. J'en éprouve un sensible plaisir. Vive le Message! vive la présidence à vie!... pour moi, bien entendu.

Pendant que M. Thiers raisonnait ainsi, le 11 mai, cinq autres élections partielles avaient lieu, et donnaient pour résultat : quatre républicains résolus contre un bonapartiste, ancien préfet, nommé, dans le département qu'il avait administré, par la coalition de tous les monarchistes, quel que soit leur drapeau, mais nommé à une faible majorité.

Nouvelle colère des monarchistes de l'Assemblée. Mais ce n'était rien auprès de la fureur qui éclata quand on apprit la composition du nouveau ministère. Nous sommes joués! fut le cri unanime de tout le centre droit. Qui aurait pu le croire capable d'une telle duplicité, se disait-on avec consternation! et l'on ajoutait : les légitimistes avaient bien raison; il est capable de tout. Il faut donc en finir avec lui. Une exécution sommaire, sans phrases, est ce qu'il mérite. Appliquons-lui vertement cette mesure décisive. Hâtons-nous! Qu'on avertisse les légitimistes. Dieu, qu'ils seront contents! Réunissons-nous à eux immédiatement et demandons aux bonapartistes leur bienveillant concours. C'est humiliant, très-humiliant, mais c'est nécessaire : car, impossible d'avoir une majorité contre le dictateur. Ce concours, les bonapartistes seront heureux de nous le donner; mais ils nous le feront payer cher. Qu'importe! rien n'est trop cher quand il s'agit d'acheter le moyen de nous débarrasser de cet homme. Sommes-nous certains encore, avec les bonapartistes, d'avoir la majorité? Voyons! comptons-nous. Ainsi parlait à la fois, sous l'empire d'une indicible émotion, tout le monde dans le camp des disciples de M. Guizot. Oui! oui! comptons-nous; il faut en finir par une exécution sommaire. Au pouvoir, il est capable de tout. Peut-être serait-il bon de prendre de suite des mesures de sûreté contre lui. N'y aurait-il pas dans l'armée des chefs avec lesquels le dictateur se serait déjà entendu? Il faut tout craindre de lui, comme disent les légitimistes. Qu'ils le connaissent bien! Étions-nous naïfs de croire à la parole de cette Ninon politique! Eh bien, nous sommes-nous comptés? avons-nous la majorité, une majorité solide, de laquelle on soit sûr?

Les noms de tous les monarchistes, y compris les bonapartistes, furent mis sur une liste; puis on en fit l'addition: pas de majorité! ce mot douloureux fut prononcé par toutes les bouches, et produisit une consternation générale dans le centre droit. Soudain, les têtes chaudes s'exaltent; et l'on entend distinctement ces mots terribles: faisons un coup d'État; l'armée est monarchique; elle sera avec nous; il faut nous en servir. Agissons donc *clandestinement*, comme ce petit *farceur*; enlevons-le cette nuit même, et faisons-le conduire immédiatement à la presqu'île Ducos; qu'il aille rejoindre les chefs des pétroleurs; sa place est parmi eux; pour nous, il ne vaut pas mieux. Quant à eux, s'ils veulent, pour se distraire, lui donner le fouet tous les matins, ce sera bien fait; nous ne nous y opposerons pas, ni les légitimistes non plus, qui verront dans ce châtiment mérité la juste punition de l'affront fait à l'auguste personne de la duchesse de Berry. Ne l'épargnons pas! c'est lui qui, pour ressaisir le pouvoir ministériel, a livré

Louis-Philippe aux révolutionnaires. Aujourd'hui, pour rester président de la République, il nous livre aux radicaux. Il a donc toujours été un traître, il l'est encore. Ne l'épargnons pas ! Messieurs ! — Messieurs ! fit une voix autorisée, pas d'emportements juvénils, s'il vous plaît, ni de paroles superflues : cela ne sert à rien. Nous sommes des hommes sérieux et parlementaires : il nous faut la majorité ; nous ne pouvons rien sans elle ; nous pouvons tout avec elle. Comment donc avoir la majorité ? voilà la question ; il faut la résoudre. Eh bien ! voici le moyen, le seul moyen d'atteindre ce résultat indispensable. — Ecoutons ! écoutons ! — Messieurs, sur les confins du centre droit, vers la gauche, flotte, irrésolu, un petit groupe de quatorze députés, dont le chef s'appelle Target. Il y a là des hommes capables, surtout ambitieux. Eh bien ! c'est ce petit groupe qu'il faut enlever, et non M. Thiers. — Bravo ! bravo ! — Messieurs, vous m'avez compris ; et comme vous savez que tout enlèvement est précédé d'une séduction, commençons donc l'entreprise par séduire le groupe Target : ce ne sera pas difficile, vous pouvez me croire. — Bravo ! bravo ! vive l'orateur ! et vite, séduisons le groupe Target !

En effet, ce n'était pas difficile ; et le groupe séduit, fut enlevé du centre gauche et porté en triomphe au centre droit.

Avec cet appoint, la majorité étant acquise aux adversaires de M. Thiers, l'exécution sommaire du grotesque dictateur fut décidée, et l'on en fixa le jour à la rentrée des vacances.

En conséquence, le 19 mai, jour de la reprise des travaux de l'Assemblée, une demande d'interpeller le gouvernement, signée par plus de trois cents députés, fut déposée sur le bureau. Le nombre des signataires disait au président de la République qu'il s'agissait d'une crise gouvernementale.

En effet, le 23, la lutte s'engagea par un discours de M. le duc de Broglie, chef de la coalition. Dans ce discours l'orateur expose en termes généraux les griefs et les craintes des conservateurs en présence du mouvement sans cesse ascendant de la démocratie, mouvement auquel le gouvernement de M. Thiers, comme venaient de le prouver les élections, était impuissant à mettre obstacle. La conclusion logique de ce discours était qu'il fallait abattre le pouvoir personnel de M. Thiers, et mettre à sa place un « *gouvernement de résistance, résolûment conservateur.* » Tel était le mot d'ordre.

Quant au mode d'organisation de ce gouvernement de résistance, M. le duc de Broglie se garda bien d'en dire un seul mot ; ce seul mot eût jeté le désordre dans les rangs d'une coalition formée d'éléments hétérogènes.

Comme on était convenu de procéder sommairement à l'exécution du dictateur, tous les discours devenaient des hors-d'œuvre ; personne ne les écoutait ; tout le monde attendait, dans l'anxiété, le moment de voter la mort politique du vieux roué.

M. Dufaure, garde des sceaux, monte à la tribune pour donner lecture des projets de lois constitutionnelles, que le gouvernement avait été chargé de rédiger et de présenter à l'Assemblée. La coalition ne veut pas l'entendre. M. Dufaure essaye de prouver que tout ce qu'il était possible de faire avait été fait. La coalition murmure si bruyamment que l'orateur est obligé de descendre de la tribune. M. Casimir Périer y monte à son tour, et dit des choses très sensées : peine perdue. Assez ! assez ! crie la coalition.

M. le président de la République demande la parole pour le lendemain, à neuf heures du matin, et la séance est levée au milieu d'un tumulte général.

Ce lendemain, c'était le 24 mai 1873, jour à jamais mémorable dans l'histoire de France.

Que se passa-t-il dans la tête de M. Thiers durant la nuit qui précéda sa chute?

La France, l'Europe, le monde civilisé ont intérêt à le savoir. Cet intérêt a pour fondement le rang qu'occupe la nation française dans la famille humaine.

Comme aucune confession publique, émanée de la conscience de M. Thiers, ne donnera, à ce sujet, satisfaction à la France, à l'Europe, au monde civilisé, c'est à la logique des faits qu'il faut nous adresser pour savoir ce qui s'est passé, durant la nuit du 23 au 24 mai, dans cette tête qui s'était résolûment posée sur le corps de la nation et « *ne voulait pas l'abandonner.* »

Eh bien, voici ce que nous apprend la logique des faits.

A l'heure terrible du silence et des ténèbres, quand, sur un chevet brûlant, s'agite, exaspérée de déceptions, la tête d'un grand coupable qu'abandonne la fortune ; quand l'insomnie vengeresse, évoquant les spectres des victimes du patient, les lui montre couverts de linceuls sanglants, et leur fait prononcer d'une voix sépulcrale le jugement qui flétrit, au nom de l'éternelle justice, les crimes volontairement commis ; quand, s'éveillant en sursaut à la voix des trépassés, le patient, trempé de sueurs, frissonne, entend claquer ses dents, s'écrie, épouvanté : spectres de mes victimes, grâce ! grâce ! que voulez-vous? Sa tête, foudroyée par le remords, retombe, *écrasée* à son tour, sur le chevet fumant, théâtre d'une expiation exemplaire.

Ainsi, traduit à la barre de l'éternelle justice par sa propre conscience, M. Thiers s'y présenta, durant l'insomnie naturelle et traditionnelle qui précéda sa chute, entouré, comme un despote de l'extrême Orient, des ombres sanglantes de ses victimes.

Voilà ce que raconte et affirme la logique des faits.

Et la preuve que la logique des faits dit la vérité, c'est que, délivré des spectres de l'insomnie, M. Thiers est encore tellement ému de cette vision accablante que, venant plaider sa cause devant l'Assemblée, il débute par s'inscrire en faux contre cette vérité, dont il sent le poids peser sur sa tête.

Écoutons-le !

L'heure fatale a sonné : neuf heures du matin, 24 mai 1873.

Monsieur le président de la République monte à la tribune.

« L'Assemblée, dit-il, qui me fait l'honneur de m'é-
« couter, ne sera certainement pas étonnée de me voir à
« la tribune en ce moment. Si quelqu'un doit des expli-
« cations à l'Assemblée et au pays sur cette politique
« tant dénigrée hier, c'est moi assurément..., et s'il y a
« un coupable, — je le dis devant l'Assemblée et devant
« le pays, — c'est moi, et je ne crains pas de porter cette
« responsabilité devant vous, devant le pays qui nous
« écoute, devant l'Europe qui nous écoute aussi, et qui
« attache à nos affaires l'intérêt que l'on doit attacher à
« l'ordre général. Je suis donc le grand coupable ; je
« viens le déclarer et m'expliquer ici avec la *fierté d'une*
« *conscience honnête et la franchise d'un citoyen dévoué.* »

Deux ans auparavant, un autre grand coupable, l'homme de Sedan, avait dit à la France et à l'Europe : « *ma conscience est tranquille.* »

Eh bien, Monsieur Thiers, et Monsieur de Sedan, sachez, l'un et l'autre, que, sacrifier des existences humaines, dans l'intérêt de son ambition, c'est, aux yeux de l'éternelle justice, commettre un crime ; sachez, en outre, que le verdict de non culpabilité, que prononce, en pareil cas, une conscience pervertie, n'est pas une preuve juridique d'innocence, mais une banalité à l'usage de tous les criminels.

Conscience honnête et conscience tranquille ne sont donc qu'une fausse monnaie judiciaire, connue comme telle de tout temps, et no pouvant à aucun titre racheter des crimes connus de tout le monde.

Monsieur Thiers, donnez donc à la France, à l'Europe au monde civilisé, qui vous écoutent, des preuves d'innocence de meilleur aloi, si votre fertile esprit peut vous en fournir.

Or, pour en donner, il faudrait en avoir. Et bien, avouons-le, puisque M. Thiers n'en donne pas, c'est qu'il est dans la position de la plus jolie fille du monde. Tout le reste de son discours, qui a duré deux heures, ne fut donc que la répétition pure et simple de ses deux précédentes harangues. Seulement, dans la matinée du 24 mai, le thermomètre du fanfaron politique avait considérablement baissé, et touchait à l'inoffensive température de *ver à soie*. Aussi, les huissiers, en l'écoutant, se disaient-ils à l'oreille : Le pauvre homme file aujourd'hui son cocon. Mais, tout en filant son cocon, le pauvre homme trouve encore moyen, selon son habitude, de débiter de monstrueux paralogismes. C'est dans son rôle : n'opère-t-il pas un coup de ruse ? En conséquence, son langage est celui du père Sournois.

Ainsi, montrant la droite, il dit . « Vous êtes ici pour « la monarchie, et vous avez raison, et vous êtes dans « votre droit. Mais, si l'on est là — désignant la gauche « — pour la République, on a également raison et on est « aussi dans son droit. »

Or, par qui l'Assemblée, devant laquelle M. Thiers parle ainsi, a-t-elle été nommée ? Est-ce par un prince, au nom de la souveraineté monarchique, ou par le suffrage universel, au nom de la souveraineté du peuple ! Aucun doute n'étant possible à ce sujet, et l'une de ces souverainetés excluant l'autre virtuellement, il s'ensuit qu'un seul droit souverain existe dans l'Assemblée, et que ce droit est la souveraineté du peuple représentée par la République démocratique. Donc dire aux députés de la droite :

« Vous avez raison quand vous vous prononcez pour
« la monarchie, et vous êtes dans votre droit quand vous
« voulez la rétablir, » c'est ce que, à propos de la doctrine
des jésuites, Pascal a stigmatisé et flétri d'une expression restée célèbre : *mentiris impudentissime*. Inutile de
« la traduire : tout le monde sait ce que cela veut dire.

Dans une Assemblée nommée par un monarque, qui
oserait dire à la gauche : Quand vous vous prononcez
pour la souveraineté du peuple, vous avez raison, et
quand vous vous efforcez d'établir la République, vous
êtes dans votre droit ? Oui, nous le demandons à
M. Thiers, qui oserait tenir ce langage ? Assurément ce
ne serait pas lui. Cependant c'est lui qui le tient, lui, président de la République, dans une Assemblée nommée
par le peuple souverain.

Citoyens français, que pensez-vous d'un tel homme,
jouant, devant le monde civilisé, avec le droit souverain,
comme un jongleur avec la muscade ensorcelée ? Muscade par-ci ! Muscade par-là ! Muscade partout ! Le tour
est fait. Droit à droite ! droit à gauche ! droit des deux
côtés à la fois ! Le tour est encore fait : Rien n'est plus
facile : Ne suis-je pas, Messieurs, le premier *prestidigi-
tateur* du monde ? Il y a longtemps qu'on l'a dit !

Eh bien ! aujourd'hui, nous disons : en vérité, en vérité, pour enfanter de tels prodiges, il faut être quelque
chose d'extraordinaire, il faut être un *hermaphrodite
d'État;* c'est-à-dire Janus le matin, Protée le soir, Caméléon toujours.

Citoyens français, voilà l'individu.

Vous plaît-il pour maître ?

Dites donc oui ! puisque vous lui plaisez tant comme
sujets, et qu'il meurt d'envie de régner.

N'a-t-il pas, en effet, déclaré à la tribune nationale
« *avoir toutes les qualités d'un homme d'État digne de gou-*
« *verner sa nation?* »

Que voulez-vous de plus ?

Puisqu'il possède tout ce que vous pouvez désirer, hâtez-vous de l'acclamer dictateur à vie ; hâtez-vous ! car ceux dont le *Roi attend* la mort politique de l'hermaphrodite pour régner, s'apprêtent, les méchants, les ingrats qu'il a tant flattés, à lui faire un mauvais parti.

Le pauvre homme ! les huissiers avaient raison, il file son cocon. Mais en le filant, il répand sur la démocratie toute la bile monarchique qu'il a dans le sang.

Citoyens français, écoutez le « *grand coupable* ! » c'est l'histoire de France qu'il raconte.

« Tous les généraux de cette *noble* armée m'ont dit : « *notre épée est à vous,* c'est-à-dire au pays pour le « rétablissement de l'ordre. »

— Oui, dictateur, de l'ordre que voulait, par le même moyen, rétablir le traître Bazaine; de l'ordre « *dont répondait* » l'homme de Sedan. Eh bien, le monde civilisé connaît cet ordre-là, et n'en veut plus, au grand regret des tyrans.

« Aidé, — continue l'orateur, — de tous ces braves « gens dont j'ai pu apprécier le mérite et des cent cin- « quante mille hommes que nous avions réunis, nous « avons attaqué Paris. »

« On a parlé, — poursuivit l'orateur, — de négocia- « tions ! Moi, complaisant du radicalisme, sujet du radi- « calisme ! J'ai écouté ceux qui sont venus me dire : Ne « faites pas verser des torrents de sang, écoutez-nous ! « On peut transiger ; vous entrerez dans Paris, le gou- « vernement y siégera, mais l'armée n'y entrera pas. »

« J'ai été indigné de ces paroles : l'armée n'y entrera « pas ! C'est alors que j'ai dit : Vous parlez de torrents « de sang ! *mais l'armée c'est la France.* »

— L'armée de Bazaine, l'armée de l'homme de Sedan, l'armée impériale, c'est la France, dites-vous ? Eh bien ! que la France vous réponde par la bouche de tous les patriotes. Mais comment peut-elle répondre, ayant dans la bouche le sabre des généraux de cette armée ? M. Ernoul n'a-t-il pas dit au monde civilisé que la liberté n'existait plus sous la dictature de M. Thiers ? quand elle renaîtra la France parlera, la justice du peuple agira.

« Mais l'armée c'est la France ! — s'écrie M. Thiers, « — elle entrera dans Paris comme le gouvernement, « avant le gouvernement ; l'armée doit être partout, elle « y sera. J'ai donc bravé de cruelles extrémités. S'il y a « un homme à qui coûte l'effusion du sang, c'est moi, « j'ose le dire. »

L'histoire, qu'il connaît si bien, lui répond : tous les hommes qui ont, par ambition, répandu des torrents de sang comme vous, disaient aussi comme vous qu'ils étaient des agneaux ; et Napoléon Iᵉʳ, pour laver le sang qui couvrait tout son corps, répétait : « le crime n'est pas dans mes nerfs. » Ombres sanglantes d'un million de victimes, répondez à cet agneau.

Quand déguisé en Scipion l'Africain montant au Capitole, comme a dit M. Ernoul, le président de la République, dans le discours fanfaron, inaugurant la politique du Message, a déclaré « qu'il n'avait jamais reculé « devant l'emploi de la force, » a-t-il dit, pour justifier d'aussi abominables effusions de sang, dans quelle loi de la nature se trouvait le droit de tuer son prochain quand il vous gêne ?

Non, non, M. Thiers ne l'a point dit, et pour une excellente raison, c'est qu'aucune loi de la nature n'autorise un homme à tuer volontairement son semblable, pour quelque motif que ce soit. Si l'on veut trouver l'origine de l'emploi de la force armée contre des hommes vivant à l'état de société, il faut descendre dans les bas fonds de l'histoire, c'est là, au sein de la barbarie, parmi les immondices de l'humanité, que se trouve le *faux* droit ou plutôt le cruel abus de l'emploi de la force brutale comme moyen de gouvernement.

C'est donc là, au sein de la barbarie, parmi les immondices de l'humanité, que M. Thiers est allé chercher l'arme monarchique avec laquelle « sa conscience honnête » a fait couler, au profit de son ambition, des torrents de sang humain.

Citoyens français ! aucun de vous, je l'espère pour l'honneur de la France, n'entendra désormais sans rougir appeler « *ce grand coupable* » un grand patriote. Et quand vous entendrez cet homme ou ses disciples appeler « *détestables* » les évangéliques doctrines de la démocratie, répondez-leur fièrement : cela vaut toujours mieux que les féroces orgies de l'ancien régime !

Voici donc les dernières importantes déclarations faites à la tribune nationale par M. Thiers, en présence du monde civilisé : « J'ai bravé toutes les chances, toutes les extrémités de « cette guerre affreuse. » — Et de quel droit, pouvoir exécutif, faisiez-vous la guerre aux citoyens armés pour la défense de la patrie ? au nom de quelle loi agissiez-vous ? par l'ordre de qui veniez-vous, clandestinement, accomplir ce que la Prusse victorieuse s'était abstenue de faire ? en vertu de quel usage avez-vous commencé cette guerre sans déclaration de guerre ? en vertu de quel droit avez-vous attaqué en pleine paix des citoyens légalement armés, sans sommation préalable de déposer les armes ? Ah ! c'est que peut-être, dans « la conscience honnête du vieux routinier monarchique, » *assommer* vaut mieux que sommer. En tout cas, voulant, dans l'intérêt de son ambition, faire un coup d'éclat à la tête de l'armée impériale, c'est par assommer, clandestinement, qu'il fallait commencer : c'est l'usage, en fait de guet-apens. M. Thiers nous l'apprend lui-même ; voici ses propres paroles : « Moi complaisant du radicalisme, du « communisme ! J'ai ÉCRASÉ.... quand j'ose dire moi, ce

« sont les braves gens qui voulaient bien écouter ma
« voix, *nous avons ÉCRASÉ cette faction détestable, et nous*
« *l'avons ÉCRASÉE, j'espère, pour longtemps.* »

Voilà comment M. Thiers a horreur de l'effusion du
sang !

Ombres de vingt-cinq mille victimes, levez-vous ! et
protestez contre l'accusation du « grand coupable, » vous
qualifiant de « *faction détestable.* » Ce n'est pas ainsi
qu'il parlait des *héros de juillet,* qui le firent ministre de
Louis-Philippe. L'insurrection que M. Thiers, journaliste, prônait alors, s'appelait : *le plus saint des devoirs :*
autre temps, autre noms. Si quelqu'un eût dit à M. Thiers,
journaliste : l'armée du roi, c'est la France ! ce quelqu'un-là eût reçu le plus crâne démenti. Si un légitimiste eût affirmé devant lui, après la victoire du peuple,
qu'avec un peu d'énergie Charles X aurait « *écrasé la détestable faction libérale* » insurgée contre lui, M. Thiers,
comme un chat-tigre, lui eût sauté à la figure et arraché
les yeux.

Ainsi, comme tous les hommes sans principes, comme
tous les aventuriers politiques, M. Thiers ne connaît que
son intérêt, et n'a pas d'autre but que de faire prévaloir
cet intérêt privé sur l'intérêt public : voilà, de tout temps,
son patriotisme, parfaitement connu en Europe. C'est
cela qui lui a valu la confiance de M. de Bismarck.

Il suit de là que M. Thiers ayant voulu, pour son avantage personnel, faire un coup d'éclat, l'a fait sans consulter la France, mais d'accord avec la Prusse.

Il suit encore de là que M. Thiers, voulant s'approprier
tous les bénéfices du coup d'éclat, a entrepris un coup
de ruse contre la majorité royaliste de l'Assemblée, naguère sa complice. Il a rencontré, il est vrai, une résistance plus opiniâtre qu'il ne pensait. Aussi depuis six
mois, il intrigue et manœuvre pour la vaincre. Mais la
chance tourne contre lui; la fortune l'abandonne ; il se

trouble ; il chancelle : tombera-t-il ? ne tombera-t-il pas ? C'est ce que tout le monde se demande. On connaît son talent d'équilibriste ; on sait que sa confiance en lui-même est sans limites ; on le voit, parvenu au faîte de son édifice, cherchant à poser le couronnement, et tout le monde répète : tombera-t-il ou ne tombera-t-il pas ?

Hâtons-nous donc, avant l'écroulement de ce monument de ruse et de violence, de boue et de sang, de jeter un dernier regard sur son architecture byzantine.

Qui donc, aujourd'hui, oserait dire que sa conquête de Paris par l'armée impériale n'avait pas pour objet la restauration du pouvoir monarchique ?

Qui oserait nier que M. Thiers fût l'âme du complot ?

Qui oserait nier que lui seul fût coupable, dans l'Assemblée réunie à Bordeaux, d'organiser un coup de force ?

Qui oserait nier que c'est lui, lui seul, qui a pris l'initiative du désarmement clandestin de la garde nationale de Paris, sans y être autorisé par un vote de l'Assemblée ?

Qui oserait nier qu'il a cyniquement dupé les délégués des grandes villes, venus à Versailles pour sauvegarder les droits de la souveraineté du peuple ?

Qui oserait nier que toutes les conséquences désastreuses de la guerre, — non pas civile, comme on le dit à tort, puisque ce n'étaient pas citoyens combattant les uns contre les autres, mais une armée impériale lancée, la rage dans le cœur, contre une population paisible? Le vrai nom d'un tel crime, c'est massacre. L'histoire en offre des exemples; mais aucun massacre n'égale celui dont Paris fut victime, et dont M. Thiers est seul responsable.

Telles sont les premières assises de l'édifice dictatorial de M. Thiers, édifice que le parti légitimiste a qualifié publiquement de : « *grotesque empire.* »

Voyons le corps de bâtiment.

A la rentrée des vacances parlementaires, la majorité monarchique, dupée cyniquement par M. Thiers, était bien résolue, comme nous l'avons vu, à ne pas maintenir « le grand coupable » à la tête du pouvoir. Les vrais représentants de la démocratie n'étaient pas moins résolus à ne pas accorder à M. Thiers des institutions « *faites exprès pour lui.* »

Trouver le moyen parlementaire de passer entre ces deux résolutions énergiques, qui lui barraient le chemin, tel était donc l'objet du coup de ruse en voie d'exécution.

Or, ce moyen, M. Thiers espérait l'avoir trouvé dans la popularité que lui aurait créée la libération du territoire, popularité à l'aide de laquelle, aux prochaines élections générales, il aurait fait nommer les candidats *agréables.*

C'était donc pour faire réussir cette combinaison, toute personnelle, que M. Thiers avait imaginé le *truc* de la candidature Rémusat, patronnée par les maires de Paris, candidature qui eut, comme nous l'avons vu, un si triste sort. Ce triste sort fit mourir dans son germe le système des candidatures agréables, que M. Thiers se proposait de donner pour base électorale à sa dictature constitutionnelle.

Si, en effet, la candidature Rémusat avait réussi à Paris, M. Thiers eut dit à ses adversaires : Vous le voyez! je suis toujours l'homme de la situation, l'homme indispensable : Paris même le reconnaît. Si vous fermez les yeux devant l'évidence des faits ; si l'esprit de parti vous aveugle au point de rejeter les lois constitutionnelles, dont le Message a signalé la nécessité, eh bien ! vous m'obligerez de m'unir aux deux cents députés qui veulent la dissolution et d'en appeler au pays, en le faisant juge entre vous, qui faites obstacle à sa prospérité, et moi qui l'affranchis de l'occupation étrangère. Or, Messieurs de la droite, sachez-le bien, le vote de Paris, c'est le vote futur de la France. Donc, rendez hommage à ma capacité politique; votez les lois organiques que je demande; votez-les à une forte majorité pour donner satisfaction aux sentiments de gratitude de la France et une base solide au gouvernement réparateur de nos désastres; oui, votez ces lois nécessaires, sinon dissolution.

En cas de succès de son truc électoral, M. Thiers, à coup sûr, eût tenu ce langage dans l'Assemblée, et l'eût crânement opposé à la haine de ses ennemis. Les royalistes, altérés et confus, eussent, en silence, subi les exigences parlementaires du dictateur, pour échapper aux dangers de la dissolution. Tandis que, au contraire, le ballon d'essai, portant Césarion et sa fortune, ayant misérablement crevé dans les couches démocratiques de l'atmosphère électorale, si M. Thiers eût seulement fait allusion à la dissolution, les royalistes lui eussent bruyamment ri au nez, sachant que le « grand coupable » était le membre de l'Assemblée qui avait le plus à craindre de comparaître devant la souveraineté du peuple.

C'est donc, — il faut le reconnaître à la gloire de Paris, — c'est l'élection patriotique et démocratique de M. Barodet qui a porté à la honteuse dictature du « grand coupable » le coup mortel qui a fait, le 24 mai 1873, — le président de la République osciller sur son piédestal, en essayant, par un suprême effort, de poser le couronnement de cette construction, vicieuse, au point de vue de la justice, sous tous les rapports et dans toutes ses parties, comme ces geôles hideuses de la barbarie dans lesquelles le maître s'enivre en haut, tandis que les victimes croupissent sous terre, et qui n'offrent aux regards inquiets du voyageur que le spectacle de la tyrannie et des malheurs qu'elle engendre.

Aussi, avec quelle joie et quel entrain la démocratie parisienne, le 27 avait 1873, a sapé les fondements de cette Tour de Babel, où l'on parle toutes les langues politiques, édifiée par les plus mauvaises passions du cœur humain, d'après les plans politiques de la décadence byzantine et pour les seuls usages d'un corsaire politique.

Tel était donc le monument ténébreux, fait de sang et de boue, plein de surprises et de dangers, que la politique du Message avait pour but d'élever, aux dépens de la souveraineté nationale, à la gloire d'Adolphe Thiers ; et qu'un souffle du suffrage universel a fait écrouler sous les pieds de l'ambitieux architecte.

On dit que, pendant la catastrophe, un voix, celle de la souveraineté du peuple, fit entendre ces paroles :

Après l'Empire, assez de Bas-Empire !

La France ne descend pas, elle monte !

Tandis que ces paroles retentissaient dans les hautes régions de la politique nationale, voici la scène qui se passait dans les bas fonds de la politique personnelle.

M. le président de la République termina l'oraison funèbre de sa dictature par les paroles suivantes : « Je re- « mercie M. le duc de Broglie de ses sentiments compatis- « sants... qu'il me permette de lui rendre la pareille et de « lui dire que moi aussi je le plains. De majorité, il n'en « aura pas plus que nous ; mais il sera un protégé aussi, « je vais lui dire de qui, d'un protecteur que l'ancien duc « de Broglie aurait repoussé avec horreur : il sera le pro- « tégé de l'Empire. »

Voilà donc où mène la politique personnelle ! Auquel des deux M. Thiers ou M. de Broglie l'Assemblée va-t-elle donner la France ?

Après le discours de M. Thiers, une nouvelle séance fut demandée et votée.

A l'ouverture de cette séance, un Ministre monte à la tribune et veut parler. Personne n'écoute.

Le ministre descend de la tribune, M. Ernoul y monte.

Le silence se fait aussitôt, et M. Ernoul lit l'ordre du jour motivé qui suit :

« L'Assemblée nationale,

« Considérant que la forme du gouvernement n'est pas « en discussion ;

« Que l'Assemblée est saisie de lois constitutionnelles « présentées en vertu d'une de ses décisions et qu'elle « doit examiner ;

« Mais que, dès aujourd'hui, il importe de rassurer « le pays en faisant prévaloir dans le gouvernement une « politique résolûment conservatrice ;

« Regrette que les récentes modifications ministé- « rielles n'aient pas donné aux intérêts conservateurs la « satisfaction qu'ils avaient le droit d'attendre.

« Et passe à l'ordre du jour. »

L'ombre de la mort politique passe devant les yeux de M. Thiers. Hélas ! dit-il, je n'aurai donc pas le beau dada à deux têtes — Chambre haute et Chambre basse — sur lequel je comptais exécuter tous les exercices de voltige qui ont fait de moi le premier sauteur politique du monde ?

En effet, aussitôt la lecture de l'ordre du jour motivé terminée, la majorité monarchique demanda avec des cris passionnés la clôture de la discussion.

On vote, voici le résultat du scrutin :

Nombre des votants. 701
Majorité absolue. 353
Pour l'adoption. 360
Contre. 344

Ainsi, l'ordre du jour motivé, infligeant un blâme à la politique présidentielle est adopté à une majorité de seize voix. De ces seize voix quatorze appartiennent au fameux groupe Target, composé de *royalistes-républicains* espèce équivoque, engendrée par M. Thiers, et dont il meurt empoisonné. On l'emporte, expirant, à l'hospice de la Pénitence.

Sans cette exécution sommaire, due à l'initiative vengeresse des légitimistes, il aurait fallu, comme l'a dit M. Louis Blanc, une nouvelle révolution pour délivrer la France de la dictature de l'hermaphrodite d'État.

, C'est, en effet, à une révolution nouvelle que, sous la bannière de l'étiquette du sac, les députés du centre gauche, guidés par M. Thiers, auraient conduit la France en établissant un gouvernement *fait exprès* pour un être équivoque.

La chute parlementaire de M. Thiers a donc préservé la France d'une catastrophe.

Voici comment s'est terminée l'exécution politique du « grand coupable : » Après le vote de condamnation, une séance du soir fut demandée et accordée après quelques observations du centre gauche.

A huit heures la séance est ouverte.

M. Dufaure, garde des sceaux, monte à la tribune et dit : « Ainsi que j'ai eu l'honneur de vous l'annoncer à la « fin de votre dernière séance, nous nous sommes reti- « rés, mes collègues et moi, par devers M. le président « de la République. Nous lui avons donné nos démis- « sions. Il a bien voulu les accepter, et il m'a remis, en « même temps, le Message que je transmets à M. le « président de l'Assemblée. »

M. le président de l'Assemblée donne immédiatement lecture de ce Message, dont voici la teneur :

Versailles, le 24 mai 1873.

Monsieur le Président,

« J'ai l'honneur de remettre à l'Assemblée nationale

« ma démission des fonctions de président de la Répu-
« blique qu'elle m'avait conférées.

« Je n'ai pas besoin d'ajouter que le gouvernement
« remplira tous ses devoirs jusqu'à ce qu'il ait été régu-
« lièrement remplacé.

« Recevez l'assurance de ma haute considération.

                « *Signé :* A. THIERS,

             « *Membre de l'Assemblée nationale.* »

L'acceptation de la démission de M. Thiers est mise aux voix après quelques vives explications, et votée par 362 députés contre 331.

Après de nouvelles explications très animées, l'Assemblée décida qu'il serait immédiatement procédé à la nomination d'un nouveau président de la République.

Le dépouillement du scrutin donna le résultat suivant :

Nombre des votants.   392
Majorité absolue.   196
Suffrages exprimés.   . . 391
Bulletins blancs.   . . . 1

Pour le maréchal de Mac-Mahon 390.

En conséquence, M. le maréchal de Mac-Mahon fut proclamé président de la République française. (Bravos et applaudissements à droite et au centre droit.)

« Je pense, dit M. le président de l'Assemblée, Mes-
« sieurs, que vous jugerez convenable qu'une députation
« de notre bureau se rende auprès de M. le maréchal de
« Mac-Mahon pour lui faire part de la décision de l'As-
« semblée nationale. La séance ne serait levée que lors-
« que nous aurons reçu la réponse de M. le maréchal de
« Mac-Mahon. »

La séance est donc suspendue.

A minuit moins un quart elle est reprise.

M. le président de l'Assemblée se lève et dit : « Mes-

« sieurs, conformément aux ordres de l'Assemblée, une
« députation de son bureau, dont j'avais l'honneur de
« faire partie, s'est rendue auprès de M. le maréchal de
« Mac-Mahon et lui a fait part de la décision de l'Assem-
« blée.

« Je dois dire que pour vaincre la résistance, les ob-
« jections, les scrupules de l'illustre maréchal, nous avons
« dû faire un énergique appel à cet esprit de dévouement
« et de sacrifice au pays, dont le maréchal a déjà donné
« tant de preuves, et dont il donne aujourd'hui une preuve
« plus éclatante encore en acceptant les hautes, mais dif-
« ficiles fonctions que l'Assemblée lui confie. »

Ainsi finit la farce tragi-comique de l'*Etiquette du sac*,
à l'usage de M. Thiers.

La France sait ce que la mise en scène de cette farce
lui a coûté ; et M. Louis Blanc lui a dit le prix qu'elle en
aurait payé le succès, si le coup de ruse du dénouement
avait réussi.

Mais comme le coup de ruse n'a pas réussi, la farce
de l'Etiquette du sac est tombée dans le domaine de la
caricature, et fera un jour la fortune des théâtres forains,
sous le titre suivant :

Un hermaphrodite d'État à deux fins : Monsieur Paillasse, sauteur, ou Madame Equivoque, bonne à tout
faire, au choix.

Quand je pense que la France a failli se mettre au service de cette *auguste personne*, la rougeur me monte au
visage, et un douloureux serrement de cœur me fait sentir l'angoisse qu'aurait éprouvée la démocratie de voir la
république mutilée traîner le char triomphal de l'*écraseur*.

— Mais, me dira-t-on, l'extrême gauche a voté pour
M. Thiers.

C'est vrai, et j'ai exprès provoqué l'objection pour y
répondre. Il est nécessaire, pour n'en être pas troublé,

que tout citoyen connaisse la réponse à faire à cette objection ; la voici :

La situation des partis à l'Assemblée impliquait cette alternative : dictature constitutionnelle de M. Thiers ou restauration du trône de Henri V. Par conséquent, nécessité d'une révolution contre M. Thiers ou contre Henri V. Or, la nature se chargeait, à bref délai, de faire la révolution contre M. Thiers ; et dans le cas où la nation aurait trouvé que la nature tardait trop à agir, rien n'était plus facile, politiquement parlant, que d'agir à sa place. Il n'en était pas de même de la révolution contre Henri V, qui a vingt-quatre ans de moins que M. Thiers, et dont le trône héréditaire eût été entouré d'une nombreuse famille, très intéressée à le conserver, très capable de le défendre, et connaissant les bons ou plutôt les perfides moyens à employer pour réussir.

Entre deux maux inévitables, l'extrême gauche choisissait le moindre : c'était logique.

L'objection est donc sans valeur, et ne doit embarrasser personne.

Mais, ce qu'il est très important de savoir c'est que le pays n'étant pas l'Assemblée, il faut bien se garder d'y agir comme les patriotes ont agi à Versailles. Donc, que tout citoyen se rappelle et n'oublie jamais, que, par ambition, après Louis Bonaparte et Bazaine, M. Thiers est l'homme qui a le plus fait de mal à la France.

Quand donc un citoyen français entendra faire l'éloge de M. Thiers, qu'il montre, pour toute réponse, l'épitaphe du dictateur, ainsi conçue :

Ci-gît l'Ecraseur du peuple.

Et si l'on continue à faire l'éloge de M. Thiers, il faut, pour s'en rendre compte, se rappeler qu'il y a aussi en France des gens qui chantent les louanges de l'homme de Sedan.

Comme tous les goûts, tous les vices sont dans l'espèce humaine : la raison les extirpera. Toutes les vertus y sont aussi : la raison les développera. L'homme sorti de l'animalité, doit donc s'élever à la morale par le progrès continu, fondé sur le culte de l'éternelle justice. Ce culte la République démocratique l'établira, le maintiendra ; et jamais un autre culte ne prévaudra contre lui. La souveraineté du peuple, gardienne de la morale rationnelle, ne le permettrait pas. Et c'est pour que ces choses arrivent que la république démocratique, idéal des gouvernements, sera fondée.

Adveniat regnum tuum !

L'humanité attend le règne de ce vrai Messie : elle n'attendra pas en vain. La France porte ce fruit divin dans ses entrailles, et l'heure de l'enfantement approche.

Peuples de la vieille Europe, ouvrez vos cœurs à l'espérance, et quand la France aura donné le jour à la Raison incarnée, venez, comme les anciens mages, adorer l'idéal politique ; oui, venez ! car, où il naîtra, là sera le salut, c'est-à-dire la délivrance du joug immoral de la monarchie.

Peuples du monde entier, venez adorer la Raison incarnée, dès que la noble France l'aura politiquement enfantée.

Aucun dictateur ni aucun prince n'en est le père. C'est le génie de l'homme qui a fécondé la France. Le fruit de ses entrailles est donc le véritable Messie, promis par la nature à l'humanité :

Nubes pluant justum
Terra germinet salvatorem.

Peuples, venez adorer l'avénement du règne de la justice rationnelle, et jouir du bonheur de n'avoir plus de maîtres.

Tout homme est citoyen !

LIBERTÉ, ÉGALITÉ, FRATERNITÉ.

Telle est la Constitution sociale déjà promulguée par la France.

Elle suffit : il n'en faut pas d'autre.

Peuples, chargez-vous de la mettre à exécution, afin d'entrer en possession de *l'ordre moral de la nature*, dont vous êtes privés.

Achevons par un trait caractéristique le portrait des orléanistes, pour que la France les connaisse bien.

Par nature, l'orléanisme étant un entre-deux, va nécessairement tantôt à droite, tantôt à gauche, selon l'humeur de l'homme qui le mène ; mais toujours avec l'intention d'exploiter le parti auquel il offre ses services. Ainsi, quand c'est M. Thiers qui marche à la tête des orléanistes, c'est pour allécher, corrompre et tromper les républicains ; quand c'est l'esprit de M. Guizot qui dirige la conduite du juste-milieu, on joue le même tour aux légitimistes.

Or, puisque c'étaient les orléanistes du centre droit qui dirigeaient les opérations parlementaires contre M. Thiers une fois celui-ci vaincu, c'est à M. le duc de Broglie, successeur politique de M. Guizot, que revenait l'honneur de duper le parti légitimiste. Il s'est empressé de remplir cette mission.

Aussitôt nommé Président de la République, le Maréchal de Mac-Mahon se hâta de former son ministère, et donna à M. le duc de Broglie, pour récompense de sa victoire parlementaire, la vice-présidence du conseil des ministres.

Voilà donc le gouvernement reconstitué, selon la formule de l'orléanisme guizotin. Sa marche étant ainsi toute tracée, il se mit immédiatement à l'œuvre. Et comme avant de naître il s'était fait appeler : *gouvernement de combat*, aussitôt né, il commença donc sa vie politique par l'attaque en plein jour des républicains et en pleine nuit des légitimistes : ainsi agit l'orléanisme sous ses deux incarnations, Thiers et Guizot.

M. Ranc, député du Rhône, élu le 27 avril, fut traduit devant un conseil de guerre, pour avoir fait partie de la Commune de Paris au moment où elle fut légalement élue, et condamné, ledit Ranc. par défaut, à mort.

M. Melvil-Bloncourt, député de la Guadeloupe, dut quitter son siége à l'Assemblée et se sauver à l'étranger, pour n'avoir pas à comparaître devant un conseil de guerre, sous l'inculpation d'avoir exercé des fonctions publiques sous la Commune.

On peut, par ces deux faits, juger de quels sentiments était animée la majorité monarchique de l'Assemblée envers les républicains démocrates.

Usant aussi des prérogatives de l'état de siége, le gouvernement fit, successivement, main basse sur cent cinquante journaux républicains, et persécuta, sous toutes les formes administratives et martiales, les journaux républicains qu'il ne se croyait pas de force à supprimer arbitrairement.

Enfin, voulant porter à la République un coup décisif et mortel, le gouvernement de combat se fit donner par la majorité monarchique de l'Assemblée une loi, qui lui conférait le droit de nommer les maires et les adjoints de toutes les communes de France, jusqu'à la promulgation de la loi municipale organique. Or, il arriva que, n'ayant pas de personnel administratif à sa dévotion, l'orléanisme guizotin fut réduit à prendre les maires et adjoints dans le corps administratif impérial, si décrié sous tant de rapports, et particulièrement pour l'emploi, en fait d'élections, de boîtes à double fond, de chapeaux et même de soupières. Qu'importe ! pour un gouvernement de combat, tout ce monde-là vaut mieux que des républicains nommés par les conseils municipaux. D'ailleurs, disaient les orléanistes guizotins, les maires et adjoints de l'Empire étaient monarchistes ; cela nous suffit ; ils persécutaient à outrance les républicains, nous les chargerons de la même besogne. Ne faut-il pas avant tout empêcher le flot révolutionnaire de monter et de submerger les institutions monarchiques et cléricales, à l'aide desquelles, sous un maître quelconque, les conservateurs *écrasent* la démocratie et gouvernent. En conséquence, n'hésitons pas entre impérialistes et républicains, nous souvenant que nous-mêmes nous devinmes impérialistes, quand l'empereur voulut bien accepter nos services.

Il y aura, nous dit-on, de la résistance dans les conseils municipaux. Eh bien, cette résistance nous la briserons, en cassant tous les conseils qui témoigneront leur mécontentement et en les remplaçant, comme sous l'Empire, par des commissions ; rien n'est plus simple : une main ferme suffit. Cette main ferme nous l'avons ! La démocratie ne bougera donc pas. Nous nous moquons du reste.

Rassuré de ce côté, le gouvernement de combat porta ses regards sournois sur le parti légitimiste et se dit : Comment vais-je faire pour débarrasser la monarchie constitutionnelle que je veux, de la monarchie de la monarchie traditionnelle que je ne veux pas ?..., et pour une excellente raison, c'est que, ayant son personnel tout formé, selon le bon plaisir du roi, cette monarchie-là ne voudrait pas de moi pour premier ministre. Donc, à mon tour, je ne dois pas en vouloir : c'est logique. Avisons par conséquent au moyen de la rendre impossible. Du premier coup d'œil, je vois que rien n'est plus facile. En effet, la droiture, je puis même dire la candeur de M. le comte de Chambord est si grande, qu'il suffit de lui dire que, dans sa situation, il est nécessaire qu'il parle à la France, pour qu'aussitôt ce prince des temps passés formule des prétentions de l'époque de Hugues Capet. Évidemment, la France moderne, en entendant ce langage féodal, pouffera de rire. Alors nous, députés du centre droit, nous dirons, d'un air désolé : Monseigneur, vous voyez bien que l'esprit de cette nation est tellement gâté par les idées révolutionnaires qu'il est impossible que vous lui fassiez accepter vos vues, pleines de noblesse et de grandeur d'âme. Renoncez donc à la gouverner, et laissez cette pénible et ingrate besogne aux membres de la maison de France, que de bien cruels événements, hélas ! ont déjà mis en relation avec certaines habitudes d'esprit contractées par la nation, habitudes d'esprit qu'aucune puissance au monde ne pourra déraciner aujourd'hui. Le comte de Chambord, nous le savons bien, ne se rendra pas à nos raisons : il n'abdiquera point ; il ne renoncera pas non plus à aucune de ses prétentions féodales : il l'a déclaré nombre de fois à la face du monde. Eh bien, c'est à lui, et non à nos *princes*, que cette conduite portera préjudice ; puisqu'elle aura pour effet certain de mettre la monarchie traditionnelle hors de cause. Cela étant, tous les monarchistes, tous les conservateurs se rallieront sous la bannière de la monarchie constitutionnelle ; et c'est moi, duc de Broglie, qui aurai la gloire d'avoir restauré la seule royauté actuellement possible en France. Je le répète donc : j'ai d'excellentes raisons pour ne pas vouloir de l'ancien régime, et ces excellentes raisons, — qu'il est toujours bon de rappeler, — sont celles que notre illustre chef, M. Guizot a exposées à la tribune nationale, le 16 janvier 1844, à l'occasion d'une visite faite à M. le comte de Chambord par les notabilités de son parti, au nombre desquelles se trouvaient cinq députés, ayant à leur tête l'illustre Berryer.

« Je vais vous dire, — s'écria M. Guizot, — quel est le

« principe en vertu duquel on a parlé et agi à Belgrave-
« Square; et quel est le drapeau qu'on a élevé contre le
« nôtre.

« On a parlé et agi au nom d'un droit qui se prétend
« supérieur à tous les droits; au nom d'un droit qui
« prétend demeurer entier, imprescriptible, inviolable,
« quand tous les autres droits sont violés; au nom d'un
« pouvoir qui n'accepte aucune limite, aucun contrôle
« complet et définitif; au nom d'un pouvoir qui ne peut
« pas se perdre lui-même, quelque insensé, quelque
« incapable qu'il soit; de qui les peuples, quoi qu'il fasse,
« doivent tout supporter.

« C'est là ce qu'on appelle la légitimité.

« Voilà le principe de Belgrave-Square, voilà le dra-
« peau qu'on a opposé à notre drapeau.

« Cette légitimité dont vous vous prévalez, que vous
« invoquez, ce droit supérieur à tous les droits, ce pou-
« voir qui ne peut pas se perdre lui-même, de qui les
« peuples doivent tout supporter..... ah ! je tiens ces
« maximes-là pour absurdes, *honteuses*, DÉGRADANTES
« pour l'humanité !

« ... Il y a, Messieurs, il y a des destinées écrites ; il
« il y a des incapacités fatales, dont aucun médecin ne
« peut relever ni une *race* ni un *gouvernement*.

« Voilà le vrai, à mon sens, sur les dispositions du
« pays à cet égard, sur le jugement qu'il en porte. Il en
« est offensé et point inquiet. Il ne se fait aucune illu-
« sion sur vos desseins, il a pleine confiance dans votre
« impuissance. »

Ces paroles éloquentes, d'une vérité saisissante, d'une
logique accablante, que nos pères ont acceptées et votées
avec enthousiasme, sont gravées sur l'airain de l'histoire; elles sont ineffaçables et font partie intégrante de
la science politique moderne; elles sont, en outre, l'expression de la pensée de l'immense majorité des Français.

Eh bien! est-ce à nous, orléanistes du centre droit, à renier les doctrines qui ont fait la gloire de nos pères? Est-ce à nous à crier aujourd'hui : vive le droit divin! et à offrir à ceux, que l'éloquence de M. Guizot a publiquement flétris, nos épaules pour escalader le pouvoir et y introniser ce qui est absurde, honteux, dégradant? Non! non, jamais!

Par conséquent, ou M. le comte de Chambord acceptera la monarchie constitutionnelle et le personnel gouvernemental qui la représente, ou il restera à l'étranger, à la tête de l'ancien régime dont il ne veut pas se séparer. Sa situation politique est donc parfaitement claire. La nôtre, au fond, ne l'est pas moins; mais nous avons, pour la forme, des ménagements à garder envers nos chers alliés les légitimistes. C'est donc de ce côté-là que doit se porter toute mon attention.

En premier lieu, il est facile de voir que les légitimistes à illusion, les vieux *incorrigibles*, vont se croire en mesure de restaurer immédiatement le trône de leur roi, et se mettront à l'œuvre pour frayer les voies par lesquelles doit venir l'Enfant du miracle.

Mais quelles seront ces voies?

C'est là que le centre droit attend de pied ferme l'escadron des chevau-légers. Voltigez, mes beaux Messieurs, voltigez sur les ailes de l'Assemblée; mais sachez bien que les clefs de toutes les voies étant dans les mains du centre droit, vous ne pouvez passer qu'avec son consentement, et qu'elle ne le donnera qu'à bon escient.

En second lieu, se montre le corps d'armée du parti légitimiste; ce corps d'armée est composé d'hommes dans l'intelligence desquels apparaît, à certains moments, comme une vague lueur, l'aurore du monde moderne. Ces personnes-là comprennent qu'il faut, dans une certaine mesure, bien petite il est vrai, faire quelques concessions aux idées du jour. Elles tâcheront, respectueusement, de le faire comprendre à M. le comte de Chambord; mais elles n'osent l'espérer, connaissant fort bien à quel point ce prince, imbu des opinions cléricales, tient aux prérogatives féodales de sa couronne *in partibus*.

En résumé, la monarchie constitutionnelle, objet de mes vœux et de mes efforts, n'a donc rien à craindre du parti légitimiste. Je laisserai par conséquent les chevau-légers seller bruyamment leurs montures, bien certain qu'ils n'auront jamais l'occasion de les enfourcher pour escorter leur roi, à son entrée triomphale dans Paris. Je laisserai de même les légitimistes conciliants aller implorer la clémence du droit divin en faveur d'une France révolutionnaire, qui a plus besoin de pitié que de rigueur, parce que je suis également certain que le comte de Chambord ne cédera pas à leurs supplications.

Ainsi, d'une part, — s'est dit M. de Broglie, — je n'ai rien à craindre des républicains écrasés et désarmés par M. Thiers, serrés de près et gardés à vue par la police et la gendarmerie, pouvant au besoin demander contre eux main-forte à l'armée; et, d'autre part, ne croyant pas les chevau-légers de force à faire la conquête de la France, ni le comte de Chambord un prince disposé à renoncer aux prérogatives du droit divin, je conclus que ma position est bonne, et que je puis, en toute sécurité, m'occuper uniquement des lois organiques à l'aide desquelles je pourrai restaurer légalement la monarchie constitutionnelle.

Tel était donc le bilan politique de la France, fixé par M. de Broglie, quand le gouvernement de combat prit possession du pouvoir.

Ce qui avait été logiquement prévu, arriva. Les gardes du corps firent, avec fracas, seller leurs chevaux, pour être prêts à l'heure du miracle, et ne pas faire attendre le roi. Les modérés se réunirent pour se concerter sur les mesures à prendre à l'effet de fléchir le roi, et d'obtenir de lui l'abandon de quelques-unes des prérogatives du droit divin.

Les chevau-légers, siégeant à l'extrême droite, étaient tellement persuadés que le miracle du retour du roi allait s'accomplir que le cheval ayant nom : Adonis, que devait monter Henri V, à son entrée dans Paris, avait été déjà acheté, et qu'on le dressait avec zèle, dans un manége allemand, à remplir avec distinction sa haute mission. Bien plus, on disait, dans tous les nobles salons, que les voitures du sacre étaient commandées.

Impossible d'être plus naïf que cela. Aussi M. de Broglie riait-il de bon cœur, en petit comité, de ces puérils préparatifs, qui lui laissaient tout le loisir voulu pour s'occuper exclusivement de l'affaire de ses chers princes.

Aussi, avec quelle satisfaction M. de Broglie disait aux sisyphes foudroyés par l'éloquence de M. Guizot : Allons, Messieurs, courage! vous réussirez. Il suffit d'un bon coup, donné à propos, pour replacer M. le comte de Chambord sur le trône de ses pères; ce bon coup, vous êtes de force à le donner, et vous le donnerez. Cela fait, nous sommes à votre disposition.

— Nous sommes prêts à monter à cheval, répondaient les gardes du corps; nous n'attendons que les ordres du roi.... et le miracle promis à notre foi.

— Très-bien, Messieurs, répliquait le duc de Broglie, attendez! l'heure du miracle approche et sonnera bientôt pour le bonheur de la France : nous l'attendons aussi. Et, parlant à lui-même, M. de Broglie ajoutait : pauvres sisyphes, l'heure de la raison, la seule possible, ne sonnera donc jamais pour vous!

Pendant que l'on gouvernait ainsi la France au profit des orléanistes doctrinaires du centre droit, les chefs du groupe des légitimistes modérés se rendaient auprès du comte de Chambord pour le prier et le supplier de n'être pas inflexible sur le choix du drapeau et l'acceptation d'une charte fixant les droits de la couronne et ceux de la nation.

A cette supplique de ses fidèles sujets, le comte de Chambord répondit par la lettre suivante, adressée à l'un des chefs de la droite modérée, venus à Salzbourg pour essayer de fléchir le droit divin :

Salzbourg, 27 octobre 1873.

« J'ai conservé, Monsieur, de votre visite à Salzbourg un si bon souvenir, j'ai conçu pour votre noble caractère une si profonde estime, que je n'hésite pas à m'adresser loyalement à vous, comme vous êtes venu vous-même loyalement vers moi.

« Vous m'avez entretenu, durant de longues heures, des destinées de notre chère et bien-aimée patrie, et je sais qu'au retour vous avez prononcé, au milieu de vos collègues, des paroles qui vous vaudront mon éternelle reconnaissance. Je vous remercie d'avoir si bien compris les angoisses de mon âme, et de n'avoir rien caché de l'inébranlable fermeté de mes résolutions.

« Aussi ne me suis-je point ému quand l'opinion publique, emportée par un courant que je déplore, a prétendu que je consentais enfin à devenir le Roi légitime de la Révolution. J'avais, pour garant, le témoignage d'un homme de cœur, et j'étais résolu à garder le silence, tant qu'on ne me forcerait pas à faire appel à votre loyauté.

« Mais puisque, malgré vos efforts, les malentendus s'accumulent, cherchant à rendre obscure ma politique à ciel ouvert, je dois toute la vérité à ce pays dont je puis être méconnu, mais qui rend hommage à ma sincérité, parce qu'il sait que je ne l'ai jamais trompé et que je ne le tromperai jamais.

« On me demande aujourd'hui le sacrifice de mon honneur. Que puis-je répondre? Sinon que je ne rétracte rien, que je ne retranche rien de mes précédentes déclarations. Les prétentions de la veille me donnent la mesure des exigences du lendemain, et je ne puis consentir à inaugurer un règne réparateur et fort par un acte de faiblesse.

« Il est de mode, vous le savez, d'opposer à la fermeté d'Henri V l'habileté d'Henri IV.

« La *violente* amour que je porte à mes sujets, disait-il souvent, me rend tout possible et honorable.

« Je prétends, sur ce point, ne lui céder en rien, mais je voudrais bien savoir quelle leçon se fût attirée l'imprudent assez osé pour lui persuader de renier l'étendard d'Arques et d'Ivry.

« Vous appartenez, Monsieur, à la province qui l'a vu naître, et vous serez, comme moi, d'avis qu'il eût promptement désarmé son interlocuteur, en lui disant avec sa verve béarnaise : Mon ami, prenez mon drapeau blanc, il vous conduira toujours au chemin de l'honneur et de la victoire,

« On m'accuse de ne pas tenir en assez haute estime la valeur de nos soldats, et cela au moment où je n'aspire qu'à leur confier tout ce que j'ai de plus cher. On oublie donc que l'honneur est le patrimoine commun à la maison de Bourbon et de l'armée française, et que, sur ce terrain-là, on ne peut manquer de s'entendre !

« Non, je ne méconnais aucune des gloires de ma patrie, et Dieu seul, au fond de mon exil, a vu couler mes larmes de reconnaissance toutes les fois que, dans la bonne ou dans la mauvaise fortune, les enfants de la France se sont montrés dignes d'elle.

« Mais nous avons ensemble une grande œuvre à accomplir. Je suis prêt, tout prêt à l'entreprendre quand on le voudra, dès demain, dès ce soir, dès ce moment. C'est pourquoi je veux rester tout entier ce que je suis. Amoindri aujourd'hui, je serais impuissant demain.

« Il ne s'agit de rien moins que de reconstituer sur ces bases naturelles une société profondément troublée, d'assurer avec énergie le règne de la loi, de faire renaître la prospérité au dedans, contracter au dehors des alliances durables, et surtout de ne pas craindre d'employer la force au service de l'ordre et de la justice.

« On parle de conditions: m'en a-t-il posé, ce jeune prince, dont j'ai ressenti avec tant de bonheur la loyale étreinte, et qui, n'écoutant que son patriotisme, venait spontanément à moi, m'apportant au nom de tous les siens des assurances de paix, de dévouement et de réconciliation?

« On veut des garanties; en a-t-on demandé à ce Bayard des temps modernes dans cette nuit mémorable du 24 mai, où l'on imposait à sa modestie la glorieuse mission de calmer son pays par une de ces paroles d'honnête homme et de soldat, qui rassurent les bons et font trembler les méchants?

« Je n'ai pas, c'est vrai, porté comme lui l'épée de la France sur vingt champs de bataille, mais j'ai conservé intact, pendant quarante-trois ans, le dépôt sacré de nos traditions et de nos libertés. J'ai donc le droit de compter sur la même confiance et je dois inspirer la même sécurité.

« Ma personne n'est rien; mon principe est tout. La France verra la fin de ses épreuves quand elle voudra le comprendre. Je suis le pilote nécessaire, le seul capable de conduire le navire au port, parce que j'ai mission et autorité pour cela.

« Vous pouvez beaucoup, Monsieur, pour dissiper les malentendus et arrêter les défaillances à l'heure de la lutte. Vos consolantes paroles, en quittant Salzbourg, sont sans cesse présentes à ma pensée : la France ne peut pas périr, car le Christ aime encore ses Francs, et lorsque Dieu a résolu de sauver un peuple, il veille à ce que le sceptre de la justice ne soit remis qu'en des mains assez fermes pour le porter.

« HENRI. »

Aussitôt que cette lettre du comte de Chambord fut connue, toutes les cloches de la publicité, excepté celles de la chapelle du roi, sonnèrent le glas funèbre de la monarchie traditionnelle.

La France apprit ainsi que le squelette de l'ancien régime, galvanisé par de fidèles sujets, était tombé en poussière en sortant de sa châsse.

Déception générale à la droite de l'Assemblée. Tout est fini, disait-on. Plus même de squelette!

— Eh bien! pleurons-le! pleurons-le! répétait M. de Broglie, et qu'il n'en soit plus question. Nous avons de quoi le remplacer avantageusement. Et comme j'avais prévu ce qui est arrivé, à défaut de la monarchie traditionnelle, qui ne veut point se conformer aux besoins intellectuels et moraux du monde moderne, j'ai fait ce que la politique monarchique prescrivait de faire; et ce que la politique monarchique prescrivait de faire, c'était de trouver le moyen d'empêcher la dissolution de l'Assemblée. Eh bien, ce moyen, je l'ai trouvé. Il nous permettra d'ourdir à notre aise la trame des nouvelles destinées que nous voulons offrir à la France, sous la garantie d'une royauté constitutionnelle, seule acceptable aujourd'hui.

Ah! merci! merci! s'écrièrent d'une voix unanime tous les légitimistes, que l'apparition soudaine de la dissolution de l'Assemblée avait glacés de terreur; vous nous sauvez, Monsieur le duc; nous sommes prêts à voter sans réserves la proposition que vous soumettrez à l'Assemblée.

— Cette proposition, Messieurs, fit le duc de Broglie, est bien simple et je suis bien certain que vous l'approuverez tous, puisqu'elle consiste à mettre tout le parti mo-

narchique, formant la majorité du 24 mai, sous la protection de l'illustre épée du Maréchal de Mac-Mahon.

— Bravo ! bravo ! s'écrièrent tous les légitimistes. La
dissolution de l'Assemblée allait mettre à mort la monarchie : vous la sauvez !

— Oui, reprit M. de Broglie, je la sauverai ; mais à
une condition indispensable, c'est que, Messieurs de
l'extrême droite, vous serez d'une prudence exemplaire :
car nos adversaires sont habiles et forts ; la moindre faute
nous perdrait ; songez-y bien ! et pénétrez-vous de la
nécessité où nous sommes d'agir avec les plus grands
ménagements : tous les yeux de la République sont ouverts sur nous ! Eh bien, échappons à leur clairvoyance
par notre habileté.

Après la déconfiture parlementaire de la monarchie
traditionnelle, déconfiture que M. le comte de Chambord,
venu à Versailles pour être à portée des événements miraculeux, demandés par tant de prières, et qu'il s'attendait à voir s'accomplir en sa faveur, étant aussi sincère
dans sa foi que dans sa politique, après, dis-je, la déconfiture parlementaire de la monarchie traditionnelle, le
Rappel publia l'article suivant, où se trouvent de si précieuses révélations touchant la conduite hypocrite du
parti légitimiste à l'égard de la République, que leurs ridicules intrigues et leurs nombreux pèlerinages n'avaient
pu renverser, ni même ébranler.

Voici donc ce curieux article :

Une revue intitulée le *Correspondant* et inspirée par
M. de Falloux explique, avec plus de naïveté qu'on n'en
aurait espéré de ces « politiques » de la monarchie, dans
quel esprit et avec quelle arrière-pensée une certaine
partie des royalistes accepterait la République.

« Un homme d'État illustre, qui a voué à la monarchie
sa foi et sa vie », et dans lequel on est prié de reconnaître M. de Falloux, disait « le regard triste et fixé sur la

réalité » devant un rédacteur du *Correspondant* des paroles dont il n'est pas inutile d'extraire les suivantes :

« Agissez avec la fatalité comme vous pouvez, *en attendant une plus heureuse fortune*. Faute de l'impossible, ne rejetez pas le possible : *usez-en;* je veux dire en employant vos forces, en rendant des services, *en gardant votre influence.*

« Cette République, *gouvernez-la :* tant que vous l'administrerez, on ne la croira pas si républicaine.

« Ne jouez pas sur un mot le sort de la société et celui de notre patrie. Le nom de la République vous déplaît justement et certes il vous effraye à bon droit; mais dans la nécessité du jour, vous, conservateurs, *prenez la chose, faites la bien vôtre*, et pensez moins au nom.

« Je m'explique : *Créez sous ce nom une Monarchie constitutionnelle, établissez sous son enseigne une Monarchie provisoire, donnez-lui les lois principales d'une Monarchie, et il ne vous restera guère, si la France et Dieu cèdent un jour à vos souhaits, que le changement d'un mot à opérer :* vous n'aurez pas mal dépensé vos peines. Songez-y: vous pouvez, *sans abdiquer vos préférences*, sans sacrifier vos vœux, *tourner au bénéfice* de ce malheureux pays, qui a son armée et sa richesse publique à refaire, la continuation d'un nom que vous supportez depuis trois ans. »

En citant le discours dont nous reproduisons ce passage, l'*Union* le fait suivre de ces réflexions :

« Le public honnête, qui n'avait rien compris aux revirements qui se sont faits dans les fractions du parti qu'on appelle encore par habitude *conservateur*, n'a plus à présent de doute possible, ce qu'on propose, disons le mot, et le public l'a dit avant nous, *c'est une supercherie*, à savoir une hypothèse de République, au service d'une école de politiques à qui la République n'est pas moins indifférente que la monarchie, et à qui tout régime est égal, pourvu qu'elle y soit maîtresse.

« Ainsi les mots ne sont rien. Prenez la République !
dit l'oracle ; République veut dire Monarchie ; la grande
affaire, c'est de la gouverner.

« Arrêtons-nous, tout est là pour nous. C'est à la République des républicains à dire le reste. »

Il ne reste à la République des républicains plus rien à
dire. L'*Union* a dit tout en disant que « ce qu'on propose
est une supercherie. »

Ainsi, le journal l'*Union*, organe de la politique personnelle de M. le comte de Chambord, répudiait formellement toute connivence, toute solidarité avec la
politique byzantine de M. le duc de Broglie, ayant pour
objet, d'abord, de conserver le pouvoir dont il était en
possession ; ayant pour but, ensuite, de faire voter des
lois constitutionnelles, au moyen desquelles on puisse
un beau jour mettre le stathoudérat de M. le duc d'Aumale à la place de la République, confiée à la garde du
maréchal de Mac-Mahon, dont les pouvoirs seraient
prorogés pour donner le temps aux orléanistes guizotins,
dont il était, lui, duc de Broglie, le chef parlementaire,
le temps de préparer et d'opérer, avec toutes les précautions voulues, le coup de ruse, dont la téméraire
entreprise avait coûté la vie politique à M. Thiers. Oui,
l'*Union* répudiait carrément la politique à surprises de
M. le duc de Broglie.

En effet, qu'importait au comte de Chambord le stathoudérat du duc d'Aumale ? même avec la perspective
du rétablissement de la monarchie constitutionnelle qui
avait usurpé perfidement son trône, et avait tenu sa
royale personne en exil pendant vingt ans, et la tiendrait
encore si la révolution du mépris n'avait envoyé, à son
tour, Louis-Philippe se promener hors de France.

Ce que le comte de Chambord voulait, c'est que le
trône de ses pères, démoli par la Révolution, lui fut
intégralement restitué par un vote réparateur de l'As-

semblée, agissant au nom de la nation *repentie*. Ce miracle, M. le comte de Chambord l'attendait en ce moment, et l'attend toujours, avec pleine confiance en la justice divine. Quand donc un obstacle retarde l'avénement du prodige, le comte de Chambord voit dans cet obstacle la griffe du démon et maudit l'obstacle.

En conséquence, on comprend à merveille pourquoi l'organe de la politique personnelle du comte de Chambord traite avec mépris, lui, qui ne connaît que les moyens surnaturels, les expédients véreux de l'orléanisme doctrinaire. Nous verrons plus tard l'énergique protestation de l'*Union*, promulguée aujourd'hui sous forme de boutade, produire de grands effets sur la politique de l'Assemblée.

Ainsi, maître de la situation politique par la retraite précipitée de la monarchie traditionnelle devant la réprobation de la France, M. le duc de Broglie se mit à l'œuvre pour reconstruire la monarchie constitutionnelle, objet des vœux de tous les orléanistes, et de M. Thiers lui-même, avant d'être dictateur. Or, pour fonder la monarchie constitutionnelle sous la République, nous avons vu, par l'article du journal clérical le *Correspondant*, comment il fallait procéder : c'était, tout simplement par voie de « *supercherie*. » M. le duc de Broglie se mit donc à user de supercherie à l'égard de tout le monde.

En conséquence, pour enterrer la question de dissolution et l'empêcher de paraître à la tribune, au nom de la nation, le jour même de la rentrée des vacances, de ces fameuses vacances si vainement employées à restaurer l'ancien régime, il fut convenu que, dès le début de la séance d'ouverture, le général Changarnier, membre du centre droit, d'accord avec le gouvernement, porterait à la tribune la motion d'une prorogation de dix ans des pouvoirs du maréchal de Mac-Mahon.

Cette motion fut renvoyée à une commission, qui réduisit la durée de dix ans à celle de sept ans, que l'Assemblée accepta et vota.

A présent que j'ai mon septennat, — c'est dit M. de Broglie, — avisons aux moyens d'avoir mon stathoudérat.

Pauvre France ! c'est sur la tête sanglante, qu'après M. Thiers, M. de Broglie construit l'édifice politique qui convient le mieux à ses intérêts personnels et à ceux des orléanistes guizotins.

Eh bien ! pauvre France, remercie M. Thiers, c'est l'auteur de ton écrasement.

En conséquence, M. le duc de Broglie est aujourd'hui à la recherche des moyens parlementaires à l'aide desquels il puisse instituer le stathoudérat, au profit de l'un des princes d'Orléans, du duc d'Aumale, dit-on.

Les fortes têtes du parti consultées, on tomba d'accord sur ce point essentiel : c'est qu'il fallait attribuer au président de la seconde Chambre le droit constitutionnel de remplacer le Président de la République, en cas de démission ou de mort. De cette manière, en faisant arriver le prince *favori* à la présidence de la seconde Chambre, on était sûr qu'il deviendrait prochainement, par un moyen légal, Président de la République, et bientôt après stathouder ou même, comme son père, roi des Français, tout simplement par un vote parlementaire.

Comme on le voit, c'était bien combiné. Les meneurs du centre droit résolurent donc de mettre à exécution ce plan de campagne politique, dont le succès leur paraissait certain.

Mais pour cela il fallait deux choses importantes : d'abord, que la présidence de la République fut une fonction légalement constituée, survivant au titulaire, et non une fonction provisoire, inhérente à la personne, et s'éteignant avec elle ; il fallait ensuite, en cas de démission ou de mort du Maréchal de Mac-Mahon, donner comme il a été dit, au président de la seconde Chambre, le droit de devenir Président de la République, sans remplir aucune formalité. Or, ces deux choses importantes ne pouvaient s'obtenir de l'Assemblée sans le concours des légitimistes. M. de Broglie leur donna donc connaissance des projets du gouvernement.

Alors l'extrême droite jeta les hauts cris : en votant, dirent les chefs, la prorogation des pouvoirs du maréchal de Mac-Mahon, nous n'avons pas voulu voter une institution, mais seulement confier une mission provisoire à l'honneur d'un illustre soldat, « persuadés que si le roi « se présentait pour monter sur son trône, le maréchal « ne le ferait pas attendre à la porte du septennat. » Voilà ce que nous avons voté, et pas autre chose; c'est évident. Pouvions-nous, en effet, porter atteinte aux droits du roi ? Non, mille fois non ! Donc nous n'avons pas voté l'institution qu'il vous plaît de nommer : le septennat.

Cette résistance véhémente des chefs de l'extrême droite émut vivement le duc de Broglie, et fit naître naturellement dans son esprit ce doute : est-ce que le groupe des chevau-légers déserterait ma bannière?

« Apprenez, — lui dit l'*Union*, organe du comte de « Chambord, — apprenez que ce n'est pas au roi à attendre « à la porte du septennat; mais au septennat à attendre « à la porte de l'Assemblée. » Diable ! se dit alors le duc de Broglie, comme les chevau-légers prennent le mors aux dents ! Mais, bah ! c'est la tête seule qui s'emporte; le reste du corps est trop alourdi par la peur de la dissolution pour faire un tel écart. Ne craignons donc rien. Cette ardeur toute juvénile est un feu de paille : ça pétille vivement, mais s'éteint vite. Donc, excepté les chefs, l'extrême droite votera avec nous, et, en présence de la mort politique, lâchera son roi, comme on dit en style des couloirs.

Mais le comte de Chambord, qui, lui, se moquait de la dissolution d'une Assemblée dont il n'avait pu obtenir la restauration de son trône, prit résolûment la voix inflexible du droit divin et dit à ses preux : Messieurs, pas de faiblesse ! la monarchie traditionnelle ou pas de monarchie.

En conséquence, un des chefs de l'extrême droite, ambassadeur à Londres, dit à M. de Broglie, en présence de la commission chargée d'examiner les projets de lois organiques présentés par le gouvernement : « Nous avons été trompés. » A quoi M. de Broglie répondit : « N'ont été trompés que ceux qui ont voulu l'être. »

Le comte de Chambord, soufflant sur le feu, l'incendie s'étendit de la tête de l'extrême droite au reste du corps. A cette vue, le duc de Broglie ressentit un douloureux frisson. La situation est bien tendue, s'écria-t-il. Pour lui, en effet, le danger était grand ; et les paroles prophétiques de M. Thiers : « de majorité vous n'en aurez pas plus que moi, » tintaient mortellement à son oreille.

Quand donc les projets « de supercherie » de M. de Broglie parurent, sous le nom de lois constitutionnelles, l'accueil glacial que leur fit l'extrême droite fut le signal du triste sort qui les attendait.

En effet, le 16 mai 1874, un an, moins huit jours, après la chute de M. Thiers cherchant, par un coup de ruse, à escamoter légalement la France, et à en faire son dada, M. le duc de Broglie, opérant le même mouvement, par voie de supercherie, tombait à son tour, renversé par quarante-deux voix de majorité.

Donc, essayer d'escamoter la France au profit de quelqu'un ne porte pas bonheur aux bateleurs politiques.

Après cette dislocation de son ministère, le maréchal de Mac-Mahon voulut en construire un autre avec les mêmes éléments parlementaires ; mais il ne put y réussir. M. de Goulard, que le président de la République avait chargé de cette mission impossible, dut y renoncer, après de vaines tentatives.

Alors le maréchal de Mac-Mahon, au lieu de prendre, selon l'usage des gouvernements parlementaires, un ministère dans la majorité qui avait renversé M. de Broglie, nomma le général de Cissey vice-président du conseil des ministres et maintint en fonction les autres ministres.

Pour dissimuler le vice d'organisations de ce ministère extra-parlementaire, ou l'appela : *ministère des affaires.* En plusieurs occasions le principal orateur du gouvernement, M. de Fourtou, eut la majorité des voix de l'Assemblée.... contre lui; il n'en conserva pas moins son portefeuille, et, en sa qualité de ministre de l'intérieur, fit une large application, en faveur du parti bonapartiste, de la loi qui mettait la nomination des maires et des adjoints à la disposition du gouvernement.

Sur ces entrefaites, les légitimistes partisans de la méthode de supercherie, et préférant une monarchie quelconque à la République, tentèrent de nouveaux efforts pour amener le comte de Chambord à penser comme eux et à pactiser avec les idées modernes et les faits accomplis.

A cette nouvelle tentative, le comte de Chambord répondit par le Manifeste suivant :

« FRANÇAIS,

« Vous avez demandé le salut de notre Patrie à des solutions temporaires, et vous semblez à la veille de vous jeter dans de nouveaux hasards.

« Chacune des Révolutions survenues depuis quatre-vingts ans a été une démonstration éclatante du tempérament monarchique du pays.

« La France a besoin de la Royauté. Ma naissance m'a fait votre Roi.

« Je manquerais au plus sacré de mes devoirs, si, à ce moment solennel, je ne tentais un suprême effort pour renverser la barrière de préjugés qui me sépare encore de vous.

« Je connais toutes les accusations portées contre ma politique, contre mon attitude, mes paroles et mes actes.

« Il n'est pas jusqu'à mon silence qui ne serve de prétexte à d'incessantes récriminations. Si je l'ai gardé depuis de longs mois, c'est que je ne voulais pas rendre plus difficile la mission de l'illustre soldat dont l'épée vous protége.

« Mais, aujourd'hui, en présence de tant d'erreurs accumulées, de tant de mensonges répandus, de tant d'honnêtes gens trompés, le silence n'est plus permis. L'honneur m'impose une énergique protestation.

« En déclarant au mois dernier, que j'étais prêt à renouer avec vous la chaîne de nos destinées, à relever l'édifice ébranlé de notre grandeur nationale, avec le concours de tous les dévouements sincères, sans distinction de rang, ou de parti ;

« En affirmant que je ne rétractais rien des déclarations sans cesse renouvelées depuis trente ans, dans les documents officiels et privés qui sont dans toutes les mains,

« Je comptais sur l'intelligence proverbiale de notre race et sur la clarté de notre langue.

« On a feint de comprendre que je plaçais le pouvoir royal au-dessus des lois et que je rêvais je ne sais quelles combinaisons gouvernementales basées sur l'arbitraire et l'absolu.

« Non, la Monarchie chrétienne et française est dans son essence même une Monarchie tempérée, qui n'a rien à emprunter à ces gouvernements d'aventure qui promettent l'âge d'or et conduisent aux abîmes.

« Cette Monarchie tempérée comporte l'existence de deux Chambres, dont l'une est nommée par le Souverain, dans des catégories déterminées, et l'autre par la Nation, selon le mode de suffrage réglé par la loi.

« Où trouver ici la place de l'arbitraire ?

« Le jour où, vous et moi, nous pourrons face à face traiter ensemble des intérêts de la France, vous apprendrez comment l'union du Peuple et du Roi a permis à la Monarchie française de déjouer, pendant tant de siècles, les calculs de ceux qui ne luttent contre le Roi que pour dominer le Peuple.

« Il n'est pas vrai de dire que ma politique soit en désaccord avec les aspirations du Pays.

« Je veux un pouvoir réparateur et fort ; la France ne le veut pas moins que moi. Son intérêt l'y porte, son instinct le réclame.

« On recherche des alliances sérieuses et durables ; tout le monde comprend que la Monarchie traditionnelle peut seule nous les donner.

« Je veux trouver dans les représentants de la Nation des auxiliaires vigilants, pour l'examen des questions soumises à leur contrôle ; mais je ne veux pas de ces luttes stériles de Parlement, d'où le Souverain sort, trop souvent, impuissant et affaibli ; et si je repousse la formule d'importation étrangère, que répudient toutes nos traditions nationales, avec son Roi qui règne et qui ne gouverne pas, là encore je me sens en communauté parfaite avec les désirs de l'immense majorité, qui ne comprend rien à ces fictions, qui est fatiguée de ces mensonges.

« Français,

« Je suis prêt aujoud'hui, comme je l'étais hier.

« La maison de France est sincèrement, loyalement réconciliée. Ralliez-vous, confiants, derrière elle.

« Trêve à nos divisions, pour ne songer qu'aux maux

de la Patrie ! [N'a-t-elle pas assez souffert? N'est-il pas temps de lui rendre, avec sa Royauté séculaire, la prospérité, la sécurité, la dignité, la grandeur, et tout ce cortége de libertés fécondes que vous n'obtiendrez jamais sans elle ?

« L'œuvre est laborieuse, mais, Dieu aidant, nous pouvons l'accomplir.

« Que chacun, dans sa conscience, pèse les responsabilités du présent et songe aux sévérités de l'histoire,

« HENRI. »

« 2 juillet 1874. »

Le journal le *Rappel* oppose au manifeste du comte de Chambord les belles paroles qu'on va lire. C'est la réponse de la France des droits de l'homme au roi de droit divin. Tout citoyen français les approuvera :

« Et le drapeau? Le comte de Chambord n'en parle pas. Donc, il n'en change pas. — Ainsi, le suffrage universel remis en question, deux chambres dont l'une est servante et l'autre bâillonnée, le roi substitué au pays, et là-dessus le drapeau blanc, voilà la royauté tempérée que le manifeste nous propose. Il offre à la France d'aujourd'hui ce dont la France d'il y a un siècle n'a plus voulu. Le comte Chambord dit qu'il ne ressemble pas à ceux « qui promettent l'âge d'or ». Il le prouve.

Nous n'apprendrions rien au comte de Chambord en lui disant que son manifeste « suprême » ne le rendra pas plus possible ; au contraire, ce serait une abdication si l'on pouvait abdiquer ce qu'on ne possède pas et ce qu'on n'a aucune chance de posséder. La France ne reniera pas les idées pour lesquelles elle a versé le meilleur de son sang, sur les pavés et sur les échafauds. Mais, tout en refusant de suivre ce spectre du moyen âge qui voudrait l'entraîner dans les siècles d'autrefois, elle respectera ce prétendant qui croit au passé comme elle croit à l'avenir, et qui ne s'en cache pas. Elle honorera ce prince, différent des autres, qui, lui du moins, dit ce qu'il veut et ce qu'il est. Elle applaudira à cette parole simple et hautaine qui éclate à travers les byzantinismes et les chinoiseries, et qui, au moment où l'on discute sur les mérites respectifs du personnel et de l'impersonnel et sur les sept ans qui sont sept ans et qui ne sont pas sept ans, dit des choses que tous comprennent. La loyauté du bon pays de France humiliée des arrière-politiques où se glissent en se baissant et en rampant la conspiration bonapartiste et l'intrigue orléaniste, respire devant cette royauté inflexible et hautaine, qui reste debout au grand jour et qui meurt raide dans son dogme comme un chevalier dans son armure. »

« AUGUSTE VACQUERIE. »

Le jour même de la publication du manifeste de M. le comte de Chambord, MM. de Larochefoucault-Bisaccia, de Carayon-Latour et de la Rochette, signataires d'une proposition ayant pour objet la restauration de la monarchie, étaient admis dans la 28ᵉ commission d'initiative pour défendre leur proposition.

M. de Larochefoucault a d'abord lu un mémoire, devant servir d'exposé des motifs à la proposition dont il s'agit.

M. de Carayon-Latour a pris la parole ensuite et a dit « qu'il n'était pas de ceux qui veulent s'appuyer sur des « conversations particulières, sans quoi il aurait pu révé- « ler bien des choses. » Il se borne à rappeler les déclarations de M. de Broglie à la tribune : « Nous avons, dit-il, « prorogé les pouvoirs personnels du maréchal ; mais « nous n'avons pas créé une institution ; nous avons ré- « servé notre droit de faire la monarchie.

« Lorsque, — poursuit M. de Carayon-Latour, — nous « avons voté la prorogation, il a été convenu qu'elle n'ex- « cluait pas le droit de revenir sur cette décision. On a

« admis qu'au moment de l'examen des lois constitution-
« nelles, en discuterait, la question de savoir si l'on ferait
« un gouvernement définitif. La prorogation a été toute
« personnelle ; le maréchal représentait le dévouement
« et le patriotisme. En attendant des jours meilleurs,
« nous avons voulu lui donner un pouvoir fort.

« En faisant cela, — ajoute M. de Carayon-Latour, —
« les royalistes avaient la confiance que si le roi revenait,
« le maréchal ne le laisserait pas attendre sept années à
« la porte. Que la commission examine donc la prise en
« considération de notre proposition ; mais quelle que
« soit sa décision, on n'évitera pas le débat, nous avons
« le droit de parler avec autorité à l'Assemblée. Il faut que
« la lumière se fasse. La commission ne doit pas se met-
« tre en travers.

M. de la Rochette a également pris la parole et dit :
« Qu'au cours de la discussion de la loi du 20 novembre,
« il était allé trouver le maréchal Mac-Mahon et lui avait
« dit : nous allons faire pour vous ce que nous ne ferions
« pour aucun autre, parce que nous avons confiance en
« votre honneur et votre loyauté ; nous prorogerons vos
« pouvoirs. » M. de la Rochette ajoute qu'il aurait déclaré
la ferme intention de ses amis et de lui-même de ne pas
élever le septennat à la hauteur d'une institution politique.

M. Fourcand demande quelle a été la réponse du maréchal à ces déclarations.

M. de Carayon-Latour dit qu'on n'a fait au maréchal
aucune question, mais de simples déclarations.

M. de la Rochette ajoute qu'il n'a le droit de rapporter que ses propres paroles et nullement celles d'autrui.

Voilà donc la position de l'extrême droite vis-à-vis le
gouvernement clairement exposée, et ses intentions formellement exprimées.

A la séance suivante, — 7 juillet, — la commission

d'initiative déclara qu'il n'y a pas urgence à prendre en considération la proposition de restaurer la monarchie, parce qu'elle porte atteinte à la loi du 20 novembre, donnant au maréchal de Mac-Mahon le pouvoir exécutif pour sept ans.

Le 9 juillet, le maréchal de Mac-Mahon adressait à l'Assemblée un Message dans lequel il disait :

« .... La loi du 20 novembre doit être complétée. L'As-
« semblée, qui a promis de donner au pouvoir fondé par
« elle les organes sans lesquels il ne saurait utilement
« fonctionner, ne peut songer à décliner son engagement.
« Qu'elle me permette donc aujourd'hui de le lui rappe-
« ler d'une *manière pressante* et d'en réclamer la *prompte*
« *exécution.*

« Le pays appelle de ses vœux l'organisation des pou-
« voirs publics, qui sera pour lui un gage de stabilité.
« Il faut que les questions réservées soient résolues. *De*
« *nouveaux délais, en prolongeant l'incertitude, pèseraient*
« *sur les affaires, nuiraient à leur développement et à leur*
« *prospérité.*

« Le patriotisme de l'Assemblée ne faillira point aux
« obligations qui lui restent à accomplir. Elle donnera au
« pays ce qu'elle lui doit et ce qu'il attend. *Au nom des*
« *plus grands intérêts, je l'adjure de compléter son œuvre,*
« *de délibérer sans retard sur des questions qui ne peuvent*
« *pas rester plus longtemps en suspens; le repos des esprits*
« *l'exige.... »*

« *Il n'est pas de plus impérieux devoir* que celui qui con-
« siste à assurer au pays, par des institutions régulières,
« le calme, la sécurité, l'apaisement dont il a besoin. »

Dans la séance du 15 juillet, l'Assemblée rejeta à une forte majorité le système financier présenté par M. Magne. Ce vote obligea le ministre à donner sa démission.

A la fin de cette séance, M. de Ventavon monta à la tribune et lut le rapport de la commission des lois constitutionnelles concernant l'organisation des pouvoirs du maréchal.

La lecture de ce rapport, comme on le voit, était la réponse de la commission des lois constitutionnelles au message du maréchal.

Le rapporteur commence par expliquer qu'il ne proposait à l'Assemblée que les cinq premiers articles de la future constitution ; le reste sera présenté plus tard. L'Assemblée, dit-il, a pris l'engagement d'organiser les pouvoirs publics ; il faut qu'elle le remplisse.

Examinant le caractère de la loi du 20 novembre, le rapporteur dit :

« Est-ce une loi ordinaire et qui puisse être abrogée ?

« Est-ce au contraire une disposition constitutionnelle? »

D'après le rapport, c'est par l'examen de cette question que la commission a commencé l'étude des lois constitutionnelles. Eh bien, les débats qui ont précédé le vote de la loi du 20 novembre ne permettent aucun doute à ce sujet. La commission a donc reconnu le caractère constitutionnel de cette loi, et elle considère les pouvoirs du maréchal comme irrévocables.

Chacun pourra émettre son opinion sur la future forme du gouvernement de la France ; mais, pendant sept ans, il ne sera permis à personne d'attaquer les pouvoirs du maréchal. (*Protestations à gauche, à l'extrême droite et même à droite.*)

« La prorogation, ajoute le rapport, paraît aujourd'hui « acceptée par la presque unanimité des membres de l'As-« semblée et, on peut le dire, par la France entière. C'est « une mesure nécessaire qu'il faudrait prendre si elle « n'existait pas. » (*Rires à gauche.*)

La commission a dû examiner, dit ensuite le rapporteur, si la prorogation avait un caractère *personnel*. Elle croit qu'une trêve de sept ans est indispensable ; mais elle a écarté l'examen de toute question qui n'était pas indispensable aux solutions qu'elle avait à soumettre à l'Assemblée.

Voici les cinq articles relatifs aux pouvoirs du maréchal, que la commission des lois constitutionnelles propose de mettre en tête de la future constitution politique de la France :

ART 1er. — Le maréchal de Mac-Mahon, président de la République, continuera d'exercer, sous ce même titre, le pouvoir exécutif qui lui a été conféré par la loi du 20 novembre 1873.

ART. 2. — Il n'est responsable que dans le cas de haute trahison. Les ministres sont responsables solidairement de la politique générale et individuellement de leurs actes.

ART. 3. — Le pouvoir législatif est exercé par deux Chambres : la Chambre des députés et le Sénat, la première nommée conformément à la loi électorale qui sera votée par l'Assemblée.

Le Sénat se compose des membres élus ou nommés dans des proportions et des conditions qui seront fixées.

ART. 4. — Le président de la République a le droit de dissoudre la Chambre des députés. Dans ce cas, elle sera réélue dans un délai de six mois.

ART. 5. — En cas de vacance du pouvoir exécutif par l'expiration du terme légal ou par démission ou décès du maréchal de Mac-Mahon, le conseil des ministres réunira en congrès la Chambre des députés et le Sénat, qui statueront sur les mesures à prendre.

Le président de la République a seul le droit de proposer la révision des lois constitutionnelles.

L'attitude de l'Assemblée pendant la lecture du rapport de la commission des lois constitutionnelles était véritablement instructive.

Les gauches et l'extrême droite manifestaient hautement leur mécontentement.

— « Autant vaudrait supprimer les Assemblées ! » s'est écrié M. Gambetta.

Lorsque M. de Ventavon est descendu de la tribune, pas d'applaudissements. La Chambre paraissait stupéfaite. On aurait dit qu'elle n'a pas eu, le 20 novembre, conscience de l'acte d'abdication qu'elle accomplissait publiquement.

La constitution Ventavon, — ou le Ventavonat, comme on l'appelait par dérision, — n'a donc aucune chance d'avoir la majorité des suffrages de l'Assemblée.

Le même rapport concluait au rejet d'une proposition de M. Casimir Périer, ayant pour objet l'organisation de la République. La raison que le rapporteur donne de cette conclusion, c'est que l'usage fait par l'Assemblée de son droit constituant, le 20 novembre, ne lui permet plus de poser actuellement la question entre la République et la monarchie. (*Rumeur prolongée.*)

La proposition Casimir Périer, dit le rapporteur, c'est la proclamation définitive de la République. Eh bien ! cette proclamation n'est pas nécessaire pour que le chef de l'État soit désigné sous le nom de président de la République. La déclaration stérile qu'on sollicite de l'Assemblée n'aurait aucun avantage actuel et pourrait au contraire surexciter les passions.

Ainsi raisonne la commission des lois constitutionnelles. Ce raisonnement a pour fondement cette pensée : la situation politique actuelle est bonne pour nous, qui sommes députés ; pourquoi donc la modifier ? tout changement est dangereux : restons comme nous sommes.

On disait autrefois d'un illustre État, que la division des partis a conduit à sa ruine : quand le roi est gai, la Pologne est ivre. Dira-t-on aujourd'hui de la France : quand les orléanistes doctrinaires gouvernent, la nation est ivre... de joie ?

Pendant que dans l'Assemblée le rapport de la com-

mission des lois constitutionnelles subissait une humiliation méritée, M. Fourtou, ministre de l'intérieur, donnait sa démission. La raison de cette retraite, c'est que
les autres ministres, ses collègues, tenaient à laisser la
justice avoir son cours régulier à l'égard des intrigues
impérialistes ; tandis que, disait-on, M. de Fourtou voulait ajourner les poursuites.

Le maréchal de Mac-Mahon a immédiatement com-
plété son ministère en nommant M. Mathieu-Bodet
ministre des finances, en remplacement de M. Magne,
et M. le général de Chabaud-Latour ministre de l'intérieur, en remplacement de M. de Fourtou. Le cabinet
du président de la République se trouvait ainsi expurgé
de l'élément bonapartiste. En effet, le général de Chabaud-Latour est orléaniste et M. Mathieu-Bodet, membre
du centre gauche, est rallié à la République conservatrice...
de l'étiquette du sac.

Le général de Cissey, vice-président du conseil des
ministres, en donnant connaissance à l'Assemblée de ces
deux nominations, demanda la remise au 23 de la discussion de la proposition Casimir Périer.

Le 23, à l'ouverture de la séance, M. Casimir Périer
monte à la tribune et lit un discours dans lequel sont
exposés les motifs de sa proposition. Ces motifs se résument en une seule phrase, qui est celle-ci : aucune monarchie n'est possible actuellement, donc il faut organiser la
République pour sortir du provisoire dont tout le monde
se plaint.

M. le duc de Broglie prend la parole et prononce un
discours très étudié, dans lequel il renouvelle tous les
sophismes surannés des monarchistes contre la république, mais dans lequel il ne dit pas quels furent, à
toutes les époques, les assassins des républiques. Il se
garde bien de parler des tyrans ; il s'efforce seulement de
démontrer que les républiques ne vivent pas longtemps.

Ainsi raisonne l'ordre moral doctrinaire. Dans tous les temps les hommes de décadence tiennent ce langage. C'est à la France à dire si elle veut encore leur confier ses destinées, après en avoir été si souvent dupes et victimes.

Par discipline parlementaire et pour ne pas effrayer les monarchistes ralliés occasionnellement à la République, les orateurs de l'extrême gauche n'ont pas pulvérisé les ridicules sophismes du duc de Broglie; mais le pays en fera bonne justice aux prochaines élections générales, où ni la peur des monarchistes *à deux visages* ni la discipline parlementaire ne leur fermeront la bouche.

Instruite par l'expérience, la République française saura, à l'avenir, se mettre à l'abri des coups de force et des coups de ruse; et ne prendra jamais à son service ni Monsieur Paillasse ni Madame Équivoque. Assez! assez! de Bas-Empire, de décadence de tout genre. La France veut recouvrir son honneur perdu; elle connaît les hommes qui le lui rendront.

Pour cela qu'elle se souvienne de cette antique parole, vieille de trois mille ans : *Esto vir;* et qu'elle fasse un vigoureux et décisif appel à la virilité de caractère des hommes à principes rationnels. Ils la remettront promptement à la tête du progrès intellectuel et moral de l'humanité.

Revenons, hélas! à la discussion de la proposition Casimir Périer.

C'est M. Dufaure, ancien garde des sceaux, ancien collègue de M. Casimir Périer dans le dernier cabinet de M. Thiers, qui prit la parole pour répondre à M. de Ventavon et à M. de Broglio.

M. Dufaure, n'ayant pas l'habitude de manier la massue de la souveraineté du peuple, ne s'en est point servi pour aplatir les sophismes éhontés de M. de Broglio. Aussi, l'ex-collaborateur de M. Thiers s'est-il tenu strictement dans

les limites de la politique du Message du 13 novembre
1872, et n'est pas sorti de l'ordre d'idée, dans lequel son
chef de file, ménageant la chèvre et le chou, s'était ren-
fermé avec soin. Ce genre d'idées, c'était tout simplement
la fameuse doctrine du *fait accompli;* doctrine dont la politique orléaniste, dans les bosquets de laquelle M. Dufaure a toujours fleuri, a fait jadis un si fructueux usage.
En conséquence, l'ex-garde des sceaux a borné tout l'effort de son argumentation à ceci : la République existe ;
vous ne pouvez la renverser : donc il faut l'organiser,
comme le voulait M. Thiers, et moi aussi, en créant de
belles fonctions pour nos vieux jours.

Merci ! merci ! ont dit, *in petto*, ne pouvant, à cause de
la discipline parlementaire, le dire tout haut, MM. Louis
Blanc, Edgar Quinet, Ledru-Rollin et Peyrat, ne vous
donnez pas cette peine, nous vous en supplions. Votre
république, en effet, — la république sans républicains,
— serait à coup sûr plus funeste à la démocratie que n'importe laquelle des trois monarchies que, en réalité, vous
regrettez tous, au fond du cœur, Messieurs les républicains d'occasion. Croyez-vous donc la France assez sotte
pour ne pas s'apercevoir que la république que vous tenez
tant à organiser ne serait qu'une monarchie déguisée,
dont il suffirait d'ôter l'étiquette pour qu'elle devienne
le cher objet de vos tendres vœux, comme l'a dit si crûment, par l'organe du *Correspondant*, un des chefs du parti
légitimiste? En conséquence, pendant que M. Dufaure
mettait, dans l'Assemblée, les ressources de son éloquence
au service de la république de M. Thiers, les quatre députés démocrates, dont nous venons de dire les noms,
adressaient aux journaux républicains la lettre et le contre-projet suivants :

« Monsieur le rédacteur,

« Convaincus que le gouvernement de la République ne

pouvait être organisé d'une manière stable et conforme à sa nature, que par une Assemblée républicaine investie à cet égard d'une mission spéciale par le suffrage universel, nous avions résolu de présenter sous forme de contre-projet, le jour de la discussion, la demande de dissolution dont nous vous envoyons le texte. Nous y avons renoncé, par un motif que chacun comprendra, en apprenant, la veille du débat, que la dissolution devait être proposée par les gauches réunies, dans le cas où la motion Casimir Périer serait rejetée.

« Mais nous désirons que les considérants du projet qui avait été préparé par nous soient connus. Ils éclaireront le public sur les motifs qui nous ont portés à nous abstenir, dans le vote de la motion Casimir Périer, motifs qui ont puisé une force nouvelle dans le mouvement dissolutionniste qui s'était avec tant d'éclat prononcé dans l'Assemblée. Car, dès que ce mouvement faisait dépendre du rejet de la motion dont il s'agit l'espoir d'arriver enfin à la dissolution, nous ne pouvions contribuer, en adoptant la première solution, que nous trouvons mauvaise, à écarter la seconde, qui nous a toujours paru la bonne. »

Voici le contre-projet dont il est question dans les lignes qui précèdent:

« Les soussignés,

« Considérant qu'il faut en finir avec le provisoire, parce qu'il déchaîne toutes les ambitions, trouble tous les esprits, arrête les affaires et paralyse le travail;

« Que l'organisation prompte d'un gouvernement définitif et durable est la grande nécessité du moment;

« Que ce gouvernement ne peut être que la République;

« Que la République existe de fait;

« Qu'elle existe en droit, toute autre forme de gouvernement étant inconciliable avec le suffrage universel;

« Que, par conséquent, le gouvernement de la République n'est pas à *mettre aux voix*, mais à organiser ;

« Que le droit de l'organiser appartient à ceux qui en auront reçu le mandat spécial du souverain ;

« Que le souverain, c'est la nation ;

« Que toute constitution faite en dehors de la nation serait un édifice bâti sur le sable et ne répondrait nullement à ce besoin du définitif qui est le plus impérieux des besoins du pays ;

« Que l'unique moyen de sortir du provisoire est de rendre immédiatement à la nation l'exercice de sa souveraineté ;

« Que telle est l'opinion du peuple, formellement exprimée par lui dans toutes les élections qui ont eu lieu depuis le 8 février 1871 ;

« Que, jusqu'à ce qu'il soit fait selon la volonté du peuple, il n'y aura ni calme ni sécurité ;

« Que, dès lors, tout projet conduisant à de longues discussions qui menacent de ne pas aboutir aurait pour effet de prolonger, en même temps que le provisoire, l'inquiétude des esprits et la crise des affaires ;

« Considérant que, quelque opinion qu'on puisse avoir du système des deux Chambres — système que pour leur compte les soussignés repoussent absolument — on ne saurait, en tout cas, se prononcer sur ce point, sans savoir ce que la seconde Chambre sera et à quoi elle servira ;

« Que ce serait voter l'inconnu ;

« Qu'il y aurait péril suprême à faire instituer une seconde chambre par l'Assemblée actuelle ;

« Que ce serait courir le risque de placer face à face une seconde chambre monarchique et une première chambre républicaine ;

« Que de là naîtraient certainement les plus funestes conflits ;

« Que ce dénouement serait surtout à redouter, si le chef du pouvoir exécutif recevait le droit de dissoudre la première chambre, soit seul, soit d'accord avec la seconde;

« Considérant enfin que c'est dans une stricte adhérence au principe de la souveraineté du peuple qu'est la force des républicains, et que l'appel au peuple par voie d'élections générales est le meilleur moyen de combattre efficacement l'appel au peuple par voie de plébiscite;

« Ont l'honneur de soumettre à l'Assemblée le contre-projet suivant :

« Art. 1er Le gouvernement de la République sera organisé par l'Assemblée que le suffrage universel aura élue avec mission spéciale et nettement définie, de pourvoir à cette organisation.

« Art. 2. Les électeurs sont convoqués pour le dimanche, 27 septembre 1874, à l'effet de renouveler intégralement l'Assemblée nationale.

« EDGAR QUINET. — A. PEYRAT. — LOUIS BLANC. — LEDRU-ROLLIN. »

Citoyens français, voilà le langage des vétérans du principe républicain. C'est celui qui aurait dû être tenu à la tribune nationale, après une verte réfutation des sophismes monarchiques de M. le duc de Broglie, organe de l'intrigue orléaniste. Eh bien! comme vous le voyez, ce langage n'a pu se faire entendre à la France, à l'Europe, au monde civilisé du haut de la tribune nationale, parce que ce langage lumineux et logique contrarie les projets ténébreux et perfides des *conservateurs* du centre gauche, qui veulent absolument prendre la France dans le traquenard de la République sans républicains, à l'usage de M. Thiers, leur chef de file.

Citoyens français, puisque la composition de l'Assemblée, siégeant à Versailles, n'a pas permis aux vétérans du principe républicain de porter à la tribune nationale les paroles que vous venez de lire, c'est à vous, ne l'oubliez pas, de les recueillir avec zèle, de les graver dans votre mémoire, de les répandre dans toutes les intelligences, de les y faire fructifier abondamment, pour que, aux prochaines élections générales, elles se traduisent partout en actes efficaces et produisent de puissants effets. Oui, citoyens français, au nom des droits de l'homme et de la souveraineté du peuple, au nom de la patrie et du progrès intellectuel et moral de l'humanité, remplissez ce devoir, sinon vous serez de nouveau et bientôt les sujets d'un César de rencontre.

Citoyens français, sauvez la République! sauvez-la des intrigues et des complots monarchiques, sous quelque forme qu'ils se produisent, à visage découvert ou sous le masque d'une république dont il n'y a que le nom à changer pour en faire une monarchie.

Citoyens français, fondez la République démocratique, celle qui n'a rien à craindre des intrigues et des complots des dynasties à jamais déchues.

Citoyens français, n'oubliez pas que la *farce* de l'étiquette du sac, aboutissant à la dictature hermaphrodite de M. Thiers, l'écraseur du peuple, le réorganisateur de l'armée impériale, le continuateur et le protecteur de Bazaine, le conservateur de l'état de siège après la guerre, est un gouvernement de décadence, dont l'Assemblée a rougi, et que la démocratie doit repousser avec horreur et mépris au nom de l'honneur national.

Après que les vétérans du principe républicain eurent fait entendre au monde civilisé, par-dessus la tête des membres de l'Assemblée, la grande voix de la démocratie, le gouvernement, à son tour, prit la parole pour dire ce qui suit :

M. LE VICE-PRÉSIDENT DU CONSEIL. — L'honorable M. Casimir Périer a exprimé le vœu que le gouvernement n'intervînt pas dans la discussion. Le gouvernement ne croit pas possible de garder le silence, il doit faire connaître son sentiment.

L'honorable M. Casimir Périer et ses amis ont pensé que le vote de leur proposition mettrait fin aux incertitudes du pays. Leur but serait-il atteint et leurs intentions remplies ?

Dans le projet, il y a une disposition dont le vote n'apporterait au pays aucune sécurité, au gouvernement incommutable que vous avez établi aucune force nouvelle : c'est celle qui rappelle la loi du 20 novembre.

D'un autre côté, le principe des deux Chambres est déjà posé par la loi du 16 mars 1873. Une nouvelle consécration de ce principe n'aurait aucune utilité. (Très bien ! à droite.)

Ce qu'il faut au pays, c'est une loi d'organisation qui l'assure qu'après la séparation de l'Assemblée il y aura une seconde Chambre partageant le pouvoir législatif avec l'Assemblée nouvelle.

Le vote du projet n'aurait qu'une conséquence, la proclamation de la République, comme gouvernement définitif de la France. (Bruits divers.)

Le gouvernement ne pense pas que la proclamation théorique et doctrinale de la République puisse être le remède aux maux du pays. Elle ne serait qu'une satisfaction donnée à un parti et ne mettrait pas un terme aux compétitions, d'autant moins que beaucoup de ceux qui la voteraient n'accepteraient aucune des conditions qu'elle indique (Très bien ! très bien ! à droite.)

Du reste, ce n'est pas en votant sur une formule que nous ferons le bien du pays. Le pays réclame une organisations de pouvoir qui donne au gouvernement une garantie de force et de stabilité. Le gouvernement a fait connaître à la commission les traits principaux de cette organisation comme il la comprend.

Nous ne croyons pas qu'il convienne de changer le titre sous lequel s'exerce le pouvoir. (Mouvement.)

Nous pensons comme M. Casimir Périer que la division du pouvoir législatif est nécessaire; mais une déclaration de principe sur ce point est sans utilité. Nous vous demandons une loi déterminant toutes les conditions d'organisation de ce pouvoir. (Aplaudissements à droite.)

Celle-là, notre commission l'achève, et lorsque vous l'aurez votée, vous aurez fait faire un grand pas à la reconstitution du pays.

Nous vous demandons de plus, pour le président de la République, le droit de dissolution de la Chambre des députés. Nous ne le demandons pas pour accroître sa prérogative personnelle, mais parce que dans toute organisation politique bien réglée, lorsqu'un désaccord grave s'élève entre les représentants de la nation et le chef du pouvoir exécutif, c'est le pays qui doit être juge.

Vous aurez ensuite à apporter à la loi électorale politique, en lui conservant le suffrage universel pour base, les réformes que vous jugerez nécessaires comme garanties.

Lorsque vous aurez réglé ces points, vous aurez donné au pays la seule organisation dont il ait besoin. Sans doute vous n'aurez pas procuré au pouvoir du maréchal de Mac-Mahon un caractère définitif, dont la proposition de M. Casimir Périer ne lui donnerait d'ailleurs que l'apparence, mais vous aurez placé ce pouvoir dans des conditions qui lui permettront de se défendre contre toutes les attaques.

En résumé, nous sommes d'avis de repousser la proposition de M. Casimir Périer.

M. LE PRÉSIDENT. — Une autre proposition qui avait été déposée, ayant été retirée, il va être procédé au scrutin sur la proposition de M. Casimir Périer, qui est ainsi conçue :

« La commission des lois constitutionnelles prendra pour base de ses travaux sur l'organisation et la transmission des pouvoirs publics :

« 1° L'article 1er du projet de loi déposé le 19 mai 1873, ainsi conçu :

« Le gouvernement de la République française se compose de deux Chambres et d'un président, chef du pouvoir exécutif ;

« 2° La loi du 20 novembre 1873, par laquelle la présidence de la République a été confiée à M. le maréchal de Mac-Mahon jusqu'au 20 novembre 1880 ;

« 3° La consécration du droit de révision partielle ou totale de la Constitution dans des formes et à des époques que déterminera la loi constitutionnelle. »

A la majorité de 374 voix contre 333, sur 707 votants, le projet de résolution n'est pas adopté.

M. Léon de Malleville. — Au nom de trois cents de mes collèges (Bruit), je viens déposer sur le bureau la résolution suivante :

« L'Assemblée nationale, considérant que l'état de division des partis dans l'Assemblée (Rires à droite) est un obstacle insurmontable à l'organisation des pouvoirs publics et à la constitution définitive d'un gouvernement (Interruptions à droite), que dans cette situation il est nécessaire que le pays soit consulté,

« Décrète :

« Les élections pour la prochaine Assemblée auront lieu le 6 septembre prochain. »

Une voix à droite. — Le 4 septembre. (Bruit et rires.)

M. Léon de Malleville. — « La nouvelle Assemblée se réunira le lundi 28 septembre. L'Assemblée actuelle ne se séparera qu'après la réunion et la constitution de la nouvelle Assemblée. »

J'ajoute que la nature de la proposition et les circonstances où elle se produit motivent la demande d'urgence que je fais à l'Assemblée. (Très bien ! très bien ! à gauche.)

A la majorité de 369 voix contre 340, sur 709 votants, l'urgence n'est pas déclarée.

Ainsi le gouvernement s'est prononcé contre l'adoption de la proposition Casimir Périer, et a refusé son concours à l'organisation de la République par les monarchistes.

Tant mieux pour la république ! car, comme il faudra bien un jour ou l'autre qu'elle soit organisée, elle le sera par les républicains *entiers*, comme les a si virilement appelés M. Gambetta, républicains entiers dont les quatre vétérans de la démocratie ont fait entendre la voix au monde civilisé par l'organe des journaux dévoués à la souveraineté du peuple.

La proposition Casimir Périer, combattue par le gouvernement comme inutile et perturbatrice du calme des esprits, a donc été rejetée à la majorité de 41 voix.

La demande de dissolution de l'Assemblée déposée immédiatement sur le bureau par M. Léon de Malleville, et pour laquelle il réclamait l'urgence, a été repoussée à 20 voix de majorité.

A huit heures et demie a été levée cette laborieuse séance du 23 juillet.

La séance du 24 juillet commence comme il suit : M. Batbie, président de la commission des lois constitutionnelles, monte à la tribune et dit :

« Je dépose un deuxième rapport, avec un texte nou-
« veau, sur la loi électorale politique.... Les autres tra-
« vaux sont très-avancés. Le rapporteur du projet de loi
« sur la seconde Chambre a été nommé aujourd'hui.
« Avant la fin de la semaine prochaine l'Assemblée aura
« le texte complet de nos propositions. »

Comme on le voit, la déclaration du président de la commission des lois constitutionnelles répondait au Mes-

sage du président de la République « *adjurant l'Assemblée, au nom des plus grands intérêts, de compléter son
« œuvre, de délibérer sans retard sur des questions qui ne
« peuvent pas rester plus longtemps en suspens ; le repos
« des esprits l'exige.* »

« *Il n'est pas de plus impérieux devoir que celui qui con-
« siste à assurer au pays, par des institutions régulières, le
« calme, la sécurité, l'apaisement dont il a besoin.* »

Rien donc n'étant plus clair, plus précis, plus pressant
que le langage du Message présidentiel, la commission
des lois constitutionnelles s'était empressée d'y faire
droit, d'abord, par la proposition, faite en son nom, par
M. Ventavon, et par la déclaration que M. Batbie venait
de faire à la tribune.

En conséquence, la discussion devait immédiatement
commencer par l'examen de la proposition Ventavon,
conforme aux vœux du gouvernement.

Mais depuis plusieurs jours déjà circulait un étrange
bruit : on disait que la majorité monarchique, dans la
prévision d'une défaite certaine, déserterait le champ de
bataille et s'envolerait dans ses rustiques foyers.

Et pourquoi cette défaillance subite chez des hommes
que dévore depuis trois ans et demi la terrible passion
de *constituer* ? Parce que, hélas ! le septennat est venu
jeter la pomme de discorde dans leurs rangs, en imposant
au roi chrysalide sept années d'attente à la porte du maréchal, injure que le droit divin, — disent les chevau-légers, — ne doit point supporter, et qu'expiera le septennat
en commençant par attendre lui-même à la porte de l'Assemblée, malgré son fougueux empressement à forcer
l'entrée du sanctuaire pour ravir les lauriers de la légalité.

Ainsi, au lieu d'une bataille décisive, c'est, — dit-on
de tous côtés, — une modeste suspension d'armes que
demandera la majorité monarchique, se dérobant à la
lutte, après tant de vanteries et d'intrigues, pour n'avoir

pas à subir l'humiliation constatée de ne pouvoir rien constituer, pas même l'organisation du septennat, voté par elle.

Comment donc va s'accomplir le grand acte d'impuissance que tout le monde prévoit?

Que ceux qui ont des yeux, regardent! que ceux qui ont des oreilles, écoutent!

Le spectacle commence.

M. LE MARQUIS DE CASTELLANE. — Vous avez rejeté hier la proposition de M. Casimir Périer. En agissant ainsi, vous avez donné un nouveau gage aux intérêts conservateurs. (Rires à gauche.) En même temps, vous avez restitué à la loi du 20 novembre son véritable caractère. Il s'agit de savoir maintenant si vous devez aborder immédiatement la discussion du projet de loi de M. de Ventavon et des lois constitutionnelles.

Je ne vous en demande pas l'ajournement indéfini, mais la remise de la discussion au moment où nous reviendrons de notre congé ordinaire à la fin de novembre. Je le demande au nom de deux grands intérêts : l'intérêt des affaires et l'intérêt de la paix des esprits.

La proposition en discussion, si elle était votée, ne ferait pas faire un pas aux questions constitutionnelles ; elle vise la loi du 20 novembre, ce qui ne saurait ajouter aucune force au pouvoir ; elle décide qu'il y aura deux Chambres, vous l'avez déjà décidé en 1873 ; elle donne au président de la République le droit de dissolution, mais ce droit ne s'applique pas à l'Assemblée actuelle. (Rires à gauche.)

Il ne s'applique qu'aux Assemblées futures, il n'a donc pas d'intérêt capital pour le pouvoir exécutif. Quant à l'organisation d'une seconde Chambre, il est douteux que vous acceptiez celle qui vous est proposée. Vous ne ferez donc pas faire un pas sérieux en avant aux questions constitutionnelles. (Bruit à gauche.)

En revanche, si vous abordiez cette discussion, que d'agitations stériles! tous les partis seront sur la brèche, au grand détriment de l'ordre public.

Fatigués par une session de neuf mois et par une température sénégalienne... (Bruit et rires à gauche) vous voudrez regagner vos foyers, après avoir discuté les questions militaires et financières qui intéressent le plus le pays.

Et si la proposition n'était pas votée, vous auriez fait un nouvel aveu d'impuissance. (Très bien ! très bien ! à gauche.) Et que répondrez-vous alors à ceux qui vous demanderaient la dissolution ? Or, à l'heure actuelle, la dissolution, dans ce pays divisé, ce serait l'anarchie, peut-être la guerre civile. (Nouveaux bruits.)

Faites appel à ce grand auxiliaire, le temps (Exclamations et rires à gauche) ; étudiez les vœux du pays, et, à votre retour, sans esprit de parti, vous donnerez à celui qui nous gouverne ce qui lui est indispensable pour conduire la France d'un bras vigoureux et ferme.

Le gouvernement ne saurait s'opposer à la marche que je propose. (Bruit à gauche.) Il a reçu satisfaction par les travaux de la commission des Trente. Laissons donc la France jouir des biens que le ciel lui envoie. C'est le vœu de tous les conservateurs. (Mouvements divers.)

M. Ernest Picard. — Je ne crois pas qu'il soit nécessaire de discuter longuement la singulière proposition qui vous est faite au milieu des plus graves discussions. Ce qui est plus utile, au lendemain du Message où le gouvernement vous conjurait d'organiser ses pouvoirs, c'est qu'il s'explique sur une demande qui ne peut se concilier avec sa dignité, encore moins avec la vôtre. (Très bien ! très bien ! à gauche. — Bruit à droite.)

Le rapport sur la proposition de M. de Castellane n'est pas même encore déposé. Comment donc cette proposition vient-elle se placer entre vous et une grande discussion qui va commencer? Comment vient-on vous dire, alors que la commission des lois constitutionnelles déclare que ces travaux sont presque achevés, que la seule politique à suivre, c'est celle des vacances. (Bruits divers.)

Y a-t-il un argument plus fort pour la dissolution que la demande de M. de Castellane ?.... Rappelez-vous les termes pressants du Message, les voici : « Le pays ap-« pelle de tous ses vœux l'organisation des pouvoirs « publics. De nouveaux délais, en prolongeant l'incerti-« tude, pèseraient sur les affaires. »

« Et le lendemain de ce Message, vous vous sépareriez sous le prétexte des « chaleurs sénégaliennes » ou sous le prétexte d'aller consulter vos amis !

... « Il faut déchirer tous les voiles. Ce qu'on nous de-mande, ce qu'on veut faire, c'est, après une longue attente, au moment où viennent les lois constitutionnelles et où il faut les voter ou retourner devant les électeurs, ce qu'on veut, c'est de manquer au rendez-vous, c'est d'échapper à l'échéance fixée par vous-même.

... « Oui, derrière les lois constitutionnelles, il y a le terme à fixer de votre dissolution. Est-ce devant ce devoir que vous reculez? S'il en est ainsi, il faut le dire et ne pas venir nous demander des congés pour cause de cha-leur. Osez dire votre pensée. Venez dire ici que, ne pou-vant pas faire la monarchie, vous attendez, aux dépens du pays, une occasion qui ne viendra jamais ! (Applaudis-sements à gauche.)

... « Ne retardez pas le jour où vous irez rendre compte à vos électeurs, et ne permettez pas qu'on puisse dire: En juillet 1874, quand il fallait discuter les lois cons-titutionnelles, il s'est trouvé un député pour proposer des vacances et une majorité pour les voter! » (Applaudis-sements à gauche. — Bruit à droite.)

M. LE GÉNÉRAL CHANGARNIER —On a demandé l'opinion du gouvernement. Moi, ministériel renforcé (Très bien! à droite), je n'ai pas pris son avis et je ne parle qu'en mon nom.

Qu'a donc de blessant cette proposition qui offense la dignité de M. Picard? (Rires à droite.) M. de Ventavon lui-même conviendrait que son rapport n'est pas complet; il est d'abord soumis à trois lectures, et devant d'aussi graves questions, je le déclare, j'ai besoin de recueillement; j'ai besoin de repos aussi, et je crois que nous avons quelque droit à aller chez nous chercher ces délassements nécessaires. *Jucunda olia vita.* (Rires à gauche).

Je me demande si mes honorables et intrépides amis, MM. Raudot et Guichard, n'ont pas eux-mêmes songé quelquefois aux rives boisées...

M. TOLIN. — Songez donc au pays. (Bruit.)

M. GUICHARD. — Je ne songe qu'à la sécurité de mon pays, que vous troublez depuis deux ans, avec vos entreprises monarchiques! (Très bien! très bien! à gauche. — Bruit.)

M. LE GÉNÉRAL CHANGARNIER. — Oui, avant d'aborder ces graves questions, j'ai besoin de me recueillir.

Je vous conseille de prendre, après le vote du budget, un congé jusqu'au 28 novembre, et je crois que, malgré les sinistres prédictions de M. Picard, le pays ne nous saura pas mauvais gré de nous donner et de lui donner le repos. (Approbation à droite.)

Voix à gauche. — L'opinion du gouvernement!

M. RAOUL DUVAL.—Le gouvernement ne paraissant pas disposé en ce moment à faire connaître son assentiment... (Rires à gauche,) je demande à répondre un mot à mon vénérable ami, le général Changarnier. Je combats la proposition d'ajournement.

Selon moi, rien ne serait plus fatal que de nous séparor et de laisser le pays dans l'incertitude sur des questions capitales.

On demande l'ajournement jusqu'à la fin de novembre ; mais vous ne savez donc pas dans quel état sont les affaires. (Applaudissements à gauche.)

Vous ne pensez donc pas à ces millions de travailleurs qui attendent la sécurité du lendemain ? (Bruit à droite.)

La sécurité matérielle est assurée, je le sais ; mais, à cette heure, il n'y a pas de commerçant, pas un armateur assez insensé pour lier une affaire par delà les mers à trois ou quatre mois. (Bruit.)

M. LE MARQUIS DE CASTELLANE. — Vous ne disiez pas cela le 24 mai.

M. RAOUL DUVAL. — En m'associant à la politique du 24 mai, je n'avais certes pas en vue celle que vous avez faite depuis. (Applaudissements à gauche.)

Après le 24 mai, il n'y avait qu'à assurer l'ordre, le respect des lois, et il fallait laisser au pays le soin de se prononcer sur ses destinées par des libres élections. (Bruit.) Il ne fallait pas faire une politique de parti qui tendait à substituer la volonté de quelques-uns à la volonté de la nation. (Nouveaux applaudissements à gauche.)

On dit que la Bourse monte.

Pourquoi ? Mais c'est parce que les capitaux sont improductifs, et s'ils vont s'enfouir dans les caves de la Banque de France, c'est parce qu'ils attendent que vous ayez pris des résolutions, et si vous ne pouvez rien faire, que vous remettiez votre mandat au pays. Le plus patriotique des devoirs aujourd'hui nous impose l'obligation d'en finir ; si nous ne pouvons rien faire, rendons au pays la parole que depuis trop longtemps nous détenons pour nous. (Applaudissements. — Rumeurs.)

M. DE BELCASTEL. — Je ne m'arrêterai pas à ce qu'il y a d'étrange à voir ceux qui réclament la dissolution de l'Assemblée se montrer si heureux de la voir siéger.

(Rires à de droite.) Pour mon compte, je n'éprouve aucun besoin de repos ; mais l'Assemblée a besoin de se recueillir et de consulter le pays. (Très bien ! très bien ! à droite.)

M. LE GÉNÉRAL BARON DE CHABAUD LA TOUR, ministre de l'intérieur. — Le gouvernement n'a jamais cessé d'espérer et de désirer le vote le plus prochain possible des lois qui doivent lui donner les organes essentiels à son fonctionnement. Or, M. le président de la commission des lois constitutionnelles vient de déposer un second rapport sur la loi électorale ; il nous promet pour la fin de la semaine prochaine le rapport sur la deuxième Chambre.

Nous avons donc obtenu un commencement de satisfaction, et nous sommes certains que cette satisfaction sera partagée par le pays, quand il verra que l'Assemblée a posé les bases principales du gouvernement. Nous persistons dans notre désir. D'un autre côté, vous venez d'entendre des voix autorisées demander un peu de repos après une longue et laborieuse session. Nous ne pouvons que nous en rapporter à la sagesse de l'Assemblée.

Si elle veut méditer encore sur ces lois, se mettre de nouveau en contact avec les électeurs pour délibérer ensuite avec plus de maturité, c'est à sa sagesse à en décider. Seulement, nous demandons que l'Assemblée déclare, si sa session est ajournée, que dès le lendemain de son retour elle reprendra la discussion de ces lois, que nous réclamons d'elle avec une insistance toujours égale.

M. ERNEST PICARD. — La question est particulièrement délicate. Je ne doute pas des bonnes intentions du ministère, mais seront-elles bien comprises de ceux qui verront le contraste qu'il y a entre le Message du maréchal et le discours de M. le ministre de l'intérieur ? (Bruit à droite.)

.... On nous parlait hier d'un souffle de dictature qui passerait dans l'air, je n'y crois pas tant que cela ; mais en tout cas, ce serait une raison de plus pour ne faire qu'un parti pour défendre les droits et la dignité de cette Assemblée. Je fais appel à vos consciences, et je mets au défi de faire comprendre au pays la résolution qu'on vous demande. (Applaudissements à gauche.)

M. RAUDOT. — ... Quand nous serons restés chez nous cinq mois pendant lesquels le pays aura été tranquille et l'ordre maintenu partout par le gouvernement, l'apaisement sera fait, les têtes seront calmées, et nous aurons une plus grande aptitude au travail.

La clôture est prononcée.

La proposition d'ajournement, mise aux voix, est adoptée.

A propos de cet ajournement, un journal, le *Rappel*, que nous nous plaisons à citer, à cause de la justesse de ses appréciations, disait :

« L'extrême droite a voté l'ajournement indéfini des lois constitutionnelles, et il se peut qu'elle vote les vacances indéfinies, mais elle ne dissimule pas au gouvernement le motif de son double vote. Elle lui dit nettement qu'elle veut empêcher l'organisation du septennat. »

L'*Union* annonçait ainsi dès hier l'intention de ses amis :

« Nous ne saurions trop répéter que, dans les circonstances actuelles, l'ajournement serait la plus éclatante condamnation de la politique qui a été déjà vaincue le 16 mai, et qui, depuis cette époque, a entraîné la chute de M. de Fortou...

« Il suffit de relire *le récent Message de M. le maréchal-président*, de se rappeler les paroles prononcées par deux ministres, au nom du gouvernement, devant la commission des Trente, pour se convaincre que *l'ajournement serait*, en réalité, *une revanche prise par l'Assemblée* souveraine dont l'autorité a été méconnue. »

Le journal de l'extrême droite ajoutait qu'en votant l'ajournement « la représentation nationale repousserait la sommation qui lui a été faite d'organiser le septennat. »

C'est donc un vote d'hostilité au message et au septennat que les députés légitimistes ont émis en votant l'ajournement des lois constitutionnelles. Bien qu'il n'y ait plus lieu de s'étonner de grand'chose dans le moment que nous traversons, ce n'est pourtant pas sans un peu de surprise qu'on a vu les ministres du message et du septennat se résigner si facilement à un vote qui peut avoir cette interprétation. »

Nous avons tenu à mettre sous les yeux de la France tous les documents parlementaires importants de la lutte à outrance entreprise et soutenue contre la démocratie par l'Assemblée élue le 8 février 1871, dans les conditions perfidement imposées par un vainqueur implacable.

La France les appréciera avec la noblesse de son cœur, et les jugera avec la sagacité de son intelligence.

Quant au parti orléaniste, représenté par le centre droit, qui a mis au pouvoir le maréchal de Mac-Mahon et veut l'y maintenir par l'organisation du septennat, en vue d'accomplir des projets au succès desquels les légitimistes de l'extrême droite ne consentent pas à s'associer, quant à ce parti orléaniste, disons-nous, voici comment son principal organe dans la presse, le *Journal de Paris,* apprécie, — aujourd'hui, 20 août, — l'œuvre parlementaire de ses patrons :

« Le maréchal de Mac-Mahon *pourrait,* s'il n'avait un profond sentiment de l'honneur, *tout tenter. Un demi-million de soldats lui obéissent.* Mais ce rôle d'ambitieux et de factieux est au-dessous de lui... Aujourd'hui que chacun aspire à tout avec une âpreté inouïe, il est beau de voir un homme *qui n'aurait qu'à tendre la main pour s'em-*

parer de tous les pouvoirs, montrer que lui, chef de l'État, est le serviteur le plus respectueux de la loi. »

Ah ! vous avouez publiquement, Messieurs les fondateurs du septennat, que le maréchal de Mac-Mahon « *pourrait tout tenter ; qu'il n'aurait qu'à tendre la main pour s'emparer de tous les pouvoirs. Un demi-million de soldats lui obéissent.* » Eh bien ! qui donc lui a donné ce demi-million de soldats prêts à lui obéir ? N'est-ce pas M. Thiers ? l'homme « *qui n'a jamais reculé devant l'emploi de la force.* » Et quand, pour duper l'Assemblée, M. Thiers disait : « *l'armée appartient à la loi,* » ne savait-il pas fort bien que la discipline militaire impose à l'armée l'obéissance passive ? Ne savait-il pas que le commandement : en joue ! feu ! prononcé par le chef, renferme les paroles sacramentelles du métier ?

Eh ! oui, M. Thiers savait fort bien tout cela. Seulement, il se faisait la singulière illusion de croire qu'il était l'homme de la situation, l'homme nécessaire, l'homme providentiel, à l'ambition duquel l'armée impériale, réorganisée par lui, serait toujours heureuse et fière « *d'offrir son épée.* » Hélas ! « le vieux routinier monarchique » a fait fausse route ; en voulant aller trop vite, il a fait une chute politique mortelle. Mais son œuvre césarien lui a survécu et est passé en d'autres mains. Le *Journal de Paris* apprend à la France à quoi ce grand œuvre pourrait servir. Que la France donc ne l'oublie pas ! et sauve la souveraineté du peuple, livrée par M. Thiers à l'armée impériale.

L'armée impériale maîtresse de la nation ! voilà donc, d'un seul coup de la baguette magique « du grand coupable, » la France transportée dans l'extrême Orient, là où les peuples sont sans droits et partagent le sort des bêtes de somme.

Quel honneur ! quel bonheur ! pour toi, noble France.

Et ce grand coupable déclare « *qu'il possède toutes les*

qualités d'un homme d'État digne de gouverner sa nation » à la turque.

Comme on le voit bien à ce trait plein de civisme et surtout de patriotisme : rendre l'armée maîtresse de la nation ! c'est tout à fait oriental. Rien n'y manque.

Après le maréchal, viendra un autre général ; le duc d'Aumale peut-être ?

— Pourquoi pas ? le *jus gladii*, — le droit du sabre, — ne règne-t-il pas, rétabli par M. Thiers ?

C'est vrai ! le *Journal de Paris*, organe des orléanistes qui gouverne la France, l'affirme : qui pourrait en douter ? « Il suffit, dit-il, de tendre la main ; » c'est bien peu de chose !

Mais qui la tendra ?

La France est bien malade des coups que lui ont portés simultanément l'Empire, la Prusse, Bazaine, M. Thiers, les monarchistes de toutes nuances et les républicains équivoques ; mais la France n'est pas encore l'Espagne, et son Pavia rencontrerait sur la voie du guet-apens où il s'engagerait les débris sanglants, toujours vivants, de la démocratie, et ces débris sanglants, toujours vivants, lui diraient : la patrie d'un peuple libre est le temple de la divinité ; l'ange exterminateur veille à la porte : malheur au criminel qui veut en violer l'entrée ! Traître, nous venons te combattre.

Que la France donc, en présence du nouvel attentat dont les monarchistes la menace, se recueille ; et après s'être recueillie, qu'elle parle et agisse à son tour : mais souveraine !

La lumière est faite désormais sur toutes les questions politiques d'une importance majeure.

Citoyens français, marchez résolûment à sa clarté, sinon vous redeviendrez, — la logique des faits le crie sur les toits, — vous redeviendrez les vils sujets d'un nouveau César de rencontre.

A présent que le drame sanglant joué à Versailles, drame ayant pour sujet la dictature de M. Thiers et les intrigues perfides des monarchistes, touche à sa fin, la France voit clairement qu'il s'agit de son existence même, comme personnification de la démocratie moderne. Elle aura donc les yeux ouverts sur le dénouement qui peut naître de la complication des choses et de la perversité des intentions.

La France sait aujourd'hui que la coalition monarchique qui a proclamé, après la chute de M. Thiers, le gouvernement de combat contre la République, au nom de laquelle existe l'Assemblée, — quelle contradiction! quelle illégalité! — la France, disons-nous, sait aujourd'hui que cette coalition monarchique, d'intrigue en intrigue, en était arrivée à l'impuissance démontrée de ne pouvoir constituer aucune monarchie, en dépit des affirmations si multipliées de sa fécondité; et qu'alors, en désespoir de cause, les meneurs de cette coalition, pour éviter la dissolution indispensable de l'Assemblée, se sont jetés sur le septennat, comme sur une bouée de sauvetage, et ont voulu en faire un *minimum* de monarchie, servant de péristyle à un stathoudérat, en attendant mieux.

Telle est donc, actuellement, la situation politique faite à la France par la coalition de trois dynasties qui ont chacune la prétention de s'approprier la nation.

C'est pour résoudre « avec maturité, » comme l'a dit le ministre de l'intérieur, et « dans les heureux loisirs de la vie champêtre — *jucunda otia vitæ,* » — comme le veulent MM. Changarnier et Raudot, l'insoluble problème de l'organisation du septennat, que la coalition monarchique s'est accordé quatre mois de vacances. A la suite de cette luxuriante gestation, la coalition, couronnée de fleurs, espère sans doute enfanter, dans la joie des festins, le sauveur de la France; et, sur le pavois des Mérovingiens, rapporter triomphalement à Versailles le fruit miraculeux de la joyeuse fécondité monarchique, caché sous les traits charmants d'un petit Bacchus, suivi de nombreux silènes.

A cette légèreté d'esprit, à ce folâtre mépris des devoirs civiques, on reconnaît les familiers des princes, les habitués des cours, gens dont l'espèce fourmille en Asie et se trouve aussi en Europe pour le malheur des peuples.

Eh bien! citoyens français, en attendant que, les vendanges terminées, le petit Bacchus, né dans la joie des festins monarchiques, soit apporté à Versailles sur un trône oriental et couronné de pampres par la troupe enguirlandée des Silènes, voici comment le grand-prêtre de la cérémonie, — le *Journal de Paris*, — formule l'acte de prise de possession de la France :

« Tout homme au pouvoir, qui veut y rester, y reste.
« M. le Maréchal de Mac-Mahon a l'armée dans sa main.
« Personne, en France, ne peut le renverser, du moment
« qu'il est décidé à se maintenir à la tête de l'État par la
« force dont il dispose. Or, il y est décidé. »

Après une déclaration aussi précise, aussi formelle, publiquement faite par l'organe du parti des princes d'Orléans, y a-t-il, en France, y a-t-il au monde un homme assez insensé pour méconnaître le but dans lequel M. Thiers, de concert avec la majorité de l'Assemblée, a réorganisé l'armée impériale pour écraser la démocratie et désarmer les citoyens de toutes les villes ?

M. Thiers niait alors que la guerre civile qu'il avait illégalement entreprise dût aboutir nécessairement, en cas de victoire, à la restauration d'une monarchie quelconque. Eh bien, quel moyen M. Thiers peut-il offrir aujourd'hui à la France pour se mettre à l'abri des actes arbitraires d'un homme auquel « obéit un demi-million « de soldats, et qui n'aurait qu'à tendre la main pour

« s'emparer de tous les pouvoirs, » oui, quel moyen, aujourd'hui, M. Thiers peut-il offrir à la France pour se
mettre à l'abri de tels actes ?

— Aucun ! absolument aucun.

Donc la responsabilité de tous les malheurs qui peuvent fondre sur la France retombe directement sur la tête
du « grand coupable. »

— Oui ! c'est démontré, surabondamment démontré.

Pour en finir avec la politique des orléanistes doctrinaires, signalons un dernier trait, à la charge des hommes qui s'étaient ralliés à l'Empire, dès que l'homme du
Deux-Décembre voulut bien accepter leurs services.

C'est le *Journal de Paris* qui parle : « Quelles critiques,
« quelles plaisanteries n'a-t-on pas adressées au prince
« Louis ! C'était un taciturne, un faible d'esprit. Trois mois
« de pouvoir, et il tomberait au milieu de la risée univer-
« selle. Le prince Louis nous a gouvernés vingt ans par
« la *seule vertu* de sa volonté. »

Après un tel aveu, fait à la face du monde civilisé, il
est naturel que les orléanistes doctrinaires, anciens alliés
de l'Empire, préfèrent aujourd'hui livrer la France à la
bande de l'homme du guet-apens plutôt que de laisser la
République s'organiser d'après les principes rationnels.
Et en preuve de leurs intentions bien arrêtées, les députés du centre droit font donc publiquement acte d'adhésion à la morale politique de l'Empire, ayant pour expression cette formule bestiale : *la force prime le droit.*

Voilà le parti des *princes* : la France en veut-elle ?

Pendant que le maréchal, président de la République,
accomplit un voyage princier dans l'ancienne Bretagne,
et que par décision ministérielle, transmise aux autorités
locales, les mots : *Vive le président !* sont seuls recommand-
dés, et les mots : *Vive la République !* supprimés officiellement, il est bon et très utile de mettre sous les yeux des
citoyens français les lignes suivantes, qui se trouvent

dans une brochure ayant pour titre : *Vues sur le gouvernement de la France*, brochure dont le père du Duc de Broglie actuel est l'auteur. Voici donc les paroles sacramentelles du culte orléaniste :

« Tout en persistant à regarder la monarchie comme
« le plus stable des gouvernements, celui qui répond le
« mieux aux vues de la Providence, etc., etc., nous n'ose-
« rions affirmer que la France ne soit pas réduite à tra-
« verser, encore une fois, l'épreuve périlleuse du régime
« républicain.

« Pour que la monarchie s'établisse ou se rétablisse,
« en effet, à la suite d'une longue série de troubles civils,
« il ne suffit pas de la préférer à toute autre forme de gou-
« vernement. »

« Il faut rencontrer, à point nommé, un homme hors
« de pair, un homme appelé au trône par les circonstan-
« ces et digne du trône par son illustration héréditaire
« ou personnelle ; un homme qui soit, comme on l'a dit,
« avec une naïve énergie, *du bois dont on fait les rois*.

« Si cet homme n'existe pas, il faut l'attendre et don-
« ner *du temps au temps*. »

Les quatre mois de vacances de l'Assemblée et le voyage princier du *Président* ne sont-ils pas la réalisation complète des prescriptions de l'illustre défunt, prescriptions ayant pour objet la restauration d'une monarchie quelconque par voie de « *supercherie*, » à l'aide des expédients frauduleux que comporte ce genre théâtral d'intrigues politiques.

Citoyens français, vous laisserez-vous duper et asservir par l'orléanisme doctrinaire, dont vous avez, par la *révolution du Mépris*, fait bonne justice le 24 février 1848?

Non! non! car en présence des lumières qui éclairent la situation, votre lâcheté serait une complicité, et vous ne pouvez être complices d'une œuvre aboutissant à la décadence de la France : c'est impossible.

Messieurs les ducs de Broglie, père et fils, en seront donc, le défunt pour ses frais d'imagination, le vivant pour l'insuccès de ses intrigues parlementaires. La France ne subira jamais la honte d'une monarchie orléaniste, ni d'aucune monarchie. La démocratie française a, — qu'on le sache bien! — à un trop haut degré le sentiment de sa dignité pour devenir la très humble servante « *d'un homme du bois dont on fait les rois.* »

La France démocratique ne fait absolument aucun cas de ces hommes-là : leur temps est passé; les légendes dynastiques sont éteintes; il n'est au pouvoir de personne de les ressusciter; encore moins d'en créer de nouvelles. Tout cela est mort et enterré. Qu'il n'en soit donc plus jamais question!

« Un homme du bois dont on fait les rois » est aujourd'hui, en France, un être souverainement ridicule. Le pays veut se gouverner lui-même. C'est ce qu'il fera désormais, à partir du jour où l'Assemblée siégeant à Versailles sera dissoute et les intrigues monarchistes anéanties.

Jamais donc la France ne se laissera de nouveau embarquer sur la galère des révolutions par *un homme du bois dont on fait les rois.*

Que le monde civilisé l'apprenne et s'en réjouisse!

BONAPARTISTES

———

Y a-t-il encore en France des bonapartistes?

Hélas! oui, et beaucoup; surtout beaucoup trop : c'est une conséquence naturelle d'un règne de vingt ans, ayant pour unique objet de créer des partisans à un homme aux dépens de la nation.

Par ce moyen coupable la France est donc remplie de bonapartistes.

Or, comme on ne peut empêcher que ce qui est ne soit, la France doit subir la honte du bonapartisme; mais elle doit aussi, pour cause de sûreté publique, prendre des mesures sanitaires contre cette lèpre sociale, en mettant en quarantaine tous ceux qui en sont ostensiblement atteints, et en leur interdisant toute communication politique avec la partie saine de la nation. Ces mesures sanitaires sont devenues d'autant plus nécessaires que le parti des *princes* d'Orléans, qui règne à l'Assemblée et a institué le gouvernement de combat contre les républicains, a eu besoin, pour se procurer un personnel administratif militant, d'avoir recours aux *condottieri* de l'Empire, gens experts dans le métier, et qui, aussitôt remis en fonction, se sont empressés de travailler pour leur propre compte, c'est-à-dire pour le fils de leur ancien maître.

Nous avons déjà parlé de l'emploi par M. de Broglie de ce coupable moyen administratif contre le progrès rationnel de la démocratie, coupable moyen qui a eu pour résultat direct la nomination, comme députés, de deux candidats bonapartistes.

A qui des deux, — la France démocratique ou les princes d'Orléans, — cela fait-il le plus de mal ?

La réponse est dans toutes les bouches ; l'évidence des faits l'impose à la raison ; et tous ceux qui ne sont pas initiés aux mystères de la politique des orléanistes se disent : est-il simple ce duc de Broglie de restaurer le bonapartisme.

— Pas si simple que vous le croyez, bonnes gens ; pas si simple ce disciple favori de M. Guizot. La simplicité politique, c'est bon pour saint Henri V ; mais M. le duc de Broglie n'est pas du *bois dont on fait les lis*, il est du *bois dont on fait les arcs* ; et les arcs, — tout le monde le sait, — peuvent avoir plusieurs cordes : M. le duc de Broglie est donc un arc à double et triple cordes, à davantage, au besoin. En rédigeant le rapport de la commission des lois constitutionnelles, une des cordes de cet arc était à la disposition de M. Thiers pour lancer un portefeuille dans les mains de son cher petit duc. Le coup n'ayant pas réussi, vite, le cher petit duc s'est retourné du côté des légitimistes et leur a dit : Messieurs, vous le savez bien ! c'était pour attraper le vieux renard que j'ai tendu une de mes cordes comme on tend un piége ; mais il est malin, il a vu le danger et a voulu l'éviter. Eh bien, au lieu de le prendre vivant, nous le prendrons mort : cela ne vaut-il pas mieux.

C'est, en effet, ce qui est arrivé.

L'exécution politique de M. Thiers terminée, M. le duc de Broglie, vice-président du conseil des ministres, se mit à essayer d'autres cordes avec Henri V, avec le maréchal de Mac-Mahon, avec le futur stathouder,... qui qu'y a-t-il d'étonnant à ce qu'il ait voulu en essayer une dernière avec l'Empire? Est-ce que M. Guizot et ses disciples ne s'étaient pas ralliés à l'homme du Deux-Décembre?

Mais hélas! tant de cordes ont joué un mauvais tour à M. de Broglie : il s'est pris la tête, comme nous l'avons vu, dans le réseau de ses ficelles politiques. L'apercevant dans cette position difficile, battant les buissons du chemin pour trouver un rat capable de le délivrer, les chevau-légers qu'il traînait à sa suite, honteux du métier de braconnier qu'on leur faisait faire, ont regagné la route royale, et, dans ce mouvement précipité, opéré subitement par l'ordre du roi, broyé M. de Broglie sous les pieds de leurs coursiers.

Pauvre duc! plus de cordes à son arc: la dernière est cassée.

Ainsi s'était rompu, sous le poids de la coalition parlementaire organisée par M. de Broglie, le fil des glorieuses destinées de M. Thiers.

L'inexorable logique des faits a donc mis fin à la carrière politique des deux chefs du parti orléaniste, M. Thiers et M. de Broglie, obéissant tous deux aux seuls mobiles des hommes de ce parti : l'intérêt personnel et la haine de la démocratie. Mais tous deux aussi en quittant le pouvoir ont légué à la France tout le mal qu'il leur était possible de lui faire ; l'un en livrant le pays à l'armée impériale, l'autre, en remettant le suffrage universel sous la direction du personnel administratif du guet-apens.

Et comme nous n'affirmons jamais rien sans preuve, voici comment l'organe du parti des princes, le *Journal de Paris*, décrit la conduite de M. de Broglie à l'égard des bonapartistes : « L'importance que le parti bonapar« tiste a conquise dans le pays *date du ministère de Bro*« *glie : c'est alors que les anciens fonctionnaires de l'empire*

« *sont rentrés dans l'administration...* La condescendance
« du cabinet à l'égard du parti de l'appel au peuple en
« vint à ce point que l'opinion publique en fut frappée, et
« qu'elle accusa le ministère dont M. de Broglie était le
« chef de *conspirer en secret le rétablissement de l'em-*
« *pire.* »

Est-ce clair? M. de Broglie ne fait-il pas flèche de *tout*
bois?... pour son propre compte.

Or, qu'est-ce que c'était que l'empire? Le voici en peu
de mots; mais ce peu de mots suffit à faire connaître
cette chose que rien n'égale en infamie.

Citoyens français, lisez ce qui suit, ce sont des documents publics et authentiques. Ils sont extraits d'une
lettre adressée par le lieutenant-colonel Liénard à l'*Echo
du Nord*. On y verra pourquoi la France, après vingt ans
de régime impérial, s'est trouvée, en 1870, sans moyens
de défense devant l'invasion allemande :

« Il y avait huit grands arsenaux bien approvisionnés,
sans compter les 114 places de guerre, forts ou fortins,
dont les magasins renfermaient, pour des sommes con-
sidérables, des engins dont on avait résolu de se débarrasser.

. . . .

« En 1863, je commandais l'artillerie de l'arrondisse-
ment de Vincennes. Les magasins et les casemates du
donjon regorgeaient de fusils. L'État pouvait en faire
transformer un grand nombre ; l'opération eût été peu
coûteuse.

« Des spéculateurs s'entendirent avec le ministre de
la guerre, qui, sans adjudication, leur livra d'abord
100,000 fusils au prix de 4 fr. 50.

« On sut qu'il en restait.

« Le roi d'Italie reconstituait son armée : il avait besoin d'armes. Un marquis Mancini obtint la soumission

de 40,000 fusils qu'il s'engagea à livrer à 60 fr. chaque :
donc 2,400,000 francs.

« Il repassa son marché, moyennant une commission
de 800,000 fr. au comte de P..., lequel vint en France,
vit M. M..., entrepreneur de la manufacture d'armes de
Saint-Étienne, qui lui offrit de reprendre le marché
moyennant 500,000 fr.

« M. M..., vint me voir à Vincennes pour prendre livraison de 40,000 fusils qu'il payait 4 fr. 50 la pièce : donc
180,000 fr.

« Il lui incombait le travail de la transformation, mais
il était outillé : c'était son métier. L'opération lui coûta
11 fr. par arme, donc 440,000 francs, de sorte qu'il gagna,
lui, 480,000 fr.

Achat,	180,000 fr.
Transformation,	440,000
Allocation au marquis et au comte,	1.300,000
Bénéfice,	480,000
Total,	2,400,000 fr.

total égal à ce que devait payer Victor-Emmanuel.

« En 1865, à Lille, je reçus l'ordre de livrer pour 300 fr.
un lot de vieux cuivres, aciers et fers, qui en valait 1,500
J'en écrivis au ministre Randon pour l'en informer.

« Indigné de mon outrecuidance, celui que le maréchal
Baraguey-d'Hilliers avait officiellement qualifié de « petit
homme, petit esprit, petit courage » (note d'inspection
générale), chargea mon vieil ami le général Suzane,
directeur de l'artillerie au ministère de la guerre, de me
rappeler à l'observation de mes devoirs, et voici la lettre
que je reçus du général :

« MON CHER COMMANDANT,

« Le ministre me charge de vous rappeler qu'il vous
est interdit de faire la moindre observation quand il vous

envoie des ordres, et que votre devoir est de les exécuter.

« Pour le ministre et par son ordre :

« *Le général de division, directeur*
de l'artillerie.

« Signé : SUZANE. »

P. S. — Attrape, mon vieux!!!

« Je fus obligé de livrer successivement : 3,332 sabres de cavalerie en bon état, au prix de 1 fr. 80 la pièce. Le prix réel de l'unité était de 23 fr., — perte, 70,659 fr.; — 18,070 sabres d'infanterie en bon état, à 1 fr. 31 au lieu de 12 fr., — perte, 193,147 fr. — 1,885 baïonnettes quadrangulaires, toutes neuves, acier fondu, au prix de 0 fr. 15. L'infanterie ne les avait jamais connues.

« Dans ces chiffres, je ne comprends pas les armes réputées hors de service. Je fis vendre 95 affûts de siège Gribeauval au prix moyen de 39 fr. 25; neufs, ils coûtaient de 25 à 30 fois davantage. Envoyés à Douai on eût pu les utiliser.

« Puis, comme bois à brûler, 125 châssis, modèle ancien, 1,648 fr.; ils avaient coûté fort cher, et comme les affûts, ils auraient été utiles à l'arsenal de Douai, où le bois manquait.

« Cependant ma patience était à bout, lorsque je reçus l'ordre de vendre au prix de 4 fr. 50 52,000 fusils tout neufs. Je me révoltai, et lorsque M. de L...., mandataire d'une société d'acheteurs, vint pour prendre livraison, je lui opposai un refus fort net.

« Je lui demandai si la société avait réalisé de beaux bénéfices.

« — *Huit millions environ depuis un an*, me répondit-il.

« J'écrivis au général Suzane pour lui déclarer que je quitterais le service plutôt que de mêler mon nom à cette dernière opération (il fallait que je signasse les procès-

verbaux). Il en parla au ministre, qui chargea un général
de division d'artillerie de venir à Lille « me mettre à la
raison. »

« Celui-ci m'ayant, devant mes officiers et mes gardes,
déclaré « que c'était l'empereur qui voulait que la vente
eût lieu, » je lui expliquai mes raisons, qu'il approuva
du reste, je dois le dire à son honneur.

« De rogue qu'il était au début, il s'adoucit et me promit de soumettre mes observations au ministre. Je sau-
vai ainsi 52,000 fusils qui, quatre ans plus tard, ont pu
être donnés à la garde nationale de Lille.

« En voilà assez pour vous donner une idée des scandaleux tripotages qui ont fini par mettre la France désarmée en face de l'ennemi.

« Je vous serre la main.

« Le lieutenant-colonel,
« Th. Liénard. »

NOUVELLE LETTRE DU LIEUTENANT-COLONEL LIÉNARD

On lit dans l'*Echo du Nord* :

« La pièce qu'on va lire n'a pas un moindre intérêt
historique que les précédentes publiées par nous, sous
le même titre. On remarquera qu'il ne s'agit point ici
d'imputations vagues ni de la phraséologie sonore et
vide qui est trop souvent le langage des partis, mais de
renseignements précis dont la preuve existe, et que nous
extrayons, avec l'autorisation de l'auteur, d'une corres-
pondance échangée entre M. le colonel Liénard et l'un
de nos amis.

« Je vous ai parlé du matériel de guerre ; je viens, aujourd'hui, vous entretenir de l'état du personnel de l'armée dans les dernières années de l'empire.

« En 1866, après Sadowa, le général Jeanningros fut
nommé au commandement de la subdivision, à Lille, et,

le lendemain de son arrivée, il convoquait tous les chefs de service : *Infanterie, artillerie, génie* et *intendance*.

Tous étant réunis, il nous dit :

« MESSIEURS,

« Je suis autorisé, par le ministre de la guerre, à vous dire que, *bientôt*, nous ferons campagne. J'arrive du Mexique, et il y a quatre ans que je n'ai vu ma femme et mes enfants. J'ai demandé au maréchal une permission de quarante-huit heures pour aller les embrasser ; il me l'a refusée. Donc, il y a urgence. Je vous ai réunis pour être renseigné sur les forces de mon commandement. »

« Puis, s'adressant à chaque chef :

« Colonel Labarthe (du 6e de ligne) : Quel est l'effectif de votre régiment? — 1,030 hommes, fut-il répondu.

« Colonel Giraud (du 57e) : Et le vôtre? — 1,080.

« Commandant Liénard (de l'artillerie) : Avez-vous le matériel nécessaire à la défense de la place? Combien de canons? — Je n'ai rien.

« Colonel Jahan (commandant le génie de la place) : — Dans quel état est la place de Lille? — Les crédits ont été supprimés. La place est ouverte, l'enceinte n'est pas terminée, les ouvrages extérieurs ne sont pas commencés.

« Au sous-intendant. — Quel est l'état de vos magasins? — Ils sont vides.

« Le général était atterré.

« Les régiments d'ici n'étaient qu'au tiers de leur effectif réglementaire, et il en était de même des quatre-vingt-huit autres. Quant à la cavalerie, elle était encore loin d'être aussi bien partagée.

« En 1867, l'empereur, lors de la visite qu'il fit à Lille, fit les mêmes questions, et il obtint des réponses semblables.

« En 1870, le vote du plébiscite, qui fut si funeste à la

Franco, prouva, puisque c'était un appel nominal, que l'armée, en y comprenant les combattants et les non combattants, était de 327,000 hommes au lieu de 450,000, dont les 450 millions du budget de la guerre semblaient démontrer cependant l'existence. De là, on aurait pu conclure à une économie annuelle de 123 millions, et cependant nos arsenaux restaient vides !

« Le 15 juillet 1870 eut lieu, à la Chambre, la trop fameuse déclaration Grammont, qui était la préface de la déclaration de guerre.

« Le 16, le ministre de la guerre, maréchal Lebœuf, qui a prétendu qu'il ne manquait pas *un bouton de guêtres* (il disait vrai, il manquait bien davantage), ordonna aux 20 colonels commandant les régiments d'artillerie de lui faire savoir, par le retour du courrier, combien d'eux pouvait mettre *immédiatement* de batteries sur le pied de guerre.

« Les réponses furent uniformes, car les effectifs en hommes et en chevaux étaient identiques pour tous les régiments.

« Le résultat fut que chaque régiment pouvait fournir *une batterie et demie, deux au plus* pour quelques-uns ; donc, pour *vingt* régiments : QUARANTE batteries au maximum ; — et il en fallait *deux cents* (représentant 1,200 bouches à feu qui, à raison de 4 par 1,000 hommes, constituent l'armement d'une armée de trois cent mille hommes seulement.)

« Et voilà avec quoi on a déclaré la guerre ! On en connaît les conséquences.

« *Le lieutenant-colonel*,

« TH. LIÉNARD. »

L'*Echo du Nord* publie une nouvelle lettre de M. le lieutenant-colonel Liénard, en réponse à une note dubitative du journal les *Débats*, publiée ces jours-ci à propos des faits signalés par cet officier.

C'est un nouveau document à ajouter aux archives de l'empire :

« Le rédacteur de la note du *Journal des Débats* concernant mes lettres qui ont paru dans l'*Echo du Nord* et relatives aux ventes des armes que renfermaient les arsenaux, commet une erreur grave.

« Quand des objets ont été déclassés à l'inspection générale, ils sont remis, c'est vrai, à l'administration des domaines, qui en fait afficher la vente, et celle-ci est faite publiquement dans les arsenaux.

« C'est ce qui a eu lieu à Lille pour les affûts et les châssis, système Gribeauval, qui ont été vendus à des prix dérisoires, quand, à Douai, arsenal de construction, où le bois manquait, ils eussent pu être utilisés avantageusement; et pour les douze ou treize grands soufflets de forge qui, adjugés à *neuf francs* chacun, ont été revendus *quatre-vingt-dix francs*, avant de sortir de la cour de l'arsenal.

« Le rédacteur de la note est dans le vrai quand il déclare que les objets remis aux domaines sont, non pas comme il le dit *presque toujours*, mais *toujours* vendus à des prix minimes.

« Mais il n'en est pas ainsi des armes qui devaient sortir de France: elles étaient adjugées directement à Paris, à des sociétés qui envoyaient leurs agents dans les arsenaux pour prendre livraison.

« Ce qui est livré aux domaines est vendu publiquement, et JAMAIS cette garantie de publicité n'est intervenue pour les fusils, les sabres, les baïonnettes et les riblons. Ces sortes de marchés se faisaient à Paris, comme je viens de le dire. Comment? Je pourrais le révéler, mais il y a déjà eu assez de scandale à ce sujet, je ne veux ni l'augmenter, ni le renouveler.

« Je n'ai jamais eu l'intention d'incriminer les bureaux de la guerre — je ne dis pas l'*administration*, car cela innocenterait tout le monde, et l'on sait qu'au-dessus des bureaux se trouvait un chef qui ordonnait et à qui on obéissait aveuglément. Je faisais remonter plus haut les opérations que je flétrissais, et, d'ailleurs, je le déclarais assez clairement, dans une de mes lettres, quand j'écrivais à l'occasion des cinquante-deux mille fusils qu'on voulait vendre à Lille, que le général inspecteur (G., dit *Pot-à-Tabac*) m'avait dit, en présence d'officiers et de gardes, que c'était l'empereur qui voulait que la vente eût lieu.

« Le lieutenant-colonel, »
« Th. Liénard. »

L'*Echo du Nord* publie la réponse suivante du lieunant-colonel Liénard à la note du *Journal officiel* :

« La note, si tardive, publiée par l'*Officiel*, ne détruit rien de ce que j'ai avancé.

« Dans ma lettre du 24 janvier, j'avais eu bien soin de déclarer que je ne faisais pas mention des armes *hors de service*, et les chiffres officiels que je citais appartenaient à des catégories qui, lorsque je reçus l'ordre de les livrer à M. de L..., étaient encore portées sur l'inventaire comme *de service*.

« Quoi qu'en dise l'*Officiel*, je n'ignore pas comment les choses se passent ou doivent se passer entre les administrations de la guerre et des finances quand il y a des ventes à faire : je l'ai dit assez clairement dans ma réponse à la note du *Journal des Débats*.

« Les 52,000 fusils (parmi lesquels se trouvaient ceux qu'on venait de retirer aux régiments de la garde pour les remplacer par des chassepots) étaient *à percussion* (non *à pierre*) et en excellent état. Pourquoi le général inspecteur G..., dit *Pot-à-Tabac*, m'a-t-il dit que l'ordre était de les vendre et que j'eusse à les livrer ?

13.

« J'ai expliqué comment j'étais parvenu à les sauver. Ils ont servi, dans le Nord, en 1870 et 1871.

« Et ces baïonnettes quadrangulaires, en acier fondu, vendues 0 fr. 15 (*trois sous*), quand elles pouvaient servir aussi longtemps qu'il existait des fusils à percussion ! Les anciennes, qui se faussaient, avaient été reconnues défectueuses, et ce sont elles que l'on a été obligé de donner aux mobiles et aux mobilisés du Nord, pendant la campagne.

« Mon but était moins encore de blâmer les tripotages que de faire connaître l'incurie avec laquelle on a préparé cette guerre néfaste, qui était projetée depuis 1866.

« En 1867, à Lille, l'empereur nous a parlé de points noirs qui surgissaient à l'horizon. Ce langage faisait prévoir l'avenir.

« Que l'on juge du désespoir des officiers sérieux connaissant les ressources dont on pouvait disposer, en personnel et matériel, quand ils ont vu engager follement une campagne dont ils avaient prévu les conséquences, et quand ils surent qu'à un dîner ministériel les convives, le 15 juillet 1870, furent invités à un dîner à Berlin pour le 15 août suivant !

« Le pays a un intérêt immense à connaître les fautes commises et les hommes auxquels ont été confiées les destinées de la France.

« *Le lieutenant colonel.* »

« TH. LIÉNARD. »

Merci, lieutenant-colonel Liénard, merci au nom de la démocratie française. Vous avez bien mérité de la patrie. La France s'en souviendra.

De tels documents ne pouvaient être publiés que sous la République. C'est pourquoi les auteurs et les complices de pareils actes préféraient le triomphe de l'invasion au succès de la défense nationale. Et comme, grâce à l'immense corruption de l'Empire, la France était remplie de pareilles gens, dans les plus hautes positions, on comprend comment les nobles efforts des patriotes ont été systématiquement paralysés par les efforts contraires des ennemis de la République.

Aujourd'hui que tous ces faits et leurs causes sont parfaitement connus, le peuple souevrain, aux élections générales, en fera bonne et prompte justice.

En attendant, voilà donc un spécimen authentique des actes administratifs de l'Empire. Le monde civilisé appréciera ce mode de gouvernement.

Quand on pense que telles étaient les conditions habituelles d'existence de l'Empire, on se demande, avec stupéfaction, comment ce gouvernement a pu durer si longtemps ?

Parbleu ! c'était facile : la force brutale imposait silence, et le vol alimentait la corruption générale.

Dans un seul ministère, sur un seul article : *Effectif de l'armée*, cent vingt-trois millions était annuellement détournés de leur destination légale ; et combien d'autres millions sur un second article : *Vente secrète du matériel de guerre* ?

Après cela, qu'un candidat vienne donc dire au peuple souverain : je suis bonapartiste ; j'aime l'empire ; je désire son retour ; je plaide sa cause ; je travaille à sa réhabilitation. Oui ! qu'un candidat vienne dire cela à la France, et il verra quelle réponse la France lui fera.

Mais les Bas-Empires sont comme les morts de la ballade allemande : ils vont vite ; ils vont loin.

Exemple : Il y avait autrefois, — pas si loin que l'extrême Orient, — un grand peuple en pleine décadence monarchique, chez lequel le régime des Césars de rencontre florissait dans tout son éclat.

Or, il arriva qu'une impératrice, qui avait pour amant son cocher, voulut le faire empereur, au lieu et place de son seigneur et maître. Elle s'occupa donc de gagner l'affection des chefs de la garde prétorienne en flattant leurs passions, en payant leurs dettes et en leur prodiguant les faveurs des femmes équivoques de la cour, ses complices ; et quand elle fut assurée du concours dévoué des chefs de l'armée, elle fit entrer, une belle nuit, son favori dans l'appartement de l'empereur, qui, après les copieuses libations de l'orgie, dormait, ivre-mort. On l'acheva aisément.

L'exécution terminée, l'impératrice fit une large distribution d'argent aux prétoriens, qui proclamèrent empereur l'heureux cocher, selon les désirs de l'impératrice.

La capitale, en s'éveillant, apprit qu'une nouvelle dynastie occupait le trône. Et, à cause de son origine, fort peu divine, quoique cela s'appelle dans le langage de l'Eglise : régner par la grâce de Dieu, à cause, dis-je, de son origine, le peuple l'appela : la dynastie de l'*Etrille et du Crottin.*

Et ce n'est pas le dernier mot des Bas-Empires : il y a encore mieux que cela.

France démocratique, pourrais-tu jamais consentir à être traînée dans la voie fangeuse, pleine de sang, des ignobles Bas-Empires ?

Non ! non ! tu auras horreur de pareilles infamies. Tu résisteras avec fierté. Tu resteras noblement en république démocratique.

Et tu seras sauvée de la servitude monarchique, de sa corruption, de sa bassesse, de ses crimes, de ses ignominies, etc., etc., et de l'abîme sans fond où tout cela conduit une nation victime du despotisme.

Enfin, Électeurs, voilà ce que le dernier représentant de la légende napoléonienne nous a coûté : ce sont, sachez-le bien, des chiffres authentiques :

« En 1852 — dit le journal le *Rappel,* — la dette de la France était de deux cent quarante trois millions de rentes. En 1873, elle est de sept cent quarante-huit millions. Augmentation : *Cinq cent cinq millions de rentes.* C'est-à-dire que la dette a plus que triplé.

Voici dans quelle proportion ont contribué à cette augmentation les quatre guerres où la France a été lancée ;

Guerre d'Orient.	71,700,000
Guerre d'Italie	25,800,000
Guerre du Mexique	18,250,000
Guerre de Prusse	385,000,000
Total	500,750,000

Et voici de quelles douloureuses réflexions le *Rappel* accompagne cet extrait des comptes de l'Empire.

« Rien que les 385 millions de la guerre de Prusse représentent un capital de près de *dix milliards*. Dix milliards d'un seul coup ! dix milliards dépensés d'un mot le jour où il a plu à Napoléon III de dire : Guerre ! Nous ne parlons pas de tout ce que ce mot nous a coûté : des défaites, de notre drapeau traîné en Allemagne, de ceux que leurs mères n'ont pas revus, de l'Alsace et de la Lorraine coupées dans notre chair comme par le couteau de Shylock. Nous ne parlons que de ce que nous avons perdu en argent. Dix milliards. Voilà ce que risquent les peuples qui ont un maître. Un beau jour, par colère, par imbécillité, par caprice, ce maître prononce un mot, et le pays doit dix milliards (1).

Que peut-on vouloir de plus en fait de culpabilité ?

A tout ce qui précède vient s'ajouter le document suivant, comme preuve de la démoralisation effrénée d'un ordre de choses, dont le dernier acte fut un des plus grands crimes que la conscience humaine soit appelée à flétrir.

(1) Le règlement définitif du compte des dépenses de la guerre a donné en plus de ce chiffre une somme de près de trois milliards.

Il s'agit de la capitulation de l'armée impériale du Rhin, capitulation qui a été la cause finale des désastres inouïs de la France.

Dans le scandaleux procès du commandant en chef de cette armée un incident soulevé par Me Lachaud, son défenseur, ayant, maladroitement pour sa cause, appelé l'attention du conseil de guerre sur une lettre du colonel d'Andlau, attaché à l'état-major du grand criminel, les journaux se hâtèrent de reproduire cette lettre, qui fait le plus grand honneur aux sentiments patriotiques qui l'ont inspirée, et qui justifie si énergiquement, en la partageant, l'indignation qu'ont éprouvée les défenseurs de la patrie à la vue de trahisons qui paraissaient impossibles dans l'état actuel de la civilisation en France, impossibles surtout là où l'on croyait que le culte de l'honneur national existait au plus haut degré, dans le cœur du général en chef d'une armée française.

Voici donc cette lettre, qui restera éternellement dans l'histoire de France pour rendre témoignage contre les traîtres, et pour justifier l'indignation des patriotes :

« *Hambourg*, 27 *novembre* 1870.

« Votre lettre du 4 novembre m'arrive à l'instant, et vous voyez que je ne perds pas de temps de mon côté à vous écrire, à vous remercier de votre bon intérêt, et à vous dire que je vais aussi bien qu'on peut aller dans la triste situation où l'incapacité et la trahison ont jeté notre malheureux pays. En présence de semblables infortunes, la nôtre disparaîtrait presque, si elle ne devait pas avoir pour conséquence l'extension de l'envahissement et, par suite, l'aggravation du mal pour cette France déjà si terriblement atteinte. Vous rappelez-vous mes lettres de Metz, ce que je vous disais de ce qui se passait alors, et ce que je prévoyais déjà en face des imbécillités et des faiblesses dont j'avais le triste spectacle?

« Mais, hélas! il y avait une chose que je n'avais pas prévue et que la Providence réservait comme le dernier châtiment de notre orgueil et de notre décrépitude morale, c'était la trahison! Eh bien! cette douleur-là ne nous a même pas été épargnée, et nous avons assisté au honteux spectacle d'un maréchal de France voulant faire de sa honte le marchepied de sa grandeur, et de notre infamie la base de sa dictature, livrant ses soldats sans armes, comme un troupeau qu'on mène à l'abattoir et qu'on remet au boucher, donnant ses armes, ses canons, ses drapeaux, pour sauver sa caisse et son argenterie, oubliant à la fois tous ses devoirs d'homme, de général, de Français, et se sauvant furtivement, au petit jour, pour échapper aux insultes qui l'attendaient ou peut-être à la fureur qui l'aurait frappé...

« Voilà ce que j'ai vu pendant deux long mois, voilà ce que j'ai écrit du reste, ce que j'ai dit bien haut, à tel point qu'il m'a menacé de me faire arrêter, ainsi que mon ami S., mais il n'en a même pas eu le courage; il m'a refusé cette satisfaction! Nous avons assisté à une trame ourdie de longue main, dont les fils ont été aussi multiples que les motifs; et cet homme a obéi à des pensées si diverses, qu'on en est à se demander aujourd'hui s'il n'était pas tombé dans cette imbécillité qui semblait être devenue l'apanage de cette honteuse dynastie et de ses créatures.

« Il a d'abord trahi l'empereur pour rester seul et se faire gloire à lui-même; puis, il a manqué à ses devoirs de soldat, en ne voulant pas aller au secours de l'armée qui marchait sur Sedan, par haine de Mac-Mahon, et pour ne pas servir à un accroissement d'illustration pour celui qu'il appelait son rival. La catastrophe arrive, le trône est renversé, et il allait se rallier à la République, quand Trochu apparaît avec la grande position que la situation lui avait faite; il ne voit plus pour lui la première place, celle qui peut seule lui assurer les gros traitements dont il s'est habitué à jouir, et il trahit alors la République et la France, pour chercher je ne sais quelle combinaison politique qui fera de lui le dictateur du pays, sous la protection des baïonnettes prussiennes? Cette combinaison lui échappe, et il se retourne alors vers la pensée impie d'une restauration impériale, qui conviendrait à la Prusse et lui assurerait toujours ce premier rôle auquel il aspire, sans souci de son honneur, pas plus que de celui de son armée.

« Mais l'ennemi ne veut plus rien entendre, car il le sait actuellement sans ressources. Il n'a pas même alors le courage de nous faire tuer: il préfère nous déshonorer et noyer sa honte dans celle de son armée. Voilà ce qu'a fait cet homme. Quelle leçon pour les popularités mal acquises, quel réveil pour ceux qui ont pu croire un instant aux hommes de cette triste époque! Bien des esprits sagaces ont deviné le mal au début, bien des braves cœurs ont voulu le prévenir, et je vous dirai que ce sera pour moi un honneur d'avoir été un des auteurs de la conspiration qui se formait aux premiers jours d'octobre pour forcer Bazaine à marcher, ou le déposer. Les généraux Aymard, Courcy, Clinchant, Péchot, les colonels Boissonnet, Lewal, Davoust d'Auerstaedt et d'Andlau, nous voulions à toute force sortir de l'impasse vers laquelle on nous précipitait, et que les autres ne voyaient pas ou ne voulaient pas voir... Mais il nous fallait un chef, un général de division, dont le nom et l'ancienneté eussent pu rallier l'armée dont nous aurions arrêté les chefs.

« Eh bien! pas un n'a voulu prendre cette responsabilité, pas un n'a eu le cœur de se mettre en avant pour sauver du même coup et l'armée et la France. Ah! ils sont bien coupables aussi, ces généraux et maréchaux, et ils auront des comptes sévères à rendre devant l'histoire et peut-être devant les tribunaux;

car, voyez-vous, de pareilles infamies rendent féroce, et j'en suis arrivé aujourd'hui à demander du sang pour y laver l'injure qu'on m'a faite! Je ne sais pas si mon caractère est changé, mais ce qu'il y a de certain, c'est que mes idées sont singulièrement modifiées. D'abord, le nom seul de Napoléon me fait horreur, et il ne me reste du souvenir de cette dynastie que l'affection que je portais à la femme qui, elle du moins, s'est conduite avec cœur et honneur jusqu'à ces derniers jours. Je me jetterais aujourd'hui dans les bras des Rochefort, des Flourens, des Dorian, n'importe qui, pourvu qu'il me donnât un fusil et qu'il pût me dire : Frappez! Frappez! Vengez-vous!

« Aujourd'hui, j'en suis arrivé presque à comprendre les massacres de 92, les horreurs de la Révolution, et j'ai regretté à Metz de ne pas voir arriver les anciens commissaires de la Convention aux armées, qui faisaient tomber les têtes des généraux, et ne leur laissaient d'autre alternative que de vaincre ou mourir! Faut-il que j'aie passé par d'assez horribles épreuves pour en arriver là! Le pensez-vous, vous qui m'avez pu si bien connaître dans des temps meilleurs et déjà si loin?

Mais, pardon! je ne parle que de moi; c'est que je suis dans une telle exaspération, je gémis tellement chaque jour de la position que cet infâme nous a faite, qu'il m'est impossible de m'en distraire absolument. »

Citoyens français, vous l'avez lue, cette lettre, d'une beauté antique, d'une noblesse de sentiments que rien ne peut surpasser; vos entrailles en sont émues, votre cœur en est palpitant, l'indignation enflamme votre sang, et vous éprouvez tout ce que le colonel d'Andlau a ressenti en voyant s'accomplir toutes les infamies dont il fut témoin et victime, témoin et victime avec l'armée, témoin et victime avec la France, témoin et victime avec le monde civilisé. Eh bien! citoyens français, relisez encore cette lettre, et pénétrez-vous bien de tous les sentiments qu'elle exprime; car, — sachez-le bien, — c'est de l'assimilation de vos sentiments avec les sentiments du colonel d'Andlau que naîtra le salut du pays. Relisez donc cette lettre : c'est le cœur sanglant de la France qui l'a écrite sur l'airain de l'histoire avec le glaive de toutes les douleurs. Relisez-la, elle finit une série d'infamies dont le lieutenant-colonel Liénard vous a fait voir l'ignoble commencement.

Citoyens français, vous venez d'avoir sous les yeux les portraits d'après nature des maréchaux et généraux en chef qui avaient la confiance de l'homme du Deux-Décembre, et aux mains desquels il avait remis l'honneur et les destinées de la France. Aucun d'eux n'a attaqué le récit du colonel d'Andlau; donc leur silence est la confirmation des faits racontés et flétris par le véridique et vaillant narrateur.

En conséquence, honneur au colonel d'Andlau, qui, au nom de la France trahie, ruinée et démembrée, a stigmatisé les coupables avec le fer rouge de la justice; afin que le pays les connaisse et n'oublie jamais le mal qu'ils lui ont fait volontairement.

L'œuvre du colonel d'Andlau recevra un jour de la patrie reconnaissante la récompense qui lui est légitimement due. C'est un devoir national dont la France s'acquittera avec joie. Que ce jour vienne donc et vite! et venge la France des hontes et humiliations qu'elle a subies sous l'infâme gouvernement de l'homme du Deux-Décembre.

Le monde civilisé le voit donc clairement aujourd'hui, c'était pour cacher dans les ténèbres impures du despotisme cet amas d'infamies, que les hommes flétris par le colonel d'Andlau sont venus de Prusse, Bazaine à leur tête, offrir leur épée à M. Thiers, pour *écraser* et *désarmer* les défenseurs de la patrie, auxquels ils allaient avoir à rendre compte d'une conduite qui inspirait à la France les mêmes sentiments que ceux exprimés par le brave et patriote colonel d'Andlau.

Il fallait donc, au moyen de la force brutale et à tout prix, empêcher la conscience humaine de parler par la bouche des citoyens français. M. Thiers s'en est chargé, et le succès a couronné son œuvre, qui fait suite à celle de Bazaine.

Ainsi, désormais, la reddition de Metz par Bazaine et la conquête de Paris par M. Thiers sont les deux actes d'un même drame, inspiré par le même esprit, accompli par les mêmes moyens, mais seulement en vue d'une *dictature* différente.

Après l'effondrement ignominieux de l'Empire, la France fut donc le jouet, au profit de la Prusse, d'un grand criminel, aujourd'hui frappé par la justice, et d'un « *grand coupable,* » qui attend encore l'heure de comparaître devant le tribunal de la souveraineté du peuple (1).

Il y comparaîtra, amené par l'inexorable logique des faits, puisque la conquête de Paris est liée à la trahison de Bazaine comme l'effet à sa cause.

Et quand la souveraineté nationale aura fait justice de la dictature de M. Thiers, et rendu toute dictature impossible par la suppression de l'emploi de la force contre le droit, alors le lamentable scandale des coups d'Etat ne se produira plus, les « hommes du bois dont on fait les rois » deviendront des mythes, les « Césars de rencontre » seront traités comme de vils coquins, et les dynasties du Bas-Empire enterrées dans le cloaque des révolutions prétoriennes.

Souveraineté nationale, fais donc entendre la voix de la justice, et qu'au bruit salutaire de ta parole disparais-

____

(1) La mort s'est emparée du grand coupable; mais la conscience humaine exige que l'histoire flétrisse sa mémoire.

sent toutes les calamités causées par cette chose qui s'appelle : un Maître.

Oh ! non, plus de maître. La France démocratique n'en veut point.

Elle saura faire respecter sa volonté souveraine.

Arrière ! dynasties déchues.

La France renaît dans le sein de la raison.

Eternelle vérité, répands sur elle la divine lumière, celle qui luit dans l'histoire et stigmatise les grands coupables.

En voici un rayon : bien d'autres apparaîtront quand une enquête nationale fera la lumière sur les hommes et les choses de l'Empire.

En attendant, prenons acte d'une infamie à la clarté d'un éclair.

On lit dans le journal l'*Ordre*, du Pas-de-Calais, à la date du 22 septembre 1874, le récit suivant :

La fortune de l'empereur est obérée !

M. Rouher l'a déclaré devant la commission de la liste civile.

Eh bien ! écoutez ceci :

C'était le 30 août 1870. Le général de Failly venait de se laisser surprendre à Beaumont, en plein midi, en plein bivouac. On avait démonté les fusils pour les nettoyer, l'artillerie était dételée, les chevaux à l'abreuvoir, les hommes en corvée... et, la veille et l'avant-veille, on avait été en contact avec l'ennemi !!! Le 28, le 5ᵉ corps avait eu un engagement avec la cavalerie saxonne ; le 29, il s'était battu jusqu'au soir à Bois-les-Dames, d'où il avait dû gagner Beaumont dans la nuit du 29 au 30. Certes, dans ces conditions, la proximité, disons mieux, la présence de l'ennemi ne pouvait faire doute. C'est pourtant dans ces conditions que le général de Failly s'était laissé surprendre, comme nous venons de le dire. Une sentinelle qui s'endort, qui manque de vigilance, qui laisse surprendre un poste de quatre hommes, est fusillée ; que dire d'un général... Mais passons, celui-là du moins s'est fait justice.

Culbuté, poursuivi dans un désarroi épouvantable sur la route de Beaumont à Mouzon, le 5ᵉ corps se retirait par les ponts de cette ville et venait se rallier sur la rive droite de la Meuse, où se trouvait déjà l'empereur avec les 1ᵉʳ et 12ᵉ corps.

Pour recueillir les bataillons débandés de de Failly, couvrir leur passage, soutenir enfin cette déroute, car la marche du 5ᵉ corps n'est plus une retraite, une division d'infanterie du 12ᵃ corps et la division de cavalerie ont repassé les ponts et se sont portées sur la rive gauche de la Meuse.

A 6 heures du soir, deux batteries françaises, qui couvrent le mouvement en avant des ponts, abandonnées par leur troupe de soutien, démontées, pulvérisées par le feu écrasant de l'artillerie bavaroise et saxonne, sont obligées de céder.

A 6 heures, — *notez bien cette heure,* — il ne reste plus en ligne, pour protéger les derniers traînards contre la poursuite des Prussiens, que la brigade de réserve du 12ᵉ corps, composée des 5ᵉ et 6ᵃ cuirassiers.

Le 5ᵉ cuirassiers, qui forme le premier échelon, reçoit l'ordre de charger.

C'est tout bonnement une répétition de Reichsoffen ; seulement, comme aucun rapport, à l'heure qu'il est, n'a encore été fourni sur les dix journées qui ont précédées Sedan, comme l'histoire en est encore à écrire, la France aussi en est encore à savoir ce que lui a coûté l'admirable dévouement du 5ᵉ cuirassiers.

Nous allons le lui dire :

Les escadrons n'avaient pas parcouru 200 mètres, car *on chargeait à bout portant,* que le colonel de Contenson, le lieutenant-colonel Assaut, le commandant Brincour

étaient tués ; le dernier officier supérieur survivant, Mau-
tifs, avait une balle dans le ventre, et c'est un capitaine
qui ramenait le régiment décimé, laissant derrière lui
quinze officiers tués, blessés ou démontés.

Jusque-là rien de plus simple, c'était le devoir : voilà
tout.

Mais voici qui est mieux :

Exactement, précisément à la même heure, — vous
l'avez notée, n'est-ce pas ? un homme assistait des hau-
teurs de Carignan, à la déroute de de Failly, à cette
charge héroïque du 5e cuirassiers, qui se faisait écharper
pour lui...

Savez-vous — jugeant tout perdu — quelle dépêche
cet homme envoyait à Paris? Savez-vous de quoi se pré-
occupait cet homme en contemplant le désastre de son
armée? Eh bien ! cherchez au *Journal officiel* ou aux dépêches télégraphiques relatives à la guerre, et voici ce
que vous trouverez :

« M. Bure, *trésorier de la couronne*, Paris,

« 21, avenue des Champs-Elysées.

« *Carignan, 30 août, 6 h. 30, soir.*

« J'approuve la distribution des fonds que tu me pro-
poses : tu remettras le reste à Charles Thélin.

« *Signé :* Napoléon. »

Et M. Rouher dit que la caisse impériale est obérée !
Ce n'est pas, dans tous les cas, faute de précautions.

Il se trouve encore des gens, dit-on, qui demandent si
l'armée est bonapartiste. Ils n'ont qu'à interroger un cui-
rassier du 5e.

RÉPUBLICAINS

Citoyens français, nous voilà enfin sortis des immondes ténèbres de la barbarie et de la caverne du Minotaure; caverne remplie d'ossements humains, de boue et de sang, d'angoisses et de pleurs, séjour d'horreur où régna le despotisme armé, père de tous les crimes d'État et de tant de crimes de tout genre.

Entrons actuellement dans les clartés divines de la raison et de la conscience.

Raison et Conscience! lumières émanées de la vie supérieure, c'est vous, vous seules qui fîtes émerger l'humanité des ténèbres de la vie animale, et qui l'avez élevée à la dignité de la vie intellectuelle et morale.

Que serait, en effet, l'humanité sans vous, Raison et Conscience? Elle serait partout, ce qu'elle fut à l'origine, ce qu'elle est encore hélas! en tant de lieux; elle serait garottée dans les liens de l'instinct, et soumise aux conditions d'existence du monde bestial.

C'est donc toi, Raison, qui a dit à l'homme : construis une hutte pour ta femme malade; et c'est toi, Conscience, qui lui a dit : ne l'abandonne pas!

En continuant ainsi leur œuvre intellectuelle et morale la Raison et la Conscience ont successivement appris à l'homme tout ce qui le distingue de l'animal.

C'est cet apprentissage continu qui s'appelle : le *progrès*, et constitue l'apanage naturel du genre humain, chose divine et sacrée.

Le progrès, à son tour, engendre le fonds commun intellectuel et moral de l'humanité, d'où émane l'Opinion publique, reine du monde.

C'est donc l'opinion publique qui a été le fondement de la société, partout où la Raison et la Conscience ont pu agir librement.

Par conséquent, tous les législateurs, quels qu'ils fussent, n'ont fait que *codifier* les maximes de l'opinion publique, et pas autre chose.

Mais, dans l'organisme humain, à côté de ces nobles facultés : la Raison et la Conscience, il y en a une autre à laquelle l'opinion publique a donné son vrai nom : la Folle du logis.

Eh bien, cette Folle du logis, l'Imagination, a souvent, trop souvent jeté le désordre dans l'œuvre sainte de la Raison et de la Conscience.

En effet, ne tenant aucun compte des réalités de la nature, l'imagination, s'isolant de la Raison et de la Conscience, et volant de ses propres ailes, s'élança dans le vide, dans le vide des conceptions chimériques, où rien ne limite ni n'arrête son essor excentrique ; là, elle se nourrit de rêves, se logea dans un palais enchanté, bâti dans l'azur des cieux et peuplé d'êtres fantastiques d'une nature exceptionnelle : cela s'appelle encore l'autre monde.

L'autre monde ainsi créé dans la sphère des illusions, véritable désert de l'égarement, l'imagination se donna la mission de le faire admettre par la raison et accepter par la conscience, gardiennes naturelles de la dignité humaine. Pour cela l'imagination employa la ruse. Mais aussitôt qu'elle eut réussi à égarer la raison et à tromper la conscience, se transformant en autorité divine, c'est par

la force brutale qu'elle empêcha la raison et la conscience
de briser ses perfides liens, et de rentrer en possession
de leur liberté naturelle.

Aujourd'hui, grâce au progrès intellectuel et moral
accompli dans les classes instruites par la connaissance
des lois de la nature, la raison et la conscience ne se
laissent plus troubler par les rêves de l'imagination ni
abuser par les promesses fallacieuses des prétendus
organes de l'autorité divine.

Tous les jours les enseignements dogmatiques sont
battus en brèche par les découvertes de la science positive. Rien ne peut arrêter cette œuvre de démolition. Elle
aura donc son plein et entier effet ; et ce plein et entier
effet aura à son tour pour conséquence de mettre le
monde civilisé sous la direction naturelle de la raison
et de la conscience.

Or, cette conséquence logique du progrès intellectuel
et moral de l'humanité, les républicains l'ont prévue.
C'est pourquoi ils se sont mis à l'œuvre, appelant de
leurs vœux l'avénement des principes rationnels et la
réalisation des droits de l'homme, fondement indispensable de leur société nouvelle.

Le principe républicain n'est donc que l'expression de
la raison et de la conscience en matière de gouvernement ; et la raison d'être de la république est l'indispensable nécessité de substituer, dans l'organisation moderne de la société, les lois de la nature aux erreurs de
l'imagination.

A ces titres incontestables l'opinion républicaine est
donc la formule du progrès accompli et le symbole des
destinées rationnelles de l'humanité.

Que les partisans de la monarchie nient la logique des
faits et l'évidence des choses, cela se comprend ; puisque
la monarchie avait créé des institutions à l'aide desquelles
les favoris du prince régnant jouissaient de tous les avan-

tages de la société, et en laissaient les charges au compte du peuple.

Mais l'intérêt particulier n'étant pas le mobile de l'humanité, l'iniquité sociale sur laquelle repose la monarchie est apparue dans toute sa laideur aux yeux de la raison et de la conscience. Alors, d'une voix unanime, l'intelligence et le cœur se sont écriés : Justice ! nous voulons la justice.

Eh bien ! que la justice advienne !

Or, comme l'imagination, convaincue de folie, ne peut plus nous offrir une justice sous forme de révélation surnaturelle, c'est aux facultés intellectuelles et morales de l'homme qu'il faut s'adresser pour connaître les lois fondamentales de la justice, qui s'appellent : *Principes rationnels*, dans le langage des sciences sociales.

Citoyens français, qui, d'accord avec la raison et la conscience, voulez le règne de la justice, apprenez donc à connaître les principes rationnels sur lesquels doit reposer l'édifice social, que la raison et la conscience veulent construire pour mettre le monde civilisé à l'abri des maux de tout genre que les institutions monarchiques font peser sur les peuples.

Le premier principe rationnel, celui dont tous les autres découlent, l'axiome fondamental par conséquent de toute science sociale, se nomme : *Autonomie de la personne humaine.*

Que toute personne, en âge de raison, qui ne connaît pas ce premier principe rationnel, l'apprenne, et le grave dans sa mémoire ; car ce principe contient dans son immensité toute la destinée intellectuelle et morale du genre humain.

En effet, l'autonomie fait de la personne humaine, en vertu des facultés mentales et morales dont la nature l'a douée, un être sacré, accessible aux idées de progrès et aux sentiments de justice.

Que de temps n'a-t-il pas fallu à l'humanité pour découvrir et formuler le principe rationnel de l'autonomie de la personne humaine? que de temps ne faudrat-il pas encore pour que ce principe et ses conséquences logiques soient appliqués au gouvernement des nations civilisées?

La grande révolution intellectuelle et morale, commencée en France en 1789, avait vaillamment marché dans la voie lumineuse de l'autonomie de la personne humaine en proclamant les *droits de l'homme*, qui en sont les conséquences virtuelles.

Avec les droits de l'homme tout le monde se trouva libre en France ; personne ne fut plus sujet.

En conséquence, tous les Français devinrent citoyens.

Qu'est-ce que c'est qu'un citoyen?

Un citoyen est un homme qui fait partie d'une société qui vit sous le règne de la loi.

Qu'est-ce que la loi?

La loi est une règle de conduite formulée et acceptée par la majorité des membres d'une société.

D'où il suit que là où règne la loi, le peuple est souverain et se gouverne lui-même. Car s'il n'était pas souverain et ne se gouvernait pas lui-même, la règle de conduite qu'il aurait à suivre ne serait pas la loi, mais le joug.

Or, sous le joug, il n'y a que des sujets et des esclaves.

Eh bien, l'avénement des droits de l'homme a brisé le joug monarchique et institué le règne de la loi.

Donc, plus de sujets ni d'esclaves ; mais des citoyens.

De quoi s'agit-il à présent ?

Il s'agit de créer des institutions sociales à l'aide desquelles le règne de la loi puisse s'établir solidement, et se maintenir contre les attaques passionnées de l'ancien régime.

— Quel gouvernement peut créer de telles institutions sociales?

Celui qui a intérêt à les avoir.

— Quel est ce gouvernement?

La république démocratique.

— Et pourquoi est-ce la république démocratique ?

Parce que la république démocratique étant née de l'autonomie de la personne humaine, des droits de l'homme, de la souveraineté du peuple, est seule capable de réaliser les conséquences logiques de ces principes rationnels, conséquences logiques qui sont le règne de la loi et le gouvernement du pays par le pays.

La démonstration est donc faite. Elle est inattaquable devant la raison et la conscience.

Pour trouver des sophismes contre la république démocratique, il faut aller les chercher hors des lois morales dont les principes rationnels ont doté le monde civilisé ; il faut aller les chercher dans la perversité des doctrines monarchiques, en tête desquelles se trouve ce précepte : « Le roi fait la loi et n'y est pas soumis, » précepte dont Bossuet, évêque de Meaux, s'est fait l'éditeur dans la *Politique sacrée*, à la plus grande gloire de Dieu et du roi.

Et bien, cette loi à laquelle son auteur n'est pas soumis, la raison et la conscience la répudient hautement et carrément ; et les sophismes à l'aide desquels on prétend la justifier, la proclamation des droits de l'homme les a mis en lambeaux : les faire revivre est absolument impossible.

La république démocratique reste donc, dans le domaine de la raison et de la conscience, la seule forme de gouvernement compatible avec la dignité du citoyen, le règne de la loi et le gouvernement du pays par le pays.

Cela étant, c'est sur l'organisation de la république démocratique qui doit se porter et se fixer toute l'attention

du peuple souverain, sans se laisser troubler par les clameurs intéressées des partisans de l'ancien régime.

Ainsi donc, citoyens français, pas de capitulation honteuse avec les *conservateurs* des abus monarchiques; vous seriez, à coup sûr, la dupe de l'étiquette de leur sac.

En effet, qu'est-ce que c'est qu'une *république conservatrice*? C'est une veuve mécontente qui se console en prenant un dictateur pour amant, et guette l'occasion d'épouser un prétendant quelconque, « un de ces êtres augustes » dont l'entretien coûte trente millions par an, et auquel il faut un budget de deux à trois milliards.

Est-ce là une situation politique qu'un peuple qui se respecte puisse accepter? Oh! non.

Donc, pas de gouvernement institué exprès pour un homme, « quel que soit cet homme, » car l'habitude invétérée du pouvoir monarchique, fait de tout pouvoir personnel une dictature, chose inconciliable avec le règne de la loi.

Ainsi, pas de république conservatrice des institutions monarchiques et de leurs monstrueux abus; pas de république conservatrice, chose irrationnelle au suprême degré; pas de république conservatrice, instituant la dictature pour arriver à la monarchie.

Non! non! pas de république conservatrice: c'est la négation de la souveraineté du peuple, l'abolition du suffrage universel et la suppression du gouvernement du pays par le pays.

Citoyens français, sachez-le bien, la république conservatrice, c'est le suicide politique de la nation. Tremblez donc devant les conséquences d'un tel crime. Si vous doutez de la logique si convaincante des faits, croyez au moins à une chose qui ne trompe jamais personne, c'est que les partisans de la république conservatrice sont des monarchistes déguisés en républicains pour la circonstance et prêts à jeter le masque dès qu'ils n'en auront plus besoin. Pour jouer ce perfide rôle en toute sûreté, n'ont-ils pas d'avance évincé de la république conservatrice tous les vrais républicains ? Quel cynisme !

Il y a là, assurément, de quoi ouvrir les yeux aux plus aveugles.

Républicains démocrates, à vous donc l'accomplissement des lois morales de la nature ; à vous le progrès rationnel ; à vous les destinées du monde civilisé ; à vous la lumière intellectuelle et ses conséquences logiques ; à vous tout ce qui est beau, noble et grand ; à vous le règne de la loi.

A juste titre, la raison et la conscience, dont vous êtes les organes, vous font ces dons magnifiques : prenez-en possession.

Mais comme en toute œuvre il y a une manière de faire, — *modus agendi*, — il faut la connaître pour vous mettre en possession de tout ce que le droit naturel nous donne.

D'abord, tout le monde sait que pour marcher d'un pas fermé et sûr vers un but déterminé, il faut voir clair. Faites donc la lumière dans votre esprit. Pour cela, employez un raisonnement fort simple que voici : quand les vaincus déposent les armes, ce n'est pas pour imposer des conditions de paix, c'est pour en subir. En conséquence, les monarchistes réduits à l'impuissance, venant offrir leurs services à la république, il faut leur dire : Messieurs, passez à la queue, votre place n'est pas à la tête. Ce raisonnement démonstratif et la déclaration péremptoire qui le suit étant à la portée d'esprit de tout le monde, chaque citoyen doit en faire la règle de sa conduite politique.

La lumière intellectuelle ainsi faite, il est facile de marcher droit et d'atteindre le but voulu.

Quel est ce but?

Obtenir une représentation nationale conforme à l'opinion publique librement exprimée.

Comment y parvenir ?

Par la grande route du mandat impératif. Le peuple souverain doit être maître chez lui. Il est majeur et ne veux plus de tuteur. A l'exemple des monarques il imposera sa volonté à ses agents ; et tout candidat qui refusera le mandat impératif sera mis au ban du suffrage universel.

Aucun compromis ne peut être accepté à ce sujet ; car un candidat de mauvaise foi, seul, peut tergiverser en présence de l'opinion publique explicitement formulée. Jamais, en effet, un démocrate sincère ne refusera un mandat impératif, émané des électeurs dont il sollicite les suffrages.

En vertu de la souveraineté du peuple le mandat impératif étant chose obligatoire en matière d'élection politique, l'article 1er de tout mandat démocratique doit être ainsi conçu :

Abolition des institutions monarchiques et leur remplacement par des institutions démocratiques.

La nécessité de cette prescription impérative est justifiée par la conduite de l'Assemblée nommée le 8 février 1871, « dans un jour de malheur, » comme l'a dit M. Beulé. Une telle conduite ne doit plus être possible sous le régime de la souveraineté du peuple. Pour cela, il faut des mesures efficaces et des garanties inviolables.

Ces mesures efficaces, la nation les prendra ; ces garanties inviolables, la démocratie les imposera.

Alors tout ira bien et marchera droit : hommes et choses seront conformes aux vœux de la raison et de la conscience.

L'aurore du règne de la loi se montrera, et bientôt après le jour de la justice luira.

Au lieu d'un homme incapable, souvent imbécile et méchant, faisant la loi et n'y étant pas soumis, en proie à toutes les passions, disant : je veux, il y aura un peuple faisant la loi conformément aux inspirations de la raison et de la conscience, et s'y soumettant avec bonheur.

Ainsi, les institutions créées, dans les temps barbares, pour l'intérêt personnel d'un maître disparaîtront, et seront remplacées par des institutions créées pour les besoins intellectuels et moraux d'un peuple.

Les monarques avaient organisé la société pour eux ; le peuple l'organisera pour lui : c'est naturel et juste.

L'animalité s'éteint ; l'humanité grandit : la domination de la force doit donc finir, et le règne de la justice s'établir. C'est le progrès.

Voilà, en France et de nos jours, les œuvres des deux principes de souveraineté.

Que la nation les compare et fasse son choix.

Si nous avons raisonné juste ; si nous avons parlé le vrai langage de la raison et de la conscience ; si nous avons éclairé l'esprit et ému le cœur ; si nous avons coopéré à l'avénement des institutions démocratiques notre programme est réalisé : nous avons édifié un monument intellectuel et moral à l'abri duquel la République, forme normale de gouvernement, pourra s'établir solidement et vivre longtemps sur la base des principes rationnels.

France, renais ! enfantée par la raison et la conscience.

Résumons brièvement ce que nous venons de raconter, ajoutons-y l'appréciation des événements politiques jusqu'à la nomination de M. Jules Grévy à la présidence de la République française, et concluons.

Tel est donc l'homme qui a fait, au moyen de l'armée impériale, rendue à cet effet par la Prusse, le coup de 1871, et tenté, après cette victoire, le coup de ruse qui a abouti à la déchéance présidentielle de son criminel auteur.

Dans le cours des événements que nous avons décrits
nous avons vu M. Thiers concevoir, dès la chute de
l'Empire, le projet insensé de s'emparer, lui, « routinier
monarchique » comme il s'appelle, du gouvernement de
la République. Nous l'avons vu, profitant habilement de
la faiblesse de caractère de M. Jules Favre, ministre des
affaires étrangères, et des aspirations clérico-monarchi-
ques du général Trochu, gouverneur de Paris et président du gouvernement de la Défense nationale, se mettre
diplomatiquement en évidence, et se rendre successivement dans les grandes capitales de l'Europe, sans mission
officielle, pour prendre connaissance, disait-il, des dispositions des grandes puissances à l'égard de la République française. Comme la logique seule suffisait pour
obtenir la connaissance de ces dispositions, il est évident
que M. Thiers avait un autre but que celui qu'il annonçait pompeusement, et qui, en effet, n'a donné pour
résultat que ce que disait si clairement la logique, à savoir:
que les grandes puissances s'abstiendraient de faire connaître à M. Thiers leurs intentions à l'égard de la France,
se réservant leur entière liberté d'action, selon le cours
des événements.

Quel était donc le but de M. Thiers, personnage si
profondément déconsidéré pour l'immoralité politique de
sa conduite ?

Ce but, c'était d'appeler l'attention du monde monarchique sur sa triste personne, afin de figurer en première ligne dans les élections générales auxquelles il
faudrait avoir recours pour mettre fin à la guerre. En
conséquence, la France a vu M. Thiers, muni d'un sauf-
conduit délivré par le gouvernement prussien, aller alter-
nativement de Paris au quartier-général de l'armée
allemande, pour s'entendre avec M. de Bismarck au sujet
de la direction à donner aux affaires politiques et militaires de la France, de manière à ce que la Prusse puisse,

le plus tôt possible, profiter de la trahison de Bazaine et de la défaite de l'armée impériale à Sedan pour démembrer la France et lui imposer une rançon écrasante d'exigences, avec occupation militaire d'une partie de la France, jusqu'à parfait paiement.

Oui, voilà ce que savait M. Thiers des intentions bien connues du gouvernement prussien ; et voilà par conséquent ce que M. Thiers allait employer tous ses efforts à faire réussir par tous les moyens en son pouvoir, ruses et massacres.

Nous avons, à ce sujet, comme preuve démonstrative, les propres aveux de M. Thiers, aveux tellement explicites et catégoriques qu'aucun doute n'est possible, et que la lumière est parfaitement faite dans cette honteuse affaire.

Rappelons ces mémorables aveux.

D'abord, après la parade diplomatique, si ridicule, dont M. Thiers venait de donner piteusement le spectacle devant les grandes puissances, voici comment il entre en scène dans les affaires politiques de la France : « J'étais « chargé, dit-il, de dépêches pour le gouvernement de « Tours. Elles étaient dans un très bon esprit et même « un peu sévères.

« Le gouvernement de Paris m'avait fortement engagé « à rester à Tours, pour tâcher de donner aux membres « de la délégation des conseils fondés sur la connaissance « que j'avais acquise de la situation, en courant l'Europe « et en passant plusieurs fois du camp français au camp « prussien.

« Je fis pour ramener les esprits au sentiment de la « vérité des efforts assez grands pour me compromettre.

« Je disais aux représentants de l'armée et de la diplo- « matie qui se trouvaient à Tours : il faut conclure la « paix. La résistance n'est plus possible ; vous ne ferez « rien qui vaille en vous obstinant. »

Est-il clair cet aveu dépouillé d'artifice? Ne démontre-t-il pas jusqu'à la dernière évidence que M. Thiers, sans mandat national, s'insinuait perfidement dans la direction des affaires politiques et militaires d'un pays qui avait appris à le connaître et savait qu'il « ne reculait jamais devant l'emploi de la force » contre la vile multitude, quand elle faisait obstacle à son ambition.

Eh bien! que venait faire à Tours M. Thiers dans la situation si désastreuse et si humiliante où se trouvait la France? Venait-il y apporter les sentiments chevaleresques qui transforment les hommes en héros et forcent les lâches à servir la patrie de peur de tomber dans le mépris public? Venait-il comme Léonidas allait aux Thermopyles se faire immoler sur l'autel de l'honneur national? Venait-il avec les sentiments du vieil Horace, répondant à cette question :

Que vouliez-vous qu'il fit contre trois?

Ces paroles sublimes :

Qu'il mourût.

Non! non! Ce n'est pas à ce diapason-là qu'était monté le cœur de M. Thiers. Il en était séparé par l'immoralité politique du milieu social engendré par le règne de Louis-Philippe et l'Empire; il en était séparé bien plus encore par la bassesse de son caractère. Aussi, le voyons-nous venir à Tours sous son masque perfide, et s'y conduire en véritable délégué du gouvernement prussien, comme M. Thiers nous l'apprend lui-même par les cyniques paroles que je viens de citer, et qu'il est bon de relire, parce que rien ne fait mieux connaître l'homme qui les a prononcées.

Voilà le personnage qui, d'accord avec le président du gouvernement de la Défense nationale, est allé à Tours jouer le même rôle de perfidie que ce président jouait à Paris.

Comme on le voit, jamais de si grands événements

n'ont trouvé de si petits hommes et de si vils caractères.

C'est se fondant sur la valeur morale de tels hommes que M. de Bismarck a pu dire avec raison que la France était descendue au niveau de l'Espagne.

Pauvre France !

C'est donc ainsi que M. Thiers commença à ourdir la trame criminelle des événements que nous avons décrits, événements qui, au début, ont surpris toute la France par l'inertie des généraux et de tout le personnel officiel, et ont abouti, comme cela devait arriver, à l'invasion du territoire et à la capitulation de Paris. Voilà donc l'explication de cette coupable inertie que personne ne pouvait comprendre et que tout le monde condamnait et maudissait. Ce résultat obtenu, le gouvernement prussien a donné à M. Thiers les moyens d'accomplir le dernier article du programme de Bazaine, lequel était le massacre par l'armée de la démocratie parisienne, qui avait défendu si noblement l'honneur de la France, honneur que les chefs de l'armée impériale avaient si honteusement, si criminellement trahi.

Or, avoir vaillamment sauvé l'honneur de la France était un acte héroïque que la Prusse ne voyait qu'avec colère, et dont elle tenait à se venger par les mains de l'armée impériale, sous la direction criminelle de M. Thiers.

Il faut donc le reconnaître, puisque les faits le démontrent, après la capitulation *scélérate* de Bazaine, l'idée du massacre de la garde nationale de Paris passa de l'esprit de ce grand criminel dans l'esprit d'un autre grand coupable, qui dès lors manœuvra pour rendre ce service à la Prusse et obtenir son concours efficace pour réaliser les projets de dictature que nourrissait son ambition effrénée.

Sous la perfide direction de M. Thiers, l'inertie, —

comme nous venons de le dire, — régna partout dans le monde officiel, malgré les efforts de la délégation du gouvernement de la Défense nationale.

Grâce à cette inertie l'armée prussienne, que la reddition de Metz rendait libre de ses mouvements, s'avança, à marches forcées, sur la Loire, s'empara d'Orléans, se présenta devant Tours, que le gouvernement se hâta d'abandonner pour se rendre à Bordeaux.

De Tours l'armée prussienne, poursuivant les débris de l'armée française, atteignit le Mans et menaça Cherbourg et Brest.

Dans cette situation désespérée, le gouvernement siégeant à Paris, ne voyant plus la possibilité de faire lever le siége et ne voulant pas exposer une population de deux millions de personnes aux horreurs de la famine, conclut un armistice avec le gouvernement prussien et signa les préliminaires de le paix.

Le gouvernement de Paris, en signant cet armistice, ne s'était pas aperçu que l'armée française, opérant dans l'est, n'y figurait pas. En conséquence de cette omission inqualifiable, cette armée, commandée alors par le brave général Clinchant, fut accablée par des forces supérieures et réduite à se réfugier en Suisse.

Dans les préliminaires de la paix qui venaient d'être signés, le gouvernement prussien n'accorda qu'un délai d'une dizaine de jours pour faire les élections générales. Un délai si restreint, dans de telles circonstances, avait pour motif de profiter de l'affolement de la France pour avoir une assemblée composée, en très grande majorité, de monarchistes, préférant l'invasion à la révolution, Assemblée plus amie par conséquent de la Prusse que de la République française.

Le calcul de M. de Bismarck ayant parfaitement réussi, M. Thiers fut nommé député dans vingt-sept départements, et l'Assemblée nationale, réunie à Bordeaux, lui confia le pouvoir exécutif.

Cette même Assemblée refusa d'entendre Garibaldi, l'accueillit, quand il monta à la tribune, par des huées et des paroles de colère.

Ces deux actes : la nomination de M. Thiers au pouvoir exécutif et l'insulte faite à Garibaldi, firent connaître à la France républicaine la valeur morale de l'Assemblée qu'elle venait d'élire.

En présence de ces deux actes, qui furent le déshonneur de la France, Victor Hugo et Lockroi, députés de Paris, donnèrent leur démission et sortirent de l'Assemblée.

M. Thiers reçut de l'Assemblée la mission d'aller au quartier-général prussien négocier la paix. A sa demande, une délégation de quinze députés l'accompagna pour sauvegarder sa responsabilité.

La paix fut signée ; une honteuse paix, grâce à l'inertie générale prêchée avec ardeur par M. Thiers.

Cela fait, M. Thiers prit les mesures qui devaient consolider et perpétuer le pouvoir dont il venait d'être investi, et en même temps réaliser le dernier article du programme de Bazaine, dans lequel se trouvent ces paroles : « L'armée rétablirait l'ordre et protégerait la société ; elle donnerait à la Prusse une garantie des gages qu'elle pourrait avoir à réclamer. »

Or voici comment, d'après ses propres aveux, M. Thiers se mit en mesure de donner satisfaction à la Prusse : « Dès que je fus chargé, dit-il, des affaires, j'eus immédiatement cette double préoccupation : *conclure la paix et soumettre Paris.* Et pendant qu'à Bordeaux nous nous occupions de faire voter le traité de paix, le ministre de la guerre, le général Le Flô, reçut l'ordre d'acheminer des troupes sur Paris. »

Que signifient ces paroles « soumettre Paris? » Est-ce que Paris était en état de révolte ? Et contre qui?

Depuis le 4 septembre 1870 Paris n'avait plus de maître; il s'était affranchi de la domination de l'homme de Sedan et avait acclamé la République, que l'immense majorité des Français avait acceptée avec joie.

Que signifiaient donc ces paroles : « soumettre Paris? » Elles signifiaient une chose parfaitement évidente, elles signifiait que M. Thiers voulait se rendre maître de Paris. La preuve de cela se trouve dans cette déclaration de M. Thiers déjà citée : « Pendant qu'à Bordeaux nous « nous occupions de faire voter le traité paix, le ministre « de la guerre, le général Le Flô, reçut l'ordre d'ache- « miner des troupes sur la capitale. »

Et de quel droit M. Thiers, simple pouvoir exécutif, donnait-il l'ordre au ministre de la guerre de concentrer des troupes autour de Paris? Est-ce que l'Assemblée nationale avait décrétée l'emploi des mesures de rigueur contre la capitale pour cause d'insurrection? Tout le monde sait que non, et que Paris était parfaitement tranquille.

C'était donc de son autorité privée et sans droit que M. Thiers voulait soumettre Paris; et pourquoi? pour y établir sa dictature dans le sang et sur les cadavres des patriotes, qui avaient, par leur courage et leur énergie, sauvé l'honneur de la France, honneur que lui, Thiers, avait immolé à sa honteuse ambition. C'est donc Foutri-quet, qui, en faisant les préparatifs du massacre des dé-fenseurs de l'honneur national, se mettait en révolte contre Paris, que tous les peuples civilisés admiraient.

Le hideux crime de Bazaine s'était donc incarné et en-raciné dans l'esprit de M. Thiers et avait pris possession de sa volonté, folle d'ambition. La période d'incubation et de préméditation terminée par la prise de possession du pouvoir exécutif, l'action criminelle commence.

Voilà donc ce pygmée, Foutriquet, couvert de sa lèpre d'immoralité politique, en présence de ce colosse d'héroïsme qui s'appelle Paris. Le pygmée rôde autour du colosse impassible et cherche par où il pourra lui enfoncer profondément son poignard dans le cœur. Aucun endroit vulnérable ne se présente à ses yeux où se peigne une impatience sanguinaire. J'ai beau écouter, se dit-il, je n'entends aucune clameur tumultuaire ; aucun bruit strident ne décèle l'agitation démagogique. J'ai beau regarder, je ne vois aucun indice d'émeute, aucune trace de violence : c'est désespérant ! J'espérais cependant bien que l'insulte faite à Garibaldi aurait eu pour écho d'exciter à Paris des manifestations anarchiques, des mouvements insurrectionnels qui auraient motivé mon entrée en campagne, Mais, hélas ! rien de tout ce que j'espérais ne s'est produit. J'en suis furieux ; j'écume de rage ; il me faut une victoire pour servir de base à mon pouvoir ; il me la faut pour triompher de toutes les difficultés qui surgiront devant moi. Il faut absolument que je puisse dire comme Scipion l'Africain : c'est aujourd'hui que j'ai écrasé la démagogie ; allons à Notre-Dame chanter un *Te Deum*. Mais pour vaincre, il faut avoir l'occasion de combattre ; c'est cette occasion-là que je cherche vaine. ment ; et puisqu'elle ne se présente pas, c'est à moi à la faire naître. Parbleu, quand on veut pêcher en eau trouble, il faut commencer par troubler l'eau : c'est élémentaire. Est-ce que ce n'est pas toujours ce que nous faisions sous Louis-Philippe quand il fallait taper sur le mufle de la « vile multitude ? » N'est-ce pas ce que le prince Louis Bonaparte a fait avec tant de succès au Deux-Décembre ? Pourquoi donc reculerais-je à faire ce qu'ont fait ces « augustes personnages ? » Est-ce que le pouvoir dont je suis investi ne me rend pas leur égal ? Oui ! oui, la victoire fera aussi de moi une auguste personne. La fortune, on le sait, favorise l'audace : soyons donc audacieux ! c'est-à-dire faisons naître l'occasion d'écraser cette garde nationale dont la gloire m'offusque, et qui serait un obstacle insurmontable et perpétuel à l'établissement de mon gouvernement personnel, le seul qui puisse être durable.

Ainsi se parlait à lui-même l'odieux petit monstre qui flairait Paris comme une bête fauve hume le fumet de sa proie en attendant le moment de se jeter sur elle.

Soudain un éclair illumine le sinistre regard de Foutriquet. Il vient d'apercevoir sur la butte Montmartre quelques canons, sous la garde de ces défenseurs de Paris auxquels il a voué une haine implacable. S'inspirant alors de la maxime de Bill   uet, il s'écrie : ces canons doivent être à nous ! il faut nous en emparer. C'est là que se trouve le défaut de la cuirasse du géant ; c'est donc sur ce point que je dois frapper les premiers coups et engager la bataille. Thiers vainqueur de Paris, quel beau titre ! Thiers ayant fait ce que l'illustre de Moltke n'a pu faire, quelle victoire ! et surtout quelle gloire ! une gloire qui fera le tour du monde et dont on parlera aux antipodes. J'en mourrai de joie. Vive Adolphe Thiers !

Pendant que Foutriquet s'enivrait de ces puériles chimères, si attrayantes pour sa fatuité ambitieuse, la lumière animique qui éclaire la conscience de tout homme, sur le point de commettre un forfait, apparut dans l'esprit du « grand coupable » et lui fit voir combien le crime qu'il allait accomplir était abominable, et combien le massacre des défenseurs de Paris par les complices de Bazaine, loin d'être une gloire pour Adolphe Thiers, serait au contraire une honte indélébile qui pèserait à perpétuité sur sa mémoire.

Le phénomène psychique, inhérent à la nature humaine, que subissait M. Thiers en ce moment terrible, jeta une lueur de trouble dans son esprit, lueur qui ne fut qu'un éblouissement ; mais, à cette clarté passagère, il vit toute l'étendue de son crime, dont la monstruosité était évidente.

L'avertissement de la nature demeura sans résultat. La lumière animique ne pénétra pas dans la conscience de Foutriquet, depuis longtemps endurcie dans la pratique du crime ; et le trouble d'esprit qu'il avait un moment éprouvé s'étant dissipé, le petit monstre reprit les allures criminelles de son libre arbitre. Bah ! se dit-il, la conscience, c'est le hochet des caractères faibles et pusillanimes : tout les trouble dans la direction de la politique ; à chaque obstacle ils s'arrêtent et disent : ma conscience ne me permet pas de l'abattre ; ma conscience me retient et m'empêche d'avancer. Eh bien ! moi, Adolphe Thiers, jamais ma conscience ne m'a arrêté ni empêché d'avancer. Jamais je n'ai écouté d'autre voix que celle de mes intérêts. A ce point de vue, une seule chose avait de l'importance pour moi : le succès. Oui, le succès, c'est mon dieu ; je l'ai toujours adoré ; je n'en ai point d'autre. Quand donc il s'agit d'engager une affaire, n'importe laquelle, je ne considère qu'une chose, le succès. En conséquence, je pèse les chances pour ou contre, et je me range du côté où la balance m'indique que se trouve le plus de chances de succès. Voilà ma religion politique : c'est toujours celle des grands hommes d'État. Donc, ayant trouvé l'endroit vulnérable, j'engagerai la lutte sur ce point, en faisant enlever ces canons pendant la nuit. Cette agression inattendue provoquera un conflit ; les sentinelles résisteront ; l'alarme se répandra ; les gardes nationaux du quartier accourront et la bataille commencera ; c'est ce que je veux ; c'est ce qu'il me faut pour écraser la démagogie, et remporter une victoire décisive, qui me permettra de me saisir d'un pouvoir durable, et d'établir, sous l'étiquette de *république conservatrice*, un gouvernement personnel, de nature à éluder toutes les dificultés et à vaincre toutes les résistances que je rencontrerai. Mon plan est excellent et doit réussir ; car j'ai toutes les chances de la victoire pour moi. Les chefs de l'armée brûlent d'envie de tirer vengeance des auteurs de la révolution du 4 septembre. Ils savent que la république démocratique traduirait tous les complices de Bazaine, et ils sont nombreux, devant des conseils de guerre, qui ne les épargneraient pas. Ils saisiront donc avec joie l'occasion inattendue que je leur offre de se venger et de conserver leurs grades, dignités et honneurs. Leur dévouement m'est donc acquis et je puis compter sur leur zèle. Cela suffit ; le succès est donc assuré. Dailleurs, au besoin, la Prusse est là et me prêtera main forte.

On peut me dire, ajouta Foutriquet, parlant toujours à lui-même, on peut me dire : quel préjudice causait à la France les quelques canons abrités à Montmartre ? — Je réponds : aucun préjudice, je le sais bien. Mais il ne s'agit pas de la France ; il s'agit de moi. Or, l'enlèvement de ces canons pendant la nuit est le seul moyen que j'aie d'engager la lutte avec la démagogie armée. Cette provocation insultante fera, à tous ces esprits, déjà si irrités, prendre feu et résister follement au pouvoir légal, sans tenir compte de la présence de l'armée prussienne.

La criminelle prévision de Foutriquet s'est accomplie.

Cette folie, hélas ! la garde nationale l'a faite pour son malheur et celui de la France. Mais pour en connaître la cause il faut savoir dans quel état d'irritation étaient les républicains après la capitulation de Paris, si perfidement rendue nécessaire par la trahison des généraux bonapartistes et l'aveugle faiblesse du gouvernement de la Défense nationale. Pour se rendre compte de l'irritabilité mentale des patriotes parisiens, il faut relire la lettre du colonel d'Andlau. En effet, ce qu'il éprouvait après la reddition de Metz, Paris le ressentait après la perfide capitulation qu'on lui avait imposée. Oui! que tout républicain patriote relise cette lettre avant de porter un jugement sur les événements qui ont amené le massacre de la garde nationale de Paris, et le jugement des défenseurs de l'honneur de la France par les officiers de l'armée de Bazaine.

Il faut que la lumière soit faite sur des événements aussi épouvantables. Il faut que la France sache pourquoi, oui! pourquoi un tel forfait a été commis.

Continuons donc à le lui apprendre.

Nous venons de dire, d'après l'inexorable logique des faits, quels phénomènes intellectuels et moraux la préméditation du massacre de la garde nationale de Paris engendrait dans l'esprit de M. Thiers; préméditation démontrée par les paroles suivantes du « grand coupable » dites plus d'un mois avant la résistance de Paris et la tentative nocturne de l'enlèvement des canons. Voici ces paroles : « En traversant Paris pour me rendre à Bor-« deaux, après la signature du traité de paix, j'avais vu « qu'il fallait ÉCRASER la démagogie qui s'était rendue « maîtresse de la capitale et ne voulait pas l'abandonner.»

Écraser la démagogie! voilà donc l'aveu formel, explicite de la préméditation du massacre de la garde nationale de Paris. Cet aveu auquel il ne manquait rien, M. Thiers l'a renouvelé et corroboré par sa déposition devant la Commission d'enquête, déposition dans laquelle se trouve cette déclaration :

« Dès que je fus chargé des affaires j'eus immédiate-« ment cette double préoccupation : conclure la paix et « soumettre Paris. Et pendant qu'à Bordeaux nous nous « occupions de faire voter le traité de paix, le ministre « de la guerre, le général Le Flô, reçut l'ordre d'ache-« miner les troupes sur la capitale. »

Que faut-il de plus? rien; c'est assez.

Jamais, en effet, jamais aveu ne fut plus formel, plus explicite et plus cynique.

Après cela, qui osera nier que la tentative nocturne de l'enlèvement des canons ne fût une provocation insul_tante, ayant uniquement pour objet de faire naître une résistance de nature à motiver l'emploi de l'armée impériale pour atteindre le but voulu, qui était de soumettre Paris, en écrasant la garde nationale.

La préméditation de l'horrible forfait, de l'épouvantable massacre qui en fut la conséquence, étant ainsi parfaitement démontrée, la culpabilité de M. Thiers, culpabilité dont il sentait tout le poids en tombant du pouvoir, et qui lui arrachait ce cri : « Je suis un grand coupable ! » oui, un des grands coupables, devait-il ajouter, qui ont souillé l'humanité.

Nous venons de dire qu'il fallait que la lumière soit faite sur d'aussi épouvantables événements. Eh bien ! la lumière est faite ; la voilà.

Aucun doute n'est plus possible après les aveux explicites, formels et cyniques de M. Thiers. La préméditation du massacre de la garde nationale est donc démontrée.

Mais voici, dans l'accomplissement du forfait, quelques incidents de nature à mettre en complète évidence l'implacable ténacité de M. Thiers à réaliser ses criminels desseins.

Deux régiments, sous les ordres du général Leconte, avaient été commandés pour enlever, le 18 mars 1871, avant le jour, les canons abrités à Montmartre. Mais les chevaux qui devaient traîner les canons n'étant pas arrivés à l'heure voulue, dès que le jour parut la population, avertie, se porta en foule vers les lieux où se trouvaient les canons. Aussitôt la conversation avec la troupe commença et devint générale. Les femmes s'en mêlèrent, et firent honte aux soldats du rôle prussien qu'on leur faisait jouer. La fibre française vibra dans leur cœur; le patriotisme brilla dans leurs yeux; et les poignées de main s'échangèrent avec la plus franche cordialité. Bref, sur toute la ligne on fraternisa joyeusement et bruyamment. A midi, la troupe, tournant le dos à la discipline et tenant la crosse des fusils en l'air, descendit de Montmatre et rentra dans ses casernes, laissant les canons là où ils étaient. Mais dans le trouble et la confusion qui se produisent toujours en pareille circonstance, le général Leconte, commandant l'expédition, et le général Clément Thomas, commandant la garde nationale, furent saisis, conduits dans une maison et fusillés dans la cour de cette maison.

M. Thiers, qui était venu à Paris pour jouir de son premier succès militaire, apprenant ce qui venait de se passer à Montmartre, s'enfuit lestement à Versailles, laissant Paris et les forts de la rive gauche à la disposition de la garde nationale.

En présence de la fraternisation de la troupe avec la population, tout le monde ayant une conscience se serait dit : Voilà la justice telle que la conscience humaine la comprend : ouvriers et soldats, tous Français par l'intelligence et le cœur, savent qu'aucune raison politique, quelle qu'elle soit, ne peut faire à la troupe un devoir de massacrer le peuple; et que le prétexte d'enlever des canons, parfaitement en sûreté à Montmartre, canons dont l'armée n'avait nul besoin, était une chose tellement bête, qu'elle cachait nécessairement un guet-apens, dans lequel on voulait faire tomber le peuple, pour avoir occasion de le fusiller et de le mitrailler.

Tout cela étant parfaitement clair, apparut à tout le monde avec l'évidence qui produit la conviction. En conséquence, ouvriers et soldats, animés des mêmes sentiments patriotiques, fraternisèrent de grand cœur.

C'était beau, c'était magnifique ; et un grand exemple

de patriotisme était donné à la France par les nobles soldats qui descendirent de Montmartre la crosse en l'air, acclamés par le peuple, criant : Vive la Ligne !

J'ai vu cela, le 18 mars 1871, de midi à une heure et mon cœur en a tressailli d'allégresse patriotique.

Voilà, je n'hésite pas à l'affirmer, ce que tout homme, ayant une conscience droite, aurait éprouvé.

Est-ce là ce que M. Thiers, se sauvant à Versailles, a ressenti ? Non ! la conduite ultérieure du pygmée prouve qu'inaccessible aux nobles sentiments de la conscience humaine, il s'est enfui la rage dans le cœur et la vengeance dans l'esprit.

Alors que fait M. Thiers ? S'adresse-t-il à la France armée ? fait-il appel à la garde nationale des grandes villes pour l'aider à prendre possession des canons remisés à Montmartre ? Oh ! non, ce n'est pas à la garde nationale des grandes villes de France que Foutriquet demande aide et protection : il est trop « routinier monarchique pour cela ; » et, d'ailleurs, ce ne sont pas les canons de Montmartre qu'il voulait avoir, mais une bonne occasion d'engager la lutte avec la garde nationale de Paris, qu'il avait résolu de faire massacrer par l'armée impériale, bien certain qu'il était d'avoir pour cela le zélé concours des chefs de cette armée. En conséquence, après son grave échec de Montmartre, c'est au gouvernement prussien qu'il s'adressa pour avoir tout ce qui restait de soldats valides de l'armée que Bazaine avait livrée à la Prusse.

Aucun doute n'est possible à ce sujet, M. Thiers ayant déclaré, à la tribune de l'Assemblée, que les généraux de l'armée impériale étaient venus mettre leur épée à sa disposition, et qu'il était parvenu à réunir une armée de *cent quarante mille* hommes, nécessaire pour venir à bout de son entreprise contre Paris.

Voilà donc Foutriquet au comble de ses vœux : il a une

armée nombreuse pour se rendre maître de Paris, et cette armée est commandée par des généraux bonapartistes, avides de tirer vengeance des auteurs de la révolution du 4 Septembre, qui a mis fin à leur cher Empire.

C'est donc sous l'influence de tels sentiments et avec le concours de pareilles gens que M. Thiers, ne tenant aucun compte de l'avertissement moral qu'il avait reçu à Montmartre, entreprit de mettre à exécution la résolution, itérativement avouée, d'écraser la population républicaine de Paris.

Nous n'écrivons pas l'histoire du second siége de Paris ; c'est une œuvre que d'autres écrivains accompliront avec zèle. Nous donnons seulement la photographie mentale de M. Thiers, et nous étudions le milieu social politique dans lequel Foutriquet a trouvé les moyens de mettre à exécution un forfait conçu par Bazaine, forfait qui n'a pour pendant dans l'histoire de France que celui qui s'appelle : la Saint-Barthélemy.

De retour à Versailles, M. Thiers y appela toutes les troupes dont il pouvait disposer, et donna le commandement de cette armée au maréchal de Mac-Mahon. On prit alors les mesures pour empêcher une sortie prévue de la garde nationale d'arriver jusqu'à Versailles.

Dans l'état d'abandon où se trouvait Paris, par suite de la fuite de M. Thiers à Versailles, qu'advint-il ? Il advint ce qui devait arriver : c'est que la capitale n'ayant aucune institution démocratique pour la représenter et se charger de donner une impulsion rationnelle aux événements qu'allait faire naître la provocation du 18 mars, devint le foyer des plus vives ardeurs patriotiques, ardeurs qu'avait fait naître dans le cœur de tous les républicains la perfide direction donnée aux affaires militaires par les généraux bonapartistes, auxquels le gouvernement de la Défense nationale avait, par une aberration d'esprit inexplicable, laissé le commandement des troupes. Toute la France sait que ces ardeurs patriotiques, si admirablement contenus par la déclaration publique du général Trochu, de ne *jamais capituler*, déclaration qu'il eut la fourberie de rendre vaine, en donnant sa démission et laissant à un autre la charge d'accomplir ce que sa perfidie avait rendue nécessaire, inévitable ; oui, toute la France sait qu'aux ardeurs patriotiques des républicains était venue s'adjoindre l'irritation d'une paix si honteuse, œuvre de l'Assemblée réunie à Bordeaux, laquelle Assemblée avait, pour faire connaître ses dispositions anti-républicaines, débuté par huer le général Garibaldi, en refusant de l'admettre comme député, parce qu'il n'était pas naturalisé français, lui, qui avait sauvé Dijon et qui était plus Français par l'esprit et le cœur que les deux tiers de l'Assemblée qui l'excluait de son sein. Eh bien ! dans cet état de surexcitation mentale, dans cette fièvre que donne le patriotisme perpétuellement déçu, bafoué, insulté ; enfin dans la perspective d'une restauration monarchique parfaitement indiquée par l'absence du licenciement de l'armée impériale, par le refus de mettre en jugement les traîtres qui l'avaient livrée à la Prusse, par l'attitude de l'Assemblée et ses manifestations anti-républicaines, par la tentative nocturne de l'enlèvement des canons déposés à Montmartre. Toute cette irritation mentale se grossissant de toutes les passions politiques soulevées par l'Assemblée, aucune tête, aucun cœur ne pouvaient, dans Paris, rester calmes. Colère, rage, vengeance, tout cela bouillonnait à la fois dans les cerveaux enflammés et se résolvait en une seule résolution : Sauvons-nous nous-mêmes ! nous le pouvons, nous avons des armes.

Que l'homme impartial qui veut se rendre compte des événements que nous exposons, relise encore une fois la lettre du colonel d'Andlau, lettre que tout citoyen français doit savoir par cœur. Cela suffira pour comprendre ce qui se passait dans l'esprit et le cœur des Parisiens le 18 mars 1871. En ce moment terrible, Paris, colosse d'héroïsme, se sentant atteint dans sa liberté, dans son patriotisme, dans son existence morale, tout ce qu'il y a de plus sacré pour l'honneur d'une cité, la première cité du monde, releva la tête et dit avec fierté ces paroles sacramentelles, que le destin cruel arrache parfois aux peuples comme aux individus : il faut vaincre ou mourir.

Oui, ce jour-là les républicains comprirent ce que M. Thiers a trois fois avoué à la tribune de l'Assemblée de Versailles, à savoir : qu'il avait résolu de faire massacrer la garde nationale de Paris par l'armée impériale, exactement comme Bazaine avait projeté de le faire. Dans cette conviction la garde nationale prit la résolution héroïque de vaincre ou de mourir.

Eh bien ! cette résolution héroïque, prise en présence de l'armée prussienne et de l'armée impériale, dont les chefs étaient avides de se venger des auteurs de la révolution du 4 septembre, cette résolution, dis-je, est à la hauteur du patriotisme des trois cents spartiates allant mourir aux Thermopyles.

L'histoire impartiale le reconnaîtra et le proclamera ; c'est la vérité.

Mais, disent les esprits méticuleux, M. Thiers était dans la légalité.

Dans quelle légalité ? répondrons-nous. Est-ce dans la légalité du massacre ? M. Thiers a dit lui-même que cette égalité-là n'existait que dans « l'extrême Orient, où les hommes sont considérés comme des bêtes de somme, » et encore seulement quand ces bêtes de somme s'insurgent et menacent le tyran de le mettre à mort.

Eh bien ! est-ce que les Parisiens marchaient, ayant les canons de Montmartre en tête, contre la résidence impériale de Maître Foutriquet, quand ce monarque, « en traversant Paris pour se rendre à Bordeaux, après

« la signature du traité de paix, — vingt jours avant le 18
« mars, — vit qu'il fallait écraser la démagogie qui s'était
« rendue maîtresse de la capitale, — la sienne sans
« doute, — et ne voulait pas l'abandonner ? »

Au nom de quelle légalité, M. Thiers, simplement
chargé par l'Assemblée d'excercer le pouvoir exécutif,
avait-il conçu l'odieux et criminel projet de faire massacrer l'héroïque population de Paris ? Est-ce que M. Thiers
était un monarque empressé de reprendre possession de
sa capitale, dont ses sujets révoltés s'étaient rendus
maîtres ? ou bien l'Assemblée avait-elle décrété le massacre des Parisiens et donné l'ordre à M. Thiers d'exé-
cer ce décret ? Voilà deux légalités, l'une monarchique,
l'autre diabolique ; eh bien ! ce n'est d'après aucune de
ces deux légalités que M. Thiers a agi.

Nous répétons la question : au nom de quelle légalité
M. Thiers, en traversant Paris, après la signature du
traité de paix, a-t-il pris la résolution criminelle d'écraser
ce qu'il appelle la démagogie. Les faits répondent : d'a-
près les inspirations de son bon plaisir et dans le seul
intérêt de son infâme ambition.

Telle est la légalité au nom de laquelle a été commis
le plus grand forfait des temps modernes.

Que les esprits méticuleux croient encore à la légalité
du massacre de la garde nationale de Paris, c'est leur
affaire : il y a des intelligences dans lesquelles ne pénètre
jamais un rayon de lumière rationnelle. Ces intelligences étant bouchées par des mots vides de sens, aucune
idée ne peut y pénétrer. Mais la France républicaine connaît la vérité.

Elle saura lui rendre hommage, et faire rendre justice
aux victimes de la semaine terrible.

L'horreur que le monde civilisé éprouvera pour le coup
de force de M. Thiers grandira à mesure que la lumière
historique se répandra sur ce forfait des temps barbares.

Cette question de légalité vidée, continuons le résumé des événements que nous avons décrits.

Le pygmée qui rôdait autour du colosse d'héroïsme, et l'avait frappé là où il croyait voir le défaut de la cuirasse n'ayant recueilli qu'un signe de mépris, s'était, comme nous l'avons dit, honteusement enfui à Versailles. Mais la tentatative insultante de Foutriquet avait ébranlé le système nerveux du géant et fait naître au suprême degré le sentiment du respect qui lui était dû comme unique sauveur de l'honneur national, sentiment de respect qu'éprouvait le monde civilisé, mais qui, pour cette raison si honorable pour la démocratie parisienne, excitait la haine des monarchistes, complices de M. Thiers.

En présence de cette haine et des vengeances qu'elle recélait, les inspirations de l'héroïsme éclatèrent dans tout Paris, et produisirent une ardente fermentation guerrière, de laquelle naquit la résolution prise par le Comité directeur de la garde nationale de marcher sur Versailles.

Huit jours après l'affaire de Montmartre, les régiments de marche de la garde nationale, organisés pendant le siége, furent convoqués au Champ de Mars. Arrivés dans la journée, sans connaître le but de la convocation, ils y passèrent la nuit au bivouac. Dès l'aube du jour ils se mirent en marche et prirent la direction de Meudon.

Ce mouvement sur Versailles se faisait trop tard ; huit jours plus tôt, il eût réussi. L'inaction de Paris fut mis à profit par M. Thiers. Les mesures de défense furent prises avec célérité. Les positions choisies par les Prussiens furent occupées par les troupes dont M. Thiers pouvait disposer. Quand donc la colonne de la garde nationale qui avait gravi la hauteur de Meudon arriva à la station du chemin de fer et prit la direction du château, elle fut attaquée en flanc par un bataillon de gendarmerie, qui s'était abrité derrière le mur du cimetière. La colonne de la garde nationale, qui ne s'attendait pas à cette attaque et qui, d'ailleurs, fort mal dirigée, ne marchait pas en colonne serrée, fut immédiatement coupée en deux tronçons, qui, ne pouvant se rejoindre, se dispersèrent immédiatement et rentrèrent dans Paris par petits groupes.

Une autre colonne de la garde nationale, partie des environs du Luxembourg et beaucoup mieux commandée, se dirigea sur Châtillon, gravit la côte et déboucha dans la plaine. Là elle fut accueillie par l'artillerie et les mitrailleuses qui mirent le désordre dans ses rangs. La gendarmerie à cheval chargea la colonne en désordre et la dispersa.

Là périrent héroïquement de vaillants, républicains dont l'histoire gardera la mémoire.

Une troisième sortie, faite dans la direction de Neuilly, n'eut pas plus de succès. C'est dans cette sortie que périt l'héroïque Flourens.

Ainsi finirent ces malheureuses sorties, inspirées par l'héroïsme, mais mise à exécution avec une ignorance complète de l'art militaire. Dans ces conditions-là, elles ne pouvaient réussir.

Mais quelque désastreuses que fussent ces expéditions, la déroute qui s'ensuivit n'était rien comparée au tort moral qui en résultait pour la garde nationale.

En effet, si au lieu d'en appeler à la force, la garde nationale en avait appelé à la raison et avait, par l'organe d'une commission composée des députés de Paris, demandé à M. Thiers l'explication de sa tentative nocturne de l'enlèvement des canons parqués à Montmartre, qu'aurait pu répondre de raisonnable cet ambitieux de bas étage, essayant de marcher, à la tête de l'armée impériale, dans les voies prétoriennes du Bas-Empire ? Aurait-il osé déclarer que, « en traversant Paris pour se rendre « à Bordeaux, après la signature du traité de paix, il

« avait vu qu'il fallait écraser la démagogie qui s'était
« rendue maîtresse de la capitale et ne voulait pas l'a-
« bandonner ? »

Oh ! non, M. Thiers n'aurait pas osé faire cet aveu criminel aux députés de Paris ; il ne l'aurait pas osé pour
deux raisons décisives : la première, c'est que pour réussir, il lui fallait le masque de l'hypocrisie ; la seconde,
c'est que, si le masque tombait, la France aurait horreur
du monstre.

Eh bien ! en faisant appel, non à la raison mais à la force,
on voit la grandeur du mal que le comité directeur de la
garde nationale a fait à la démocratie parisienne, et quelle
occasion introuvable il manquait d'aplatir Foutriquet,
dont le parti légitimiste aspirait « à jeter les débris à la
voirie. »

Voilà donc à quoi tiennent les destinées des empires.

Foutriquet politiquement anéanti, l'ère de prospérité
républicaine commençait pour la France.

Au contraire, l'occasion d'anéantir politiquement le
monstre étant manquée, un forfait, sans exemple dans
l'histoire moderne, s'est impunément accompli. Bien
plus qu'impunément accompli, le forfait a été glorifié ;
des statues ont été élevées ; elles représentent M. Thiers.
Est-ce possible ?

Quelle honte pour la France démocratique !

Continuons notre résumé.

Après ce premier débordement de colères, de patriotisme, d'héroïsme aveugle, Paris comprit qu'il lui fallait
un autre gouvernement que le Comité directeur de la
garde nationale. En conséquence, un Conseil municipal
fut nommé. Plus de deux cent mille électeurs, en vertu
de la souveraineté du peuple, prirent part à cette élection. Ce Conseil municipal, sous le nom de Commune de
Paris, prit la direction des affaires politiques.

Des tentatives de conciliation eurent alors lieu entre

les déléguée de la Commune et M. Thiers. Mais celui-ci, dont les prétentions dictatoriales ne pouvaient être satisfaites que par la prise de possession de Paris par l'armée impériale, à l'effet d'opérer l'écrasement de la démocratie, écrasement dont il avait besoin pour l'établissement de sa dictature, rejeta avec arrogance les tentatives, comme il l'a déclaré à la tribune nationale en ces termes : « On a parlé de négociations. J'ai écouté ceux qui « sont venus me dire : Ne faites pas verser des torrents de « sang, écoutez-nous ! On peut transiger ; vous entrerez « dans Paris, le gouvernement y siégera, mais l'armée « n'y entrera pas. »

« J'ai été indigné de ces paroles, continue M. Thiers, « l'armée n'y entrera pas ! c'est alors que j'ai dit : Vous « parlez de torrents de sang ! mais l'armée c'est la « France. »

Que la France entende et que l'histoire burine ces paroles de M. Thiers : elles sont précieuses à tous égards et caractérisent avec une rare précision l'homme qui les a prononcées.

D'abord, ces paroles, par l'incohérence des idées qu'elles expriment, décèlent un trouble d'esprit qui se produit toujours quand on surprend une personne faisant les préparatifs d'un crime.

Ainsi, lorsque les négociateurs de conciliation dont parle M. Thiers lui font observer que l'armée, commandée par les complices de Bazaine, ne pouvait entrer dans Paris sans donner lieu à une effusion de sang par torrents, « le grand coupable » qui savait fort bien cela, puisque c'est sur ce sang, répandu par torrents, qu'il voulait édifier sa dictature, fait l'ingénu et répond comme Chauvin : « L'armée c'est la France. »

Ah ! l'armée commandée par les complices de Bazaine, qui étaient venus vous dire : « notre épée est à vous, » cette armée-là était la France ? C'était donc la France qui, pour une récompense honnête, trahissait la France, livrait à la Prusse une armée de cent soixante-dix mille hommes, avec tous les drapeaux, tout le matériel de guerre et Metz par-dessus le marché? Eh bien! que la France réponde à M. Thiers et dise si c'est elle qui a fait cela?

Il faut, comme on le voit, être dans un trouble d'esprit indicible pour dire que l'armée, rendue par la Prusse à M. Thiers pour « écraser » la garde nationale de Paris, était la France.

Il est donc démontré que M. Thiers a refusé de rentrer dans Paris et d'y établir le gouvernement; et qu'en faisant cela il n'a obéi qu'à une seule idée : faire massacrer la démocratie parisienne pour arriver à instituer sa dictature sur l'impossibilité de restaurer une monarchie quelconque.

Rien n'est plus clair, et la logique des faits s'accorde avec les aveux du « grand coupable. »

Mais la France, la noble France, qui n'était pas l'armée commandée par les complices de Bazaine, s'émut du forfait que Foutriquet était en voie d'accomplir. En conséquence, les grandes villes déléguèrent des hommes ayant leur confiance pour aller demander à M. Thiers des explications au sujet des événements qui se passaient autour de Paris, et qui inquiétaient toute la France. Nous avons vu en quels termes M. Thiers a rendu compte à l'Assemblée de l'entretien qu'il avait eu avec les délégués des grandes villes, et le cynisme avec lequel il s'est moqué de la naïveté des délégués. Dans ce compte-rendu M. Thiers met les paroles suivantes dans la bouche des délégués : « On me disait : nous détestons la Commune;
« elle professe des principes qui ne sont pas les nôtres;
« nous sommes prêts à nous séparer d'elle; mais dites-
« nous si vous travaillez pour la monarchie ou pour la
« république? »

Eh bien! voici les principes de la Commune que, au dire de M. Thiers, les délégués détestaient :

DÉCLARATION DE LA COMMUNE DE PARIS

AU PEUPLE FRANÇAIS

— Avril 1871. —

Dans le conflit douloureux et terrible qui impose une fois encore à Paris les horreurs du siége et du bombardement, qui fait couler le sang français, qui fait périr nos frères, nos femmes, nos enfants écrasés sous les obus et la mitraille, il est nécessaire que l'opinion publique ne soit pas divisée, que la conscience nationale ne soit point troublée.

Il faut que Paris et le pays tout entier sachent quelle est la nature, la raison, le but de la Révolution qui s'accomplit. Il faut enfin que la responsabilité des deuils, des souffrances et des malheurs dont nous sommes les victimes retombe sur ceux qui, après avoir trahi la France et livré Paris à l'étranger, poursuivent avec une aveugle et cruelle obstination la ruine de la capitale, afin d'enterrer, dans le désastre de la République et de la liberté, le double témoignage de leur trahison et de leur crime.

La Commune a le devoir d'affirmer et de déterminer les aspirations et les vœux de la population de Paris ; de préciser le caractère du mouvement du 18 mars, incompris, inconnu et calomnié par les hommes politiques qui siégent à Versailles.

Cette fois encore, Paris travaille et souffre pour la France entière, dont il prépare, par ses combats et ses sacrifices, la régénération intellectuelle, morale, administrative et économique, la gloire et prospérité.

Que demande-t-il?

La reconnaissance et la consolidation de la République, seule forme de gouvernement compatible avec les droits du peuple et le développement régulier et libre de la société;

L'autonomie absolue de la Commune étendue à toutes les localités de la France, et assurant à chacune l'intégralité de ses droits et à tout Français le plein exercice de ses facultés et de ses aptitudes, comme homme, citoyen et travailleur;

L'autonomie de la Commune n'aura pour limite que droit d'autonomie égal pour toutes les autres communes adhérentes au contrat, dont l'association doit assurer l'unité française.

Les droits inhérents à la Commune sont:

Le vote du budget communal, recettes et dépenses; la fixation et la répartition de l'impôt; la direction des services locaux; l'organisation de sa magistrature, de la police intérieure et de l'enseignement; l'administration des biens appartenant à la Commune;

Le choix par l'élection ou le concours, avec la responsabilité, et le droit permanent de contrôle et de révocation des magistrats ou fonctionnaires communaux de tous ordres;

La garantie absolue de la liberté individuelle, de la liberté de conscience et la liberté du travail;

L'intervention permanente des citoyens dans les affaires communales par la libre manifestation de leurs idées, la libre défense de leurs intérêts: garanties données à ces manifestations par la Commune, seule chargée de surveiller et d'assurer le libre et juste exercice du droit de réunion et de publicité;

L'organisation de la défense urbaine et de la garde nationale, qui élit ses chefs et veille seule au maintien de l'ordre dans la cité.

Paris ne veut rien de plus à titre de garanties locales, à condition, bien entendu, de retrouver dans la grande administration centrale, délégation des communes fédérées, la réalisation et la pratique des mêmes principes.

Mais, à la faveur de son autonomie et profitant de sa liberté d'action, Paris se réserve d'opérer comme il l'entendra, chez lui, les réformes administratives et économiques que réclame sa population ; de créer des institutions propres à développer et propager l'instruction, la production, l'échange et le crédit ; à universaliser le pouvoir et la propriété, suivant les nécessités du moment, le vœu des intéressés et les données fournies par l'expérience.

Nos ennemis se trompent ou trompent le pays quand ils accusent Paris de vouloir imposer sa volonté ou sa suprématie au reste de la nation, et de prétendre à une dictature qui serait un véritable attentat contre l'indépendance et la souveraineté des autres communes.

Ils se trompent ou trompent le pays quand ils accusent Paris de poursuivre la destruction de l'unité française, constituée par la Révolution, aux acclamations de nos pères, accourus à la fête de la Fédération de tous les points de la vieille France.

L'unité, telle qu'elle nous a été imposée jusqu'à ce jour par l'empire, la monarchie et le parlementarisme, n'est que la centralisation despotique, inintelligente, arbitraire ou onéreuse.

L'unité politique, telle que la veut Paris, c'est l'association volontaire de toutes les initiatives locales, le concours spontané et libre de toutes les énergies individuelles en vue d'un but commun, le bien-être, la liberté et la sécurité de tous.

La Révolution communale, commencée par l'initiative populaire du 18 mars, inaugure une ère nouvelle de politique expérimentale, positive, scientifique.

C'est la fin du vieux monde gouvernemental et clérical, du militarisme, du fonctionnarisme, de l'exploitation, de l'agiotage, des monopoles, des priviléges auxquels le prolétariat doit son servage, la patrie ses malheurs et ses désastres.

Que cette chère et grande patrie, trompée par les mensonges et les calomnies, se rassure donc!

La lutte engagée entre Paris et Versailles est de celles qui ne peuvent se terminer par des compromis illusoires : l'issue n'en saurait être douteuse. La victoire, poursuivie avec une indomptable énergie par la garde nationale, restera à l'idée et au droit.

Nous en appelons à la France!

Avertie que Paris en armes possède autant de calme que de bravoure; qu'il soutient l'ordre avec autant d'énergie que d'enthousiasme ; qu'il se sacrifie avec autant de raison que d'héroïsme ; qu'il ne s'est armé que par dévouement pour la liberté et la gloire de tous, que la France fasse cesser ce sanglant conflit!

C'est à la France à désarmer Versailles par la manifestation solennelle de son irrésistible volonté.

Appelée à bénéficier de nos conquêtes, qu'elle se déclare solidaire de nos efforts ; qu'elle soit notre alliée dans ce combat, qui ne peut finir que par le triomphe de l'idée communale ou par la ruine de Paris !

Quant à nous, citoyens de Paris, nous avons la mission d'accomplir la révolution moderne, la plus large et la plus féconde de toutes celles qui ont illuminé l'histoire.

Nous avons le devoir de lutter et de vaincre!

La Commune de Paris.

Mettons à côté de cette déclaration de principes de la Commune de Paris, la déclaration de principes de M. Thiers : « L'armée impériale, celle dont se servait

« M. Thiers, commandée par les complices de Bazaine,
« c'est la France ! — En traversant Paris pour me rendre
« à Bordeaux, après la signature du traité de paix, j'avais
« vu qu'il faillait ÉCRASER la démagogie, qui s'était ren-
« due maîtresse de la capitale et ne voulait pas l'aban-
« donner. »

Républicains, dont l'idéal est le règne de la justice,
comparez ces deux déclarations de principes et dites laquelle des deux se rapproche le plus de votre idéal ; oui !
comparez, et vous verrez qu'autant la déclaration de
principes de la Commune contient de nobles idées et de
généreux sentiments, dont l'ensemble résume le programme des aspirations de la souveraineté du peuple,
autant la déclaration de principes de Foutriquet contient
de férocité monarchique et de sentiments abjects.

Eh bien ! grâce à l'armée, c'est la férocité monarchique
et les sentiments abjects, haine et vengeance, qui ont
triomphé des nobles idées et des sentiments généreux,
autonomie et solidarité. Que la France l'apprenne, et que
cela lui serve de leçon. Qu'elle se souvienne surtout que
l'espèce des Thiers n'est pas éteinte.

C'est à l'histoire qu'il appartient de raconter les horribles événements qui ont mis fin au siége de Paris par
l'armée impériale. Horribles événements dont le monde
civilisé fut consterné. En effet, le massacre des sauveurs
de l'honneur national fut complet. Vingt mille morts au
minimum, sans compter les blessés qui purent s'échapper ; car ceux qui ne purent trouver un abri furent exter-
minés sur place.

Les vœux de M. Thiers se trouvèrent ainsi accomplis.
L'armée impériale était entrée dans la capitale, et y avait
fait son œuvre avec rage. Elle avait donc tiré une féroce
vengeance de la révolution du 4 Septembre. C'est pour
cela que les généraux qui la commandaient étaient venus
mettre leur épée à la disposition de M. Thiers, qui s'en

servit pour se frayer, comme il le croyait, le chemin au pouvoir dictatorial, auquel il ne parvint pas, ayant échoué, comme nous l'avons vu, dans le coup de ruse, après avoir réussi dans le coup de force.

Les royalistes qui s'étaient servis de Foutriquet pour faire le mauvais coup, le mirent à la porte du pouvoir exécutif avec le sans façon dont on use à l'égard de laquais suspects.

Ainsi se termina le rêve de dictature de M. Thiers.

Le monde civilisé n'oubliera jamais sur quel forfait le « grand coupable » voulait édifier son pouvoir dictatorial ; car ce forfait est un des plus grands attentats dont l'humanité ait été victime.

Comme on le voit, l'étude philosophique des événements accomplis sous la direction politique de M. Thiers nous a conduits à tracer la photographie mentale de l'homme qui a fait plus de mal à la France que le criminel ayant nom : Napoléon III; car ce monstre de Foutriquet, pour justifier le massacre qu'il a fait des Parisiens, les a odieusement outragés en traduisant tous les combattants dont il a pu se saisir devant les conseils de guerre, qui ont été implacables et cruels à leur égard. Les hommes, quels qu'ils soient, qui ont chargé les conseils de guerre d'accomplir ces actes de barbarie, subiront un jour les châtiments qu'ils ont encourus. La conscience humaine l'exige.

Eh bien ! s'il est utile pour l'honneur de Paris que la France connaisse M. Thiers et les criminels moyens dont il s'est servi pour accomplir ses rêves des dictature, il est encore plus utile pour la sécurité de la république que les électeurs sachent qu'en laissant subsister l'armée impériale, ils donnent à tous les ambitieux la tentation séduisante de s'en servir pour opérer un coup de force et se saisir de la dictature.

Il est donc indispensable, absolument indispensable

que la démocratie souveraine impose à ses mandataires le licenciement de l'armée impériale et l'organisation des milices nationales.

Que les hypocrites, les farceurs, les ambitieux, les monarchistes déguisés en républicains ne viennent pas nous dire que l'armée impériale est nécessaire à la défense du pays ; non, qu'ils ne viennent pas nous dire cette grosse bêtise, quand, au contraire, c'est l'armée impériale qui a été cause des désastres de la France, désastres inouïs dans son histoire.

Rien n'étant plus certain, plus évident, que la démocratie souveraine impose à ses mandataires le devoir de licencier, de dissoudre l'armée impériale et d'abolir la conscription qui fait du citoyen, du noble citoyen l'automate des casernes, le serf abruti des officiers de tout grade. Oui, que la démocratie soit inflexible à ce sujet, et ne se laisse égarer par aucune perfide considération. Il y va de son existence ; car, à la première complication politique, un nouveau Bazaine vendra son armée, ou un autre Thiers fera un coup de force. La France ainsi se trouvera précipitée dans de nouveaux désastres.

Donc, si la démocratie souveraine veut vivre, qu'elle supprime, sans hésiter, l'armée impériale, impuissante contre l'étranger, la France en a la triste preuve, qu'elle a payé bien cher ; impuissante contre l'étranger, disons-nous, mais très-capable de faire ce qu'elle a tant de fois déjà fait, c'est-à-dire de massacrer le peuple aspirant à s'affranchir du despotisme.

Milices nationales, baïonnettes intelligentes, c'est à vous seules, pépinières de héros, ardents essaims de patriotes, grands faiseurs de merveilles, que la démocratie souveraine, si elle veut vivre, doit confier sa défense.

France démocratique, n'oublie jamais cela.

Laissons maintenant à l'écart M. Thiers : il est connu. La France, le monde civilisé savent aujourd'hui à quel point il fut criminel.

L'honneur de Paris voulait que Foutriquet fût démasqué et traduit à la barre de l'histoire pour être jugé selon ses œuvres : la chose est faite ; n'en parlons plus.

A présent, il nous reste à étudier le milieu social politique dans lequel M. Thiers a opéré ses évolutions criminelles et obtenu le grand succès de son coup de force, mais dans lequel Foutriquet n'a pu réussir à réaliser son coup de ruse, à cause du mépris qu'il inspirait aux légitimistes.

Aussitôt M. Thiers, congédié par le vote de blâme que l'Assemblée infligea à sa politique personnelle, le maréchal de Mac-Mahon fut élu chef du pouvoir exécutif.

Ce n'était pas un homme politique : il l'a dit lui-même. Mais c'était une épée, l'épée de Damoclès suspendue sur la tête de la République, pour avertir la France qu'au moment voulu l'Assemblée couperait le fil et porterait le coup mortel à la République qui, en attendant, vivrait dans un état de mécontentement, de malaise, d'inquiétude de nature à rendre son existence impossible.

En conséquence, les trois fractions, légitimiste, orléaniste et bonapartiste, du parti conservateur, se mirent d'accord pour faire une guerre à mort à la Republique chaque fraction espérant recueillir sa succession, et comptant pour cela sur le concours de l'armée.

C'était bien ce qu'il fallait pour tuer la République ; mais la République morte, à qui appartiendrait la France ?

Elle appartiendrait à l'armée par droit de conquête.

Alors, à qui l'armée donnerait-elle la France ?

Telle était la question décisive à laquelle aboutissait finalement la coalition des trois fractions du parti monarchique, question qu'il n'appartenait à personne de résoudre d'une manière positive ; car les éléments du problème étaient tellement nombreux et variés, qu'il était logiquement impossible de dire qui hériterait de la République.

C'est, en effet, ce que M. Thiers, pour se maintenir au pouvoir, ne cessait de dire et de répéter aux monarchistes. En cela il avait parfaitement raison ; seulement, de ce qu'aucune monarchie n'était possible, il ne fallait pas vouloir mettre à leur place la dictature de Foutriquet, surtout quand cette dictature ne pouvait avoir pour fondement que le massacre de la démocratie parisienne.

Mais l'évidence de l'impossibilité de restaurer une monarchie déterminée n'empêchait pas les monarchistes de travailler, d'abord avec rage, à la ruine de la République, et, ensuite, de rêver follement la restauration d'un trône, du trône que chaque fraction préférait.

Dans cette situation anormale, fiévreuse, anti-nationale, l'Assemblée devint le foyer d'intrigues passionnées. Le souffle clérical, venant de tous les points de l'horizon, s'abattit sur l'Assemblée. Sous l'influence maligne de ce souffle tous les cerveaux monarchiques entrèrent en fermentation ; le rêve remplaça la réalité ; la raison s'obscurcit, et dans ces ténèbres mentales le petit-fils de Philippe-Égalité se jeta dans les bras du petit-neveu de Louis XVI, qui le pressa sur son cœur. Le comte de Chambord vint à Paris, et les voitures du sacre furent, dit-on, commandées.

Les bonapartistes, sachant qu'on ne pouvait faire aucune restauration monarchique sans le concours de l'armée et que les chefs de l'armée étaient, en très grande majorité, impérialistes, riaient sous cape du folâtre entraînement des royalistes.

Après ce premier enthousiasme, le besoin de calme se fit sentir dans les esprits ; avec le calme apparut une lueur de raison. On se demanda alors quel serait le drapeau ? Le comte de Chambord, interrogé avec respect à ce sujet, répondit fièrement : « Mon drapeau est celui de Henri IV. Il a couvert mon berceau, il ombragera ma tombe. Je n'en connais pas d'autre. » Donc, pas d'équivoque.

Le maréchal de Mac-Mahon consulté, répondit : « A la vue du drapeau blanc, les chassepots partiront tout seuls. » De même, pas d'équivoque sur les dispositions de l'armée au sujet du drapeau blanc.

L'antagonisme entre la volonté du futur roi et les dispositions de l'armée impériale, fit voir clairement aux royalistes qui jouissaient d'une lueur de raison que l'héritier de Henri IV était, actuellement, un monarque impossible. Ces royalistes-là tournèrent alors toutes leurs espérances vers le duc d'Aumale, dont ils coyaient pouvoir faire, à l'aide de certaines dispositions parlementaires et avec le concours du maréchal de Mac-Mahon, un stathouder, en attendant qu'on puisse en faire un roi.

C'est alors que sur la proposition d'un de ses membres l'Assemblée délibéra sur cette question : la France sera-t-elle une monarchie ou une république. A une seule voix de majorité l'Assemblée vota que la France resterait une république.

En conséquence l'Assemblée procéda à l'organisation de cette république. Mais dans quel esprit ! dans l'esprit monarchique, et de manière à ce que le président de cette république puisse, le moment favorable venu, céder sa place à un stathouder.

C'est dans cette pensée de transformation que fut votée la constitution du 20 novembre 1873, qui créait, en faveur du maréchal Mac-Mahon, ce qu'on a appelé le septennat.

Le gouvernement du maréchal Mac-Mahon entra en fonction avec un ministère réactionnaire, présidé par M. Buffet. Ce ministère fit les élections générales qui,

malgré toute la pression administrative la plus éhontée,
donna pour résultat une majorité composée de 363 députés.

Ces élections générales présentèrent ce caractère sin-
gulier, c'est que M. Buffet, qui s'était porté comme candidat dans quatre départements, ne fut élu dans aucun.
Après un tel échec M. Buffet ne pouvait rester au pouvoir.
Il comprit fort bien qu'il ne pouvait se présenter devant
une telle Chambre. En conséquence, sans attendre l'ouverture de la session, il donna sa démission.

D'après la nouvelle constitution, une seconde Chambre, nommée Sénat, composée de trois cents membres,
devait être instituée, selon un double mode d'élection.
L'Assemblée réactionnaire de Versailles, qui s'était attri-
buée, sans droit, le pouvoir constituant, avait voulu annu-
ler, par la composition du Sénat, l'influence républicaine,
parfaitement prévue, de la Chambre des députés. En
conséquence, elle s'était réservé la nomination de
soixante-quinze sénateurs inamovibles, et avait créé pour
l'élection des 225 autres un mode particulier de suffrage
restreint ne comprenant que quarante mille électeurs au
maximum.

Bien que les orléanistes de l'Assemblée, qui comptaient
entrer en masse au Sénat, en aient été écartés par la coalition des légitimistes mécontents et des républicains, le
second mode d'élection des sénateurs donna une majorité de dix à quinze voix au parti réactionnaire.

C'est cette faible majorité, animée de toutes les haines
des réactionnaires de l'Assemblée de Versailles contre la
République, que nous allons voir entrer en lutte politique avec la majorité de 363 députés, élus par le suffrage
universel ; lutte tellement insensée qu'elle alla, comme
nous le verrons, jusqu'au point de vouloir que le maréchal de Mac-Mahon renouvelât l'attentat du Dix-Huit brumaire et se fît dictateur.

La majorité républicaine de la Chambre des députés ayant, par le seul fait de son élection, obligé M. Buffet à donner sa démission, le maréchal de Mac-Mahon résolut alors, d'accord avec la majorité réactionnaire du Sénat, de dissoudre la Chambre des députés, comme la constitution lui en donnait le droit et d'aller, quand il le faudrait, « jusqu'au bout, » comme il l'a dit lui-même.

Dans cette situation d'attente, pleine d'anxiété sous tous les rapports, il fallait un ministère malléable, à l'ombre duquel le complot, tramé en commun par le président de la République, et la majorité du Sénat contre la République, puisse se développer, s'étendre dans le pays, sans être troublé dans son action par le ministère, jusqu'à ce que les chefs de la conspiration ayant pris toutes leurs mesures et fait leurs derniers préparatifs disent un beau matin à la France : tu as un maître !

En conséquence de cette situation d'attente et des nécessités ministérielles qu'elle comportait, le maréchal Mac-Mahon fit choix de M. Jules Simon, qui, se pénétrant de l'esprit de son rôle, déclara, en prenant le pouvoir, « qu'il était à la fois profondément républicain et profondément conservateur?

Que fallait-il de plus ?

Protée quand on le touche ; caméléon quand on le regarde.

Voilà, en deux mots, l'homme peint par lui-même.

L'équivoque ministère Jules Simon réalisait donc tout ce que les monarchistes pouvaient désirer. En conséquence, le complot réactionnaire fit son œuvre coupable sans rencontrer le moindre obstacle. Et quand toutes les mesures furent prises et les préparatifs terminés, M. Jules Simon reçut son congé avec un sans façon qui témoignait le cas que les monarchistes faisaient de lui. Vingt-quatre heures après, le duc de Broglie prit possession du pouvoir, à la tête d'un ministère franchement réactionnaire, dont le maréchal Mac-Mahon sanctionna la mission par ces paroles significatives déjà citées : « J'irai jusqu'au bout. »

La rapidité avec laquelle le ministère de Broglie-Fourtou fut constitué est la preuve certaine qu'il existait déjà dans la volonté du président de la République, et n'attendait pour paraître sur la scène politique que le moment choisi d'avance pour l'expulsion de M. Jules Simon.

Cela fait, le ministère de Broglie-Fourtou entra en fonction en bouleversant l'administration, et remplaçant tous les préfets douteux par des hommes *à poigne*, comme l'Empire les aimait. Quant à l'armée et la magistrature, comme les grands commandements de l'une et les hautes dignité de l'autre étaient dans les mains des hommes de l'Empire, le ministère de combat pouvait compter sur eux.

Dans ces conditions-là, le gouvernement de la République espérait vaincre la République dans les élections générales, et, en cas d'insuccès, aller « jusqu'au bout, » c'est-à-dire à la dictature, au moyen d'un coup d'État militaire, comme cela se fait toujours.

Alors le gouvernement, d'accord avec la faible majorité réactionnaire du Sénat, prononça la dissolution de la Chambre des députés, mesure extrême à laquelle lui donnait droit la constitution anti-démocratique que l'Assemblée de Versailles avait imposée à la France, en usurpant le pouvoir souverain.

Ce coup de sabre, porté à la souveraineté du peuple en vertu d'une faction légale pleine de perfidie, jeta la France dans une profonde consternation. Tout le monde vit ce que cela signifiait, et un seul cri s'éleva de toutes les conscience indignées ; ce cri, c'était : le gouvernement commence une nouvelle révolution !

Oui ! c'était vrai. Le gouvernement qui conspirait depuis le jour où il avait pris possession du pouvoir, commençait une nouvelle révolution, avec la volonté formelle d'aller « jusqu'au bout », comme il n'hésita pas à en faire l'aveu dépouillé d'artifice, aveu qu'il faut toujours rappeler pour mettre en évidence la culpabilité de ce gouvernement.

En conséquence, l'administration et la magistrature reçurent l'ordre d'entrer immédiatement en campagne.

Alors, avec un emportement fébrile, la persécution administrative s'étendit sur tous les employés suspects d'attachement à la République, s'exerça avec rage et n'épargna même pas les distributeurs de journaux républicains, auxquels on retira l'autorisation de continuer leur modeste industrie.

Personne n'échappa aux mesures draconiennes qui sévissaient avec tant de rigueur dans le monde des fonctionnaires et employés républicains de toute catégorie.

La persécution atteignit tous les suspects. Les monarchistes, sûrs de l'impunité, avaient seuls le verbe haut. Ils attaquaient à outrance la forme légale du gouvernement et annonçaient qu'elle serait mise à néant par le maréchal Mac-Mahon si les prochaines élections générales ne lui étaient pas favorables. Qu'il fallait, par conséquent, reprendre les traditions électorales de l'Empire, rétablir les candidatures officielles et imposer à tous les maires l'obligation de travailler par tous les moyens, bons et mauvais, au succès de ces candidatures qui, toutes, eurent le privilège de s'afficher sur papier blanc, avec cette qualification distinctive : « Candidat du Maréchal. »

Comme on le voit, rien ne manquait à la pression administrative, qui s'exerça partout avec le cynisme de l'impunité assurée.

Toute la France se souvient de cette odieuse entreprise du ministère de Broglie-Fourtou, faite avec le concours du président de la République. Il est donc inutile d'en rappeler les honteux moyens d'exécution, dont plus tard un assez grand nombre passa sous les yeux de la Justice.

Pendant que l'administration opérait ainsi criminellement dans toute la France consternée, et proscrivait partout la violation de la loi constitutionnelle du pays, la magistrature, armée en guerre, exécutait, à fond de train, des charges furibondes contre la presse républicaine, partout où s'élevaient des protestations indignées contre les coupables agissements d'un gouvernement se donnant la mission criminelle de désorganiser et de révolutionner un pays confié à sa garde, et que l'honneur lui faisait un devoir de respecter, d'apaiser et de rendre prospère.

Plus de quatre cent cinquante procès furent, dit-on, intentés à la presse républicaine pendant les cinq mois que le ministère de Broglie-Fourtou s'accorda pour PRÉPARER les élections générales. Je viens de dire, sommairement, comment se fit cette préparation.

Durant cette guerre acharnée de la magistrature contre la liberté d'écrire et de parler, il arriva ce fait curieux et significatif : M. Gambetta ayant dit dans un banquet que le Maréchal s'était mis dans une position politique qui lui imposait l'obligation de se démettre ou de se soumettre, fut traduit devant la police correctionnelle et condamné. Au moyen de cette condamnation, qui lui faisait perdre ses droits civiques, le gouvernement espérait rendre son élection impossible. Mais les délais d'appel permirent à M. Gambetta de déjouer l'odieuse tentative du ministère de Broglie-Fourtou, et de rester éligible, à la grande confusion du gouvernement.

Dans l'état d'agitation fiévreuse où la folie réactionnaire avait mis la France les élections générales se firent avec un calme exemplaire, qui déjoua les projets coupables et les espérances criminelles du ministère de combat. Le succès du parti républicain fut complet. La majorité de 363 voix fut même augmentée et portée à plus de 380.

Dans cette situation désespérée il ne restait plus au gouvernement qu'à tenter les chances d'une nouvelle dissolution suivie d'un coup d'État.

C'était jouer gros jeu et courir de terribles risques.

Alors un général consulté fit cette réponse : Ce ne sera plus la guerre dans les rues, ce sera aussi la guerre dans les casernes.

Diable ! fit le gouvernement, il est donc dangereux d'aller jusqu'au bout et le succès d'un coup d'État n'est pas certain.

Dame ! il le paraît.

Dans cette perplexité d'esprit le temps s'écoulait et le ministère de Broglie-Fourtou ne prenait ni la résolution d'exécuter son programme, ni celle de donner sa démission.

Durant ces jours d'irrésolution ministérielle, la Chambre des députés s'était réunie, avait constitué son bureau et s'occupait de la vérification des pouvoirs en attendant qu'il plût au ministère de prendre une décision.

Comme le temps s'écoulait dans cette inaction calculée, l'époque de la présentation du budget arriva.

Mais la majorité républicaine, qui savait que sans le budget le gouvernement ne pouvait vivre, refusa de le discuter et de le voter.

Le ministère, arrivé donc, non au bout de son programme, mais au bout du fossé, fit la culbute après un discours plein d'inconvenances, dans lequel M. de Broglie faisait l'apologie de sa conduite politique.

La leçon donnée au maréchal par la chute du ministère de combat n'ouvrit pas encore totalement les yeux de ce président de république conspirant contre sa République. Il fit donc un dernier effort pour continuer d'aller jusqu'au bout. A cet effet il chargea le général de Rochebouët de former un ministère à poigne.

Le général de Rochebouët avait mis la main à l'œuvre du Deux-Décembre, et devait par conséquent ne pas reculer devant le coup de force dont le Maréchal allait lui confier l'exécution. C'était plus que probable.

Le général de Rochebouët forma donc son ministère en faisant choix de plusieurs de ses collègues hors du Sénat et de la Chambre. Les bonapartistes conseillaient même au Maréchal de ne prendre pour ministres que des généraux de l'Empire. C'était le moyen certain de s'emparer de nouveau de la France, en cas de succès.

Cette coupable provocation ne se réalisa pas ; mais c'est un trait caractéristique qui peint à merveille tout ce que la situation politique du Maréchal avait de dangereux pour la France.

Une autre folie encore plus ridicule passa par la tête en délire des réactionnaires. Ils émirent l'opinion de faire dissoudre de nouveau la Chambre des députés et de faire voter le budget par le Sénat.

Mais avant d'entrer dans cette voie d'illégalité le gouvernement comprit qu'il lui fallait le succès d'un coup d'État. Il se mit donc à l'œuvre, et fit les préparatifs d'un nouveau Deux-Décembre. Des officiers d'État-major, sur lesquels le ministère *à poigne* pouvait compter, furent envoyés au quartier-général des généraux en chef, avec mission de leur remettre les instructions secrètes du ministre de la guerre, et de s'assurer de leurs dispositions d'esprit au sujet des mesures à prendre touchant l'exécution des ordres qu'ils devaient s'attendre à recevoir.

C'était dans la logique de la situation ; la France le savait et en éprouvait une profonde et douloureuse inquiétude.

Mais que faire ? Rien, puisque M. Thiers avait rendu

l'armée impériale maîtresse de la France, et que par conséquent un coup de force était toujours possible.

C'est alors qu'un événement imprévu vint jeter le trouble et la consternation dans l'esprit des hommes qui ourdissaient de nouveau l'odieuse trame d'un coup d'État.

Cet événement imprévu, le voici : les officiers du 14e régiment de ligne, en garnison à Limoges, convoqués à la caserne pour recevoir des ordres, apprirent du colonel les points sur lesquels ils devaient se porter et se maintenir en cas d'émeutes. Ces ordres étaient accompagnés de la prescription suivante : « Si les femmes et les enfants se mettent en avant des rassemblements, vous n'en tiendrez aucun compte et dissiperez les attroupements. »

Comme aucun autre motif que celui d'un coup d'État ne pouvait inspirer de pareils ordres, le major Labordère, saisi d'indignation, s'avança vers le colonel et lui dit : « C'est d'un coup d'État dont il s'agit ; je ne veux pas y prendre part ; je donne ma démission et vous remets mon épée. »

Le major Labordère fut immédiatement mis aux arrêts dans une salle d'études de la caserne.

Ce cri d'une conscience indignée, cette manifestation de l'honneur militaire qui se sent outragé, fut une commotion électrique du cœur humain, dont les effets se propagèrent dans toute la France et ébranlèrent les cerveaux malades des hommes qui faisaient les préparatifs d'un nouveau massacre de la démocratie par l'armée impériale.

Sous le coup de ce vaillant et noble avertissement, le ministère à poigne, comme un coupable surpris en flagrant délit, s'intimida, balbutia des mensonges et finalement se déroba dans les ténèbres du pouvoir où ne pouvait pénétrer aucune investigation judiciaire.

C'est le vieil usage monarchique ; il permet aux grands coupables de trouver toujours dans les priviléges du pouvoir le moyen d'échapper au châtiment qu'ils ont encouru.

La démocratie mettra fin à cette infâme coutume.

L'affaire Labordère eut un immense retentissement. L'opinion publique s'en émut vivement. Bien des yeux s'ouvrirent devant l'évidence des nouveaux malheurs dont la France était menacée. Les chambres de commerce, se faisant l'organe des sentiments du pays, envoyèrent des délégués porter à la connaissance du Maréchal l'état d'inquiétude dans lequel son gouvernement mettait la France, bien résolue à ne pas devenir de nouveau la proie d'un dictateur.

Le ministère à poigne, qui avait succédé au ministère de combat, ne pouvant donc ni faire un coup d'État ni obtenir le vote du budget, devint impossible et donna sa démission.

Le Maréchal ne trouvant plus un ministère qui se crût de force à le mener jusqu'au bout, fut obligé enfin de s'arrêter et de subir un ministère parlementaire. En conséquence, le président de la République, ramené par l'attitude énergique de la France dans les voies légales, chargea M. Dufaure de constituer un ministère pacifique.

La prédiction de M. Gambetta : « Se soumettre ou se démettre » commençait donc à se réaliser.

Pour en hâter l'accomplissement, la Chambre des députés ne consentit à voter le budget que par douzième, de crainte que le Maréchal, ayant obtenu le nerf de la guerre, ne congédiât M. Dufaure, comme M. Jules Simon, et ne reprît un ministère réactionnaire, pour travailler de nouveau à la ruine du pays et à la déconsidération de la République.

Le vote du budget par douzième tenait donc le Maréchal en échec, et le mettait dans l'impossibilité de contituer son œuvre de désorganisation et de conduire la France à la dictature.

Les journaux réactionnaires voyant leurs coupables espérances déçues, jetèrent feu et flamme contre la décision clairvoyante de la Chambre, décision par laquelle les représentants de la France disaient formellement au Maréchal ces paroles humiliantes : Nous nous défions de vous.

Le Maréchal, qui n'avait pu obtenir de M. Dufaure d'admettre dans son ministère trois ministres, ceux de la guerre, de la marine et des affaires étrangères, choisis parmi ses amis, mesure qui était une des conditions imposées au ministère Emile Olivier, par l'homme de Sedan, le Maréchal, dis-je, comprit que sa position politique était devenue intolérable, et que, dans l'État d'humiliation où l'avait réduit sa folle tentative de coup d'État, il ne lui restait plus qu'à accomplir l'oracle qui pesait sur sa tête. En conséquence, après des angoisses qui, dit-on, lui arrachèrent des larmes, il donna sa démission et abandonna ce pouvoir qui lui avait fait concevoir tant d'illusions ambitieuses et fait miroiter devant ses yeux tant de splendides mirages. Quand on s'appelle Mac-Mahon, disait M. de Broglie on va jusqu'au bout. Le bout c'était la dictature militaire du Maréchal, avec M. de Broglie pour premier ministre perpétuel. Heureusement pour elle la France n'a pas voulu de cette dictature. Elle a préféré rester en République.

La prédiction de M. Gambetta s'est donc accomplie avec une précision mathématique.

La démission du Maréchal nécessitait son remplacement.

Le Sénat et la Chambre des députés se réunirent en congrès ; et M. Jules Grévy, président de la Chambre des députés, fut élu président de la République française à l'unanimité des suffrages exprimés. Il n'avait point de concurrent. La France gagnait ainsi vingt mois de tranquillité, car les pouvoirs du Maréchal ne venaient à expiration qu'en novembre 1881.

M. Dufaure, président du conseil des ministres, qui avait assisté à l'agonie politique du Maréchal, et dont la conduite avait été très correcte durant ces difficiles moments, ne voulut pas rester au pouvoir, malgré les instances de M. Grévy. Il faut, disait M. Dufaure, à une situation nouvelle des hommes nouveaux. C'était vrai.

M. Waddington, qui occupait le poste de ministre des Affaires étrangères dans le cabinet Dufaure, accepta la mission que lui offrait M. Jules Grévy de former un ministère.

C'est à ce ministère-là qu'incombait le devoir de mettre en accusation les ministres du 16 mai, et de donner ainsi satisfaction à la France insultée, outragée, bafouée par des hommes qui se faisaient un jeu cruel de violer toutes les lois qui gênaient leur odieuse tentative de coup d'État.

Eh bien ! le ministère Waddington s'abstint de remplir ce devoir sacré. La raison qu'il fit valoir en faveur de ce déni de justice fut la suivante : « La mise en accusation des ministres démissionnaires, disait-il, causerait beaucoup de troubles dans le pays. »

Ceci demande une explication ; car il est bien clair que la France, qui venait de réélire les 363 députés républicains en dépit d'une pression administrative qui avait dépassé de beaucoup tout ce qui se faisait sous l'Empire, avait le plus vif désir de voir les ministres coupables subir le châtiment qu'ils avaient encouru. Mais il y avait d'autres considérations qui ne pouvaient se dire tout haut et s'imposaient à la faible volonté du ministère Waddington. Ces considérations, les voici : la première, c'est que le Sénat, leur juge constitutionnel, composé en majorité des amis et complices des ministres mis en accusation, les aurait, à coup sûr, acquittés. Eh bien, cet acquittement aurait produit deux effets dont le gouvernement de M. Grévy ne voulait pas subir les conséquences : d'abord, il aurait ameuté contre le nouveau pouvoir tous les journaux réactionnaires qui auraient crié, hurlé sur tous les tons : à la persécution ! ce qui aurait ébranlé outre mesure le moral politique déjà si faible du ministère Waddington ; tandis que, d'autre part, cet acquittement de ministres si évidemment coupables aurait achevé de déconsidérer le Sénat aux yeux du pays républicain, et aurait amené une demande générale de révision de la Constitution, à l'effet d'obtenir la suppression du Sénat. Or, le gouvernement naissant de M. Grévy ne se sentait pas de force à provoquer cette tempête politique ni à en subir les conséquences logiques. La seconde considération implicitement contenue dans ces paroles du gouvernement : « la mise en accusation des ministres du Maréchal causerait beaucoup de troubles dans le pays » repose sur cette distinction : il y a pays et pays ; il y a le pays monarchique et le pays républicain. Cela étant, il est certain que la mise en accusation des ministres du Maréchal aurait fait les monarchistes jeter les hauts cris. Eh bien, il n'entrait pas dans la politique du nouvel ordre de choses de provoquer un tel mécontentement dans les hautes régions de la société, où habitent les classes dirigeantes, toujours sûres de l'impunité quand elles ont piétiné sur la vile multitude.

Voilà donc ce qui se passait dans l'esprit du gouvernement lorsque, pour motiver son refus de mettre les ministres du Maréchal en accusation, il a dit que cela « causerait beaucoup de troubles dans le pays. »

On a dit aussi que le Maréchal avait fait savoir à M. Grévy que, si ses anciens ministres étaient mis en accusation, il irait s'asseoir à côté d'eux. Comme les hommes qui dirigeaient le Maréchal connaissaient fort bien le moral politique du gouvernement de M. Grévy, ils étaient certains que le Maréchal ne serait pas pris au mot. Celui-ci pouvait donc, sans le moindre danger, se permettre cette hardiesse fanfaronne, qui du reste lui était imposée par l'honneur et la solidarité, puisqu'il était sorti volontairement des voies constitutionnelles de l'irresponsabilité pour marcher, la tête haute, dans les voies de la dictature.

Mais le gouvernement du Maréchal avait poussé si loin le mépris de la morale et la violation des lois, qu'il était indispensable de donner à l'opinion publique une apparence de satisfaction.

En conséquence, M. Rameau, député, d'accord avec le ministère, présenta l'ordre du jour suivant, qui fut voté par 240 voix contre 154, sur 394 votants :

« La Chambre des députés, avant de reprendre son ordre du jour ;

« Constate, une fois de plus, que les ministres du 17 mai et du 23 novembre, ont, par leur coupable entreprise contre la République, trahi le gouvernement qu'ils servaient, foulé aux pieds les lois et les libertés publiques et n'ont reculé, après avoir conduit la France à la veille de la guerre civile, que devant l'indignation et les viriles résolutions du pays.

« Mais, convaincue que l'état de discrédit dans lequel ils sont aujourd'hui tombés, permet à la République victorieuse de ne point s'attarder à la poursuite d'ennemis désormais frappés d'impuissance ;

« Considérant que, pour réparer le mal qu'ils ont fait, la France a besoin de calme et d'apaisement, et que l'heure est venue au Parlement républicain de se consacrer exclusivement à l'élaboration des grandes lois économiques, industrielles et financières que le pays réclame et dont il attend le développement de sa richesse et de sa prospérité ;

« Livre au jugement de la conscience nationale, qui les a déjà solennellement repoussés, les desseins et les actes criminels des ministres du 17 mai et du 23 novembre.

« Il invite le ministre de l'intérieur à faire afficher la présente résolution dans toutes les communes de France. » (Bruit. — Applaudissements.)

Ainsi se termina par un acte solennel de magnanimité l'affaire des ministres de combat et des ministres à poigne du maréchal Mac-Mahon, dont la France républicaine demandait la punition pour les ACTES CRIMINELS qu'ils avaient accomplis.

Les mots trahison, guerre civile, crime, indignation du pays leur sont jetés à la figure comme autant de soufflets. Mais ce ne sont que des mots; rien de plus.

Voilà donc tout ce que pouvait faire un gouvernement incapable de marcher résolûment dans les voies de la justice, parce que cette résolution virile n'était ni dans son tempérament ni dans ses idées. D'ailleurs, les 240 voix de majorité qui ont voté l'ordre du jour présenté par M. Rameau sont la preuve que cette majorité n'exigeait rien de plus.

Quel effet cette flétrissure parlementaire, qui n'était, en réalité, qu'une impunité scandaleuse, fit-elle sur les ministres? l'effet d'un coup de bonnet de coton sur le dos d'un âne. Aucun d'eux ne parut s'apercevoir que la Chambre des députés, au nom de la France, avait qualifié leurs actes de criminels. Ils restèrent dans la position qu'ils occupaient avant d'être ministres du Maréchal; et, sénateurs ou députés, continuèrent, malgré leur flétrissure, à rester législateurs et conspirateurs. N'est-ce pas que cela fait honneur à la République?

Voilà où mène la faiblesse se cachant sous le nom de magnanimité.

Cependant ce que l'ordre du jour présenté par M. Rameau et voté par la Chambre caractérisait par ces mots:

« la Chambre des députés constate, une fois de plus, que
« les ministres du 17 mai et du 23 novembre, ont, par
« leur coupable entreprise contre la République, trahi le
« gouvernement qu'ils servaient, foulé au pieds les lois
« et les libertés publiques et n'ont reculé, après avoir con-
« duit la France à la veille de la guerre civile, que de-
« vant l'indignation et les viriles résolutions du pays; »
ce que, dis-je, la Chambre caractérisait ainsi, c'est une
entreprise ayant pour objet de faire massacrer de nouveau, — et cette fois, non plus à Paris, mais dans toute
la France, — cette démocratie qui venait de lever la tête
et de se montrer dans les élections générales de 1876, et
de se remontrer dans celles de 1877, malgré l'horrible
pression administrative exercée par le gouvernement.

Oui ! faire massacrer de nouveau par l'armée impériale
tous les républicains *entiers*, comme les appelaient alors
M. Gambetta, en ne laissant vivre que les hongres, faci-
les à dompter et incapables de se reproduire; oui, tel
était le projet que le Maréchal et ses ministres avaient
conçu et qu'ils allaient mettre à exécution, quand l'affaire
Labordère a soudainement éclaté sous leurs pieds et fait
surgir les « résolutions viriles » du pays qui les ont fait
reculer et ont rendu impossible l'accomplissement du
nouveau forfait.

Si donc la France n'a pas été le théâtre sanglant d'un
massacre général de ses plus nobles enfants, elle le doit
à elle-même, à ses viriles résolutions.

C'est la preuve certaine que si les délégués des grandes villes, chargés de demander compte à M. Thiers du
siège de Paris par l'armée impériale, au lieu de se laisser
enjôler et duper par Foutriquet, lui avaient dit : cessa-
tion immédiate des hostilités et proclamation de la République par l'Assemblée, sinon deux cent mille gardes
nationaux, au nom de la souveraineté du peuple, trahie
par les réactionnaires de l'Assemblée, vont venir met-

tre fin à la guerre criminelle que vous faites aux sauveurs de l'honneur de la France, oui, si les délégués des
grandes villes avaient eu l'énergie de tenir ce langage patriotique à M. Thiers, le plus grand forfait des temps modernes n'eût pas été commis.

La France, heureusement instruite par l'expérience, —
quelle horrible expérience ! — s'est montrée à temps, et
a condamné à l'impuissance les scélérats qui voulaient
encore l'assassiner.

Que la France veille donc toujours sur elle-même ! car
la race des monstres dont elle a failli être de nouveau
victime n'est pas éteinte. Oui, que la France veille toujours sur elle-même ! car la réaction, véritable démon,
rôde toujours autour d'elle.

Ainsi s'est donc terminé par la flétrissure, imposée au
nom de la France, le rôle politique de majorité prépondé-
rante qu'avait joué à l'Assemblée de Versailles la coalition de tous les partis monarchiques contre la République. Cette flétrissure, dont se sont si bien moqués ceux
qu'elle visait, n'était, en réalité, nous l'avons dit, nous le
répétons, car il ne faut jamais l'oublier, qu'une scandaleuse impunité.

A présent, si nous voulons nous rendre compte de la
valeur de cette légalité au nom de laquelle la coalition
des monarchistes, se servant des mains du petit Foutriquet pour tirer les marrons du feu, et se faisant, en réalité, son complice pour opérer de concert le massacre de
la garde nationale de Paris et de tous les citoyens qui tom-
baient sous la main des soldats, nous devons nous
rappeler les trois éléments dont cette majorité était composée.

En première ligne figuraient les légitimistes, en nombre
considérable. Or, politiquement, qu'est-ce qu'un légitimiste ? C'est un sujet, c'est-à-dire un homme qui doit
l'obéissance à son seigneur et maître, donc aucun légiti-

miste ne peut se présenter devant le suffrage universel et lui demander un mandat politique; car, c'est à la fois, nier la souveraineté de son roi et reconnaître celle du peuple. Double crime que sa conscience et la logique défendent au légitimiste de commettre.

D'où il suit que tous les légitimistes qui ont été nommés députés le 8 février 1871 étaient à la fois traîtres à leur roi et traîtres à la nation.

Rien, absolument rien ne peut atténuer l'illégalité d'une telle situation.

Toutes les professions de foi les plus mielleuses, les plus équivoques, les plus mensongères tombent devant ce fait brutal, lumineux comme 2 et 2 font quatre.

Que sont venus faire les légitimistes dans l'Assemblée nationale?

M. de Falloux, un de leurs chefs, l'a dit : les légitimistes sont venus occuper les places, remplir les fonctions et tâcher, par tous les moyens possibles, de s'emparer du pouvoir, sans se préoccuper de la forme du gouvernement.

Et bien! ces hommes-là étaient-ils dans les conditions morales que la raison exige pour solliciter et obtenir le mandat de représentant du peuple souverain?

La conscience et la logique, parfaitement d'accord, répondent : Non ! mille fois non, jamais un mandat ne peut être légal quand il a été obtenu au moyen d'une double trahison.

Voilà pour les légitimistes.

Passons aux orléanistes.

Pour eux, le suffrage universel est une monstruosité. Ils ne connaissent, n'admettent que la légalité qui émane du pays légal. Or, qu'est-ce que c'est que le pays légal? Le pays légal orléaniste, c'est le groupe des électeurs payant 200 francs d'impositions. Or, comme ce n'est pas ce groupe qui était convoqué le 8 février 1871, aucun orléaniste ne pouvait se présenter comme candidat sans trahir sa foi politique. Donc, les orléanistes qui ont été élus trahissaient leur conscience et la souveraineté du peuple. Quelle moralité ! — Cela étant, la légalité qui émanait des orléanistes était nulle de soi et sans valeur morale. Bien mieux, de quel droit Louis-Philippe, duc d'Orléans, était-il roi des Français? Du droit, — lisait-on en titre des actes publics, — qu'il tenait du vœu de la nation. — Mais, dira-t-on, est-ce que la nation avait été consultée? — Pas du tout. — Comment donc avait-elle fait connaître son vœu ? — D'aucune manière, seulement les 221 députés formant la majorité qui faisait échec au gouvernement de Charles X se chargèrent d'exprimer la volonté de la France, et firent l'élection d'un roi que le général Lafayette présenta au peuple en disant : c'est la Meilleure des Républiques. Ce que Louis-Philippe savait être, sa conduite l'a bien prouvé, une colossale moquerie.

Donc, pas de consultation du peuple, vainqueur de l'armée royale ; élection par 221 députés ; affirmation mensongère du général Lafayette ; groupe d'électeurs privilégiés : voilà ce dont se composait la légalité du gouvernement de Louis-Philippe.

Et bien ! c'est au nom de cette légalité, véreuse au suprême degré, que Louis-Philippe, traître à son roi, qui l'avait nommé lieutenant-général du royaume, fit massacrer, rue Transnonain et au Cloître Saint-Méry, les républicains qu'il avait cyniquement dupés.

Tel était l'orléanisme, ce monstre politique qui durant dix-huit ans a sali et rongé la France, et dont elle s'est délivrée par la révolution du mépris.

Que venaient donc faire les orléanistes devant le suffrage universel? — Ce qu'ils avaient déjà fait en 1849, trahir la République.

Enfin, voici les bonapartistes, que sont-ils ? — Les

complices d'un homme qui, après avoir juré devant Dieu et devant les hommes d'être le fidèle gardien de la République qui le mettait naïvement à sa tête, l'a perfidement étranglée avec l'aide de l'armée, en disant : « Je suis sorti de la légalité pour entrer dans le droit. »

Eh bien ! quand on a pour chef un homme sorti de la légalité qu'il avait juré de défendre, en faisant massacrer les citoyens restés fidèles à cette légalité, on est, de fait et de droit, hors la loi et indigne d'occuper aucune fonction publique ; on est indigne surtout d'être législateur.

Tels sont donc les trois éléments politiques viciés par la nature frauduleuse ou criminelle de leur origine dont se composait la majorité véreuse de l'Assemblée de Versailles qui, d'accord avec M. Thiers, fit massacrer, au nom de sa fiction de légalité, la garde nationale de Paris par l'armée impériale, et qui voulait recommencer le même massacre dans toute la France en se servant du Maréchal Mac-Mahon pour anéantir les républicains *entiers* ; mais qui, ayant manqué son coup de force par suite des résolutions viriles de la France républicaine et se trouvant minorité après les élections générales d'octobre 1877, fut flétrie de la qualification de criminelle par la nouvelle majorité parlementaire, et resta néanmoins impunie pour les motifs que nous avons fait connaître.

Eh bien ! si l'on compare cette légalité frauduleuse et criminelle de la majorité de l'Assemblée de Versailles à la légalité de la Commune de Paris, élue, au nom de la souveraineté du peuple, par *deux cent mille* voix sur lesquelles ne pesait aucune oppression, et qui par conséquent exprimaient réellement et sans fraude l'opinion publique de la capitale, on est consterné, on est saisi de vertige, on a le cœur brisé de douleurs en voyant à quel point était frauduleuse et fictive cette légalité, au nom de laquelle la majorité de l'Assemblée de Versailles et son Foutriquet ont commis un des plus grands forfaits dont l'humanité ait été victime.

En effet, est-ce que le peuple de Paris a jamais renié la Commune ? Est-ce que, au contraire, les élections, aussi bien les législatives que les municipales, n'ont pas été constamment radicales ? Est-ce que, à une majorité écrasante, Paris n'a pas élu député M. Barodet de préférence à M. de Rémusat, en faveur duquel M. Thiers avait fait usage de toutes les ressources de la candidature officielle ? Est-ce que tout cela ne voulait pas dire que Paris se considérait comme solidaire avec la Commune ? Oui, c'est évident.

Peut-on en dire autant de la France à l'égard de la majorité monarchique de l'Assemblée « *du jour de malheur ?* » Le pays a-t-il fait cause commune avec cette majorité ? S'est-il rendu solidaire de ses actes ? A-t-il accepté la responsabilité de ses massacres, et comme preuve de son acceptation, a-t-il réélu, aux élections générales, cette majorité ? Non ! au contraire, le pays l'a formellement reniée, et reniée deux fois de suite. La première fois, malgré les efforts administratifs de M. Buffet, président du conseil des ministres, qui, s'étant présenté dans quatre arrondissements, n'a pu se faire élire député dans aucun ; la seconde fois, en dépit de la violation de toutes lois commise par M. de Broglie, la France a persévéré dans son mépris et sa haine des réactionnaires, et renommée, le 14 octobre 1877, une majorité républicaine écrasante, qui a, finalement, délivré le pays de ses plus cruels ennemis, Messieurs les massacreurs des patriotes de Paris.

Pour achever de démontrer la monstruosité de la légalité au nom de laquelle fut commis le massacre de la démocratie parisienne, il me reste à rappeler l'acte criminel par lequel cette majorité a terminé sa carrière politique. Cet acte, c'est la tentative faite par le maréchal

Mac-Mahon, inspiré et dirigé par M. de Broglie, tentative ayant pour objet de recommencer la guerre civile, afin d'aboutir au massacre de la démocratie dans toute la France, tentative qui, ayant avorté par l'effet de l'indignation et des résolutions viriles du pays, a valu à ses auteurs la flétrissure dont les a stygmatisés la vraie représentation nationale, dont la majorité de l'Assemblée de Versailles n'était qu'une odieuse parodie.

Et, en effet, si cette majorité avait été autre chose qu'une odieuse parodie, est-ce que la France, deux fois consultée avec pression de toute nature, l'aurait répudiée avec éclat et laissé flétrir avec ignominie ?

La démonstration de la culpabilité de la majorité de l'Assemblée et de l'exécuteur de ses hautes œuvres, le sieur Foutriquet, est donc faite et parfaite.

Comme on le voit, rien n'était plus facile : les faits parloient haut, très-haut, et leur évidence sautait aux yeux.

N'est-ce pas le cas de répéter cette belle maxime : « Si les hommes se taisent, les pierres parleront. »

Voilà ce qu'il fallait pour l'honneur de Paris et de la France que le monde civilisé apprît, afin d'avoir une idée juste de l'œuvre de l'Assemblée nommée un jour de malheur, sous le patronage de MM. Thiers et Bismark.

Quand donc, aux élections générales de 1881, les légitimistes, les orléanistes et les bonapartistes se présenteront devant le suffrage universel, le peuple n'aura que ces mots à leur dire : traîtres, retirez-vous; je vous connais, massacreurs des Parisiens, vous n'êtes plus Français !

Mais toi, Paris, héroïque victime, noble martyr, relève ton front cicatrisé, toujours glorieux, poursuis ta sublime mission, sois constamment l'apôtre de la raison et le flambleau de l'humanité ; car c'est dans ton puissant cerveau que s'opère l'incubation et l'éclosion de l'esprit nouveau, auteur de la civilisation moderne; et toi,

France, sois fière de ton Paris, la merveille du monde.

Voilà le résumé des faits que nous avons exposés et leurs conséquences logiques. La France en a cruellement souffert; mais, grâce à ses résolutions viriles, la République a échappé à la haine et à la vengeance de ses ennemis, Messieurs les réactionnaires. Puisse-t-elle ne jamais retomber dans leurs mains criminelles.

Pour éviter ce malheur, il faut que la France se connaisse elle-même, et se connaisse à fond.

Notre œuvre serait incomplète si nous n'ajoutions pas cette étude aux enseignements qui précèdent.

Achevons donc courageusement notre tâche; c'est un devoir, remplissons-le.

Avec le maréchal Mac-Mahon démissionnaire a fini la politique réactionnaire, politique de fraude et de violence ayant pour objet de conserver, au moyen d'une dictature militaire, l'ordre de choses monarchique existant, et, en attendant, d'empêcher la République de prendre racine dans le pays, en tenant perpétuellement suspendue sur la tête de la France cette épée de Damoclès qui s'appelle coup d'Etat, coup de force et même coup de ruse, selon les circonstances.

Oui, grâce à ses résolutions viriles, la France s'est délivrée de la bande de malfaiteurs politiques dont elle était devenue la proie.

Le gouvernement parlementaire va donc fonctionner régulièrement.

C'est ce que le président de la République a fait connaître à la France par le message suivant :

MESSAGE DU PRÉSIDENT DE LA RÉPUBLIQUE

ADRESSÉ AUX CHAMBRES

« Messieurs les députés,

« L'Assemblée nationale, en m'élevant à la présidence

de la République, m'a imposé de grands devoirs. Je m'appliquerai sans relâche à les accomplir, heureux si je puis, avec le concours sympathique du Sénat et de la Chambre des députés, ne pas rester au-dessous de ce que la France est en droit d'attendre de mes efforts et de mon dévouement. Soumis avec sincérité à la grande loi du régime parlementaire, je n'entrerai jamais en lutte contre la volonté nationale exprimée par ses organes constitutionnels. Dans les projets de loi qu'il présentera au vote des Chambres et dans les questions soulevées par l'initiative parlementaire, le gouvernement s'inspirera des besoins réels, des vœux certains du pays, d'un esprit de progrès et d'apaisement ; il se préoccupera surtout du maintien de la tranquillité, de la sécurité, de la confiance, le plus ardent des vœux de la France, le plus impérieux de ses besoins.

« Dans l'application des lois qui donnent à la politique générale son caractère et sa direction, il se pénétrera de la pensée qui les a dictées, il sera libéral, juste pour tous, protecteur de tous les intérêts légitimes, défenseur résolu de ceux de l'État.

« Dans sa sollicitude pour les grandes institutions, qui sont les colonnes de l'édifice social, il fera une large part à notre armée, dont l'honneur et les intérêts seront l'objet constant de ses plus chères préoccupations, tout en tenant un juste compte des droits acquis et des services rendus.

« Aujourd'hui, que les deux grands pouvoirs sont animés du même esprit, qui est celui de la France, il veillera à ce que la République soit servie par des fonctionnaires qui ne soient ni ses ennemis, ni ses détracteurs.

« Il continuera à entretenir et à développer les bons rapports qui existent entre la France et les puissances étrangères, et à contribuer ainsi à l'affermissement de la paix générale.

« C'est par cette politique libérale et vraiment conservatrice, que les grands pouvoirs de la République, toujours
unis et toujours animés du même esprit, marchant toujours avec sagesse, feront porter ses fruits naturels au
gouvernement que la France, instruite par ses malheurs,
s'est donné comme le seul qui puisse assurer son repos
et travailler utilement au développement de sa prospérité, de sa force et de sa grandeur.

« Le président de la République,

« Signé : JULES GRÉVY. »

Par le Président de la République :

Le président du conseil, ministre
  des Affaires étrangères,

Signé : WADDINGTON.

Versailles, le 6 février 1879.

Donc, plus de gouvernement de combat, plus de ministère à poigne, plus de conflit entre les pouvoirs publics, plus de dissolution de la Chambre des députés
pour cause de républicanisme.

L'épée de Damoclès est remise au fourreau.

La France respire librement.

Une ère nouvelle commence.

La politique frauduleuse et violente est close, la politique honnête et rationnelle commence, et avec elle
s'ouvre la question sociale.

Oui, la politique frauduleuse et violente est close ;
parce que les Français, en très grande majorité, savent
que les trois monarchies, celle de l'ancien régime, celle
des électeurs payant 200 fr. d'impositions, celle du guet-
apens du deux décembre, n'étaient fondées que sur le
privilège et l'intérêt particulier, et non sur l'intérêt public. De là, fatalement, malgré l'appui de la force brutale,
leur chute honteuse.

La diffusion des lumières, au moyen de la presse quotidienne, rendait ce résultat inévitable.

La France devait donc, en vertu de l'infaillible logique des faits, arriver, de révolution en révolution, au gouvernement fondé sur l'intérêt public. Ce gouvernement, c'est la République démocratique.

Un gouvernement fondé sur l'intérêt public est par sa nature à l'abri des révolutions. Oui, mais à une condition indispensable ; cette condition indispensable est que ce gouvernement-là n'ait pas à son service une armée monarchique. La République française a donc pour premier devoir de conservation de détruire l'organisation monarchique de l'armée et de la remplacer par une organisation démocratique.

C'est par cette transformation militaire de la France que débute la question sociale, qui s'ouvre juste au moment où la République démocratique commence.

Oui, la transformation militaire de la France est la première question sociale à résoudre ; car, sans cette transformation, aucune sécurité ne peut exister pour la République démocratique.

Les réactionnaires qui savent fort bien cela, se garderont d'abandonner « leurs projets inavoués et leurs espérances inavouables, » comme l'a dit M. Constans, tant que l'armée monarchique existera. Elle est, en effet, leur unique planche de salut. Sans elle la réaction est morte ; avec elle la réaction vit toujours et trouble la sécurité publique.

L'existence de l'armée monarchique est donc une question de vie ou de mort pour la République démocratique.

C'est pourquoi nous disons que la transformation de l'armée est la première question sociale à résoudre.

Que peut-on dire en faveur de la conservation de l'armée monarchique?

D'abord, disons ce que c'est qu'une armée monarchique. C'est une armée instituée pour défendre les intérêts particuliers d'une dynastie maîtresse du pouvoir. Cette armée est établie sur le principe anti-social et criminel de l'obéissance passive, à tous les degrés de la hiérarchie militaire. Les officiers font leur carrière du métier des armes ; et leur unique ambition est d'attirer sur leur personne l'attention du maître pour en obtenir de lucratives faveurs. Par conséquent, tout ce qui porte ombrage à l'autorité souveraine devient l'objet de leur haine. Et comme il est dans la nature du pouvoir personnel de faire toujours du mal à la société sur laquelle il vit à l'état de parasite, il s'ensuit un antagonisme perpétuel entre le maître et sa victime. Quand par suite d'excès de pouvoir l'antagonisme devient conflit, l'autorité charge l'armée de taper sur la vile multitude. Et l'armée, qui ne connaît que l'obéissance passive, exécute l'ordre du maître. Sous l'ancien régime, il fallait, sauf de très-rares exceptions, être noble pour être officier. Alors piétiner sur le manant était un privilège de race. Depuis la proclamation des droits de l'homme, les roturiers, en grand nombre, deviennent officiers. Mais l'organisation de l'armée étant restée la même que sous l'ancien régime, la tradition militaire se perpétue ; et l'officier, qui fait de la carrière militaire la profession de toute sa vie, mène par conséquent une vie de noble, en adopte tous les préjugés, en éprouve toutes les passions. Dans cette situation l'officier n'appartient plus à la société civile, il est entièrement, en vertu de l'obéissance passive, à la disposition d'un maître, aussi nécessaire à son existence oisive que l'ouvrage est nécessaire à l'ouvrier. Il arrive donc naturellement ceci. c'est que, pour ces nobles d'occasion, comme pour ceux de l'ancien régime, c'est toujours une bonne fortune de mettre le pied sur la gorge du peuple. Le peuple a donc mille fois raison de ne vouloir d'aucune noblesse, ni féodale ni militaire. Avec l'extinction de la noblesse féodale a disparu la servitude du peuple; pourquoi la rétablir sous le nom de service militaire? Le temps des oisifs vivant aux dépens de la société doit finir. Aujourd'hui tout le monde est citoyen, donc tout le monde doit être travailleur et soldat. C'est le travail qui ennoblit; c'est l'oisiveté qui avilit.

Pour ces motifs, si parfaitement concluants, pas d'armée monarchique, toujours prête à faire un dictateur; mais une milice nationale, dans laquelle la dignité du citoyen soit toujours respectée.

Le militarisme étant une nécessité monarchique, un instrument d'oppression, doit cesser d'exister le jour où la démocratie arrivera au pouvoir. Ce jour n'est pas loin; sa place est marquée dans l'infaillible logique des faits que comporte le progrès rationnel de la société.

Ici s'élève une objection qu'on trouve non-seulement dans la bouche des monarchistes, ce qui est naturel, mais encore dans celle des républicains, ce qui est impardonnable. On dit : l'armée, telle qu'elle existe, est nécessaire à la défense du pays.

Bah! cela m'étonne beaucoup. Comment, l'armée de l'Empire a défendu la France? où et comment?

Oh! par pitié pour la malheureuse France, que la coupable ineptie de Sedan ni la capitulation «scélérate» de Metz ne soient remises en lumière! De grâce, fermons les yeux et tâchons de perdre la mémoire. Mais aussi qu'on ne nous dise jamais que l'armée impériale est nécessaire à la défense du pays.

On fait avaler cette pilule aux naïfs en leur disant : l'armée a été réorganisée, «elle appartient à la loi.» Mais a-t-on aussi, répondrai-je, réorganisé le cerveau des généraux qui la commandent? Et quand les Prussiens disaient de l'armée française, ce sont des lions commandés par des ânes, les réorganisateurs de l'armée, éclairés par cette observation, se sont-ils empressés de couper les oreilles de ces ânes et de les envoyer paître ? On les a coupées à deux ou trois seulement, chez qui la longueur des oreilles dépassait toute mesure. Mais tous les hauts grades de l'armée française ne sont-ils pas toujours occupés par les mêmes hommes dont parlaient les Prussiens? Quand donc les Prussiens regardent l'armée française et voient les mêmes oreilles, qu'elle impression doivent-ils éprouver? Est-ce l'impression de la peur ou celle d'une douce hilarité?

La réponse coule de source.

France démocratique, cette douce hilarité, si bien motivée, te fait connaître la vérité et t'apprend ton devoir.

Ici se présente une question : pourquoi, se dit-on, puisqu'il est certain que c'est l'armée impériale qui est cause des désastres inouïs de la France, n'a-t-on pas licencié cette armée, si onéreuse pour le budget? — Parce que, comme on l'a vu, M. Thiers en avait besoin pour faire son coup de force. N'oublions jamais cela.

Il est démontré, jusqu'à la dernière évidence, que l'armée monarchique ne peut servir qu'à une seule chose, à redonner un maître à la France.

L'existence de l'armée impériale implique donc, en cas de guerre, ce dilemme : Si, par miracle, il surgissait un général d'une grande capacité, la victoire le conduirait à la dictature ; dans le cas contraire, plus que probable, l'incapacité et la trahison des généraux amèneraient d'irréparables désastres.

Que la France démocratique se mette bien cela dans la tête et ne l'oublie jamais. Que la France démocratique se rappelle toujours que la question politique, close par l'avènement de M. Grévy à la présidence de la République, ne l'est qu'en apparence tant que l'armée impériale existe.

L'existence de l'armée impériale est donc la pierre de

touche qui servira aux élections générales, à vérifier le républicanisme des candidats. Il suffira, en effet, de poser au candidat cette question : Êtes-vous pour la conservation d'une armée monarchiquement organisée où pour son remplacement par une milice nationnale, démocratiquement instituée?

Toute réponse équivoque sera la preuve certaine que le candidat est indigne de représenter la démocratie, dont il comprend si peu l'indispensable condition d'existence.

C'est entendu! plus d'armée monarchique, guerre impossible; plus d'armée monarchique, dictature impossible; plus d'armée monarchique, paix assurée... En effet, aucune puissance ne viendra attaquer une nation armée, pouvant mettre sur pied quatre millions de soldats-citoyens, tous résolus à défendre leur pays jusqu'à la mort.

Si de cette source inépuisable de combattants, on détache deux cent mille soldats, choisis parmi les hommes de bonne volonté, parfaitement dressés à la tactique que je vais décrire, et qu'on en forme deux cents bataillons de mille hommes chacun, sous le commandement d'officiers ayant toute la confiance des soldats, et, autant que possible, nés dans le même département que les hommes placés sous leurs ordres, on aurait ainsi une force défensive d'une puissance exceptionnelle. Voici comment on l'emploierait :

Cent bataillons seraient chargés d'opérer sur les flancs et les derrières de l'armée d'invasion, de manière à l'inquiéter toujours et à couper sa ligne d'opération toutes les fois qu'on le pourrait. Chaque chef de bataillon aurait carte blanche pour manœuvrer selon ses inspirations, sans recevoir d'ordre d'aucun général. Il serait ainsi indépendant et aurait toute sa liberté d'action. Rien ne gênerait son initiative privée. Or, ce qu'on peut faire de

mal à une armée ennemie avec mille hommes, opérant
sur ses flancs et ses derrières, est incalculable. Pour en
avoir une idée, il faut se rappeler que Garibaldi, avec
mille volontaires, a fait la conquête du royaume des Deux-
Siciles, défendu par une armée monarchique de cent
vingt mille hommes, disposant de deux cents bouches à
feu. Les Garibaldi sont rares, il est vrai; mais l'initiative
privée et la liberté d'action engendrent des héros, qui
deviennent des hommes de génie. Voilà ce qu'il faut savoir et ne pas l'oublier.

Une chose indispensable à observer dans cette stra-
tégie défensive, c'est de n'attaquer l'ennemi que pendant
la nuit, après s'être renseigné, le soir, sur la position oc-
cupée par les différentes armes, et avoir fait choix de l'endroit le plus vulnérable. Avant le jour, le bataillon qui a fait
l'attaque doit se disperser par petits groupes et aller s'a-
briter, à une grande distance, dans les bois, pour se reposer et combiner les moyens de succès d'une nouvelle attaque. Cette dispersion volontaire d'un bataillon, se renouve-
lant souvent, ne présente aucun inconvénient avec des
soldats citoyens, animés personnellement des plus nobles
sentiments de patriotisme et d'honneur, ayant chacun, à
un haut degré, la conscience de leur devoir et la volonté
de le remplir ; tous se trouveraient à heure fixe, au rendez-vous. Avec les soldats d'une armée monarchique, l'o-
béissance cessant dès que les officiers perdent de vue
leurs hommes, le plus grand nombre de ceux-ci imagi-
neraient de bons prétextes pour manquer au rendez-
vous.

La liberté d'action laissée à chaque chef de bataillon
n'exclut pas, bien entendu, la faculté dont jouiraient tous
les chefs de bataillon de pouvoir s'entendre entre eux
pour combiner leurs attaques, et réunir au besoin leurs
forces pour tirer le meilleur parti possible d'un succès,
ou même, en certain cas, pour achever une victoire.

Cette tactique de n'attaquer que la nuit a pour effet certain et merveilleux de mettre les assaillants à l'abri des décharges meurtrières de l'artillerie et des charges vertigineuses de la cavalerie. Double résultat des plus importants. Cette tactique anéantit tous les avantages des grandes armées, achevant, après une ou deux victoires, la conquête d'une puissance de premier ordre en une seule campagne ; car, il est plus que problable qu'aucune armée d'invasion ne pourrait résister à un si grand nombre d'attaques nocturnes, opérées avec résolution sur tant de points différents.

Mais ce n'est pas tout l'ensemble de nos moyens de défense ; car outre les cent bataillons, destinés aux attaques nocturnes, nous avons encore cent autres bataillons à notre disposition. Voici comment nous les emploierons.

Ces cent bataillons, opérant toujours isolément et d'après le système de la liberté d'action de chaque chef de bataillon, envahiront le territoire ennemi sur cent points différents, et les chefs ne seront plus astreints à n'effectuer que des attaques nocturnes. Ils pourront agir comme ils le jugeront à-propos, de manière à faire à l'ennemi tout le mal possible.

Dans cette situation la puissance envahissante verra la différence qu'il y a entre « des lions commandés par des ânes » et des citoyens commandés par des héros.

De son côté la France n'aura pas à subir l'horrible inquiétude de voir son existence nationale entre les mains d'un Mac-Mahon, d'un Trochu ou d'un nouveau Bazaine, avec la perspective d'être encore la victime de tels hommes.

Quelles terribles angoisses a fait peser sur la France cette désolation ayant nom : Trochu-Mac-Mahon-Bazaine, complétée par l'abomination s'appelant Foutriquet !

Oui, ces hommes ont valu à la France, outre les dé-

sastres inouïs de l'Empire, le massacre de Paris, la condamnation au bagne, pour faits politiques, des plus
vaillants républicains par les officiers de l'armée impériale, de l'armée de Louis Bonaparte, le plus grand
criminel politique des temps modernes.

Eh bien, non ! ces désolations et ces abominations ne
doivent plus se reproduire ; et pour qu'elles ne se repro-
duisent point, il faut absolument remplacer l'armée monarchique, sur laquelle pèse la responsabilité de nos
désastres et de ces crimes, par la milice nationale, seule
capable de défendre le pays contre l'ennemi extérieur, et
de le mettre à l'abri des révolutions prétoriennes, fomen-
tées par les Césars de rencontre.

Cela fait, la France achèvera sa régénération organique
en supprimant le budget des cultes, en remplaçant la
magistrature monarchique par la magistrature démocratique, opération qui comporte la simplification des lois,
réduites aux seules exigences de l'équité, et l'élection
des juges par les citoyens soumis à leur juridiction.

Après cela viendra la décentralisation monarchique de
la France, et, par suite, la réforme radicale de l'administration.

Avec ces quatre grandes réformes, toutes les causes de
conflit et de perturbation étant supprimées, l'existence
de la République démocratique est assurée ; et toutes
les libertés coulent de source, personne n'ayant intérêt
à faire obstacle à leur libre expansion.

Il est donc évident qu'il faut d'abord, et avant tout, que
les lois organiques de la société soient faites et appliquées de manière à ce que les intérêts généraux de la
nation soient solidement et efficacement garantis avant
d'entamer la discussion des lois économiques, qui ne
concernent que les intérêts particuliers.

Et puisque, aujourd'hui, tous les publicistes et tous
les économistes admettent que c'est à la science qu'il

faut demander la solution des problèmes que soulève la question sociale, nous ferons remarquer que la science a une méthode qu'elle suit toujours avec succès. Eh bien, cette méthode ne permet jamais de discuter les corollaires d'un théorème avant que ce théorème ne soit démontré.

Donc, il faut que les lois organiques d'une société existent, soient connues et appliquées, avant de passer à l'examen et à la discussion des lois économiques, qui ne sont, en réalité, que les corollaires des lois organiques.

Quand on veut opérer scientifiquement, voilà ce qu'il faut faire.

Or, la société n'étant pas encore établie sur sa base rationnelle, il est impossible de tirer les conséquences logiques d'une situation qui n'existe point.

Dans l'état actuel de la société, la recherche des lois économiques ne peut aboutir qu'à des discussions aussi stériles qu'irritantes. Il faut absolument que la régénération intellectuelle et morale précède la réforme sociale. Eh bien! cela ne peut se faire spontanément. Les idées, les croyances enracinées dans l'esprit et la conscience, dès l'enfance, n'obéissent pas à la voix de la justice, ne délogent point au commandement de la raison. Il faut du temps, beaucoup de temps pour opérer la rénovation mentale nécessaire à la transformation sociale sur laquelle doit s'établir le règne de la justice, idéal de l'humanité.

Peut-on croire que les intérêts et les droits acquis n'opposeraient pas une résistance formidable à toute tentative qui aurait pour objet de porter atteinte à leur existence séculaire? Que fera-t-on? emploiera-t-on la force pour les vaincre et les soumettre? Oh! alors on est loin, bien loin de la méthode scientifique. On est en pleine barbarie. La force prime le droit; la force règne et gouverne.

Alors la raison et la justice s'éteignent et disparaissent. La vie humaine n'est plus respectée. La terreur se répand partout ; et la société, menacée dans ses conditions habituelles d'existence, se réfugie sous le sabre de la dictature et lui demande protection.

Où donc est le règne de la justice, idéal de l'humanité? Je cherche et ne voit que du sang. Horreur!

Oh ! non, ce n'est pas avec la force brutale qu'on institue le règne de la justice,

Avec quoi donc? Avec un principe régénérateur nouveau.

Quel est ce principe? Le dévouement à l'humanité.

Oui, c'est le dévouement qui est le principe de toutes les vertus sociales, comme la solidarité est la base de toutes les institutions rationnelles.

Dévouement et solidarité, voilà donc les seules puissances capables de faire régner la justice.

Comment obtenir le dévouement et la solidarité qui en est le corollaire?

Par l'enseignement général dans toutes les écoles publiques des principes rationnels. Dans un ouvrage ayant pour titre : *Cours de philosophie scientifique et ses conséquences sociales* (1), nous avons démontré l'utilité et l'efficacité de l'enseignement des principes rationnels. Que le lecteur qui voudra s'instruire à fond à ce sujet prenne la peine d'étudier cet ouvrage. Il y trouvera la solution, par la méthode scientifique, de toutes les questions que certaines écoles socialistes, en petit nombre heureusement, voudraient résoudre à l'aide de moyens qui exigent l'emploi de la force brutale, chose qu'il est impossible de faire, nous le répétons, dans une société où les intérêts particuliers sont si fortement organisés, et s'em-

____

(1) Chez Drouin, éditeur, 28, rue Jacob ; prix : 3 fr. 50.

presseraient, à la première menace sérieuse, de se remettre sous la protection de la monarhie.

Nous avons dit que les lois économiques devaient naître des lois organiques, dont elles ne sont que les corollaires. Quand donc la France sera en possession des lois organiques qu'elle est en droit de se donner, on sera étonné de voir avec quelle facilité les lois économiques en découlent, et combien les solutions qui paraissaient hérissées de tant de difficultés se présenteront comme résultats naturels d'une situation logique.

Que les socialistes révolutionnaires, au lieu de mettre la charrue devant les bœufs et d'user leur activité intellectuelle à discuter avec passion des questions encore insolubles dans l'état actuel de la société, unissent leurs forces pour arriver à la prompte confection des lois organiques, indispensables à l'existence de la République démocratique.

Oui, c'est là le nœud gordien de la question sociale. Les réactionnaires le savent bien. Aussi, avec quelle persistance ils résistent à la transformation de la société monarchique en société démocratique, au moyen de la confection des lois organiques rationnelles. Que de bêtises ne disent-ils pas ! Que de sottises ne font-ils pas pour empêcher cette transformation, qui se fera malgré eux, parce qu'elle est dans la nature des choses, dans l'inexorable logique des faits. Donc, tous les républicains à principes doivent vouloir qu'elle se fasse le plus tôt possible, pour que des lois organiques rationnelles naissent, sans retard, les lois économiques dont les prolétaires et les salariés ont tant besoin. Car le prolétariat et même le salariat doivent disparaître dans la société moderne devant le dévouement et la solidarité, principes constituants du règne de la justice.

Républicains démocrates, ne nous divisons donc pas en présence de l'ennemi. Mettons-le d'abord dehors de

do toutes les positions qu'il occupe encore dans l'organisation monarchique de la société, et dont il fait usage
pour combattre les aspirations de l'esprit moderne et perpétuer les odieuses traditions de l'ancien régime.

Oui, républicains démocrates, ne faisons pas le jeu de
nos adversaires en nous divisant. Notre union fait notre
force ; elle nous a donné la victoire ; qu'elle nous la con-
serve ! et servons-nous-en pour fonder définitivement la
République démocratique sur sa véritable base, qui est
l'ensemble des lois organiques rationnelles, dont nous
avons démontré la nécessité.

C'est le développement normal de ses lois organiques
qui nous conduira par la culture intellectuelle et morale
de la génération nouvelle, par l'enseignement et la pratique des principes rationnels aux lois économiques équi-
tables, objet des aspirations populaires et prémices du
règne de la justice, idéal de l'humanité.

Voilà, citoyens, la voie lumineuse ; suivons-la ! Elle
mène où veut aller la démocratie ; elle mène, non au
Calvaire, mais au paradis terrestre, à l'âge d'or, au triomphe de la raison sur la superstition, au progrès scientifique continu, à tout ce qui ennoblit l'esprit et le cœur de
l'homme. Suivons donc cette voie, et marchons dans la
lumière de la raison, éclairée par la science.

Peuple français, peuple souverain, prends possession
de tes droits inaliénables et impose à tes députés le mandat impératif, sans te laisser arrêter par ce cri réactionnaire : c'est illégal ! dont on fera retentir tous les échos
politiques. — Est-ce la légalité qui a arrêté les monarchistes, répondront les démocrates, quand, au 16 mai
1877, sous la direction de M. de Broglie, et, au 23 novembre, sous le commandement du général de Roche-
bouet, ils ont voulu, tous les partis réunis, opérer de nouveau, avec l'épée du Maréchal Mac-Mahon, un coup de

force contre la souveraineté du peuple ? Les monarchistes s'en moquaient bien alors de la légalité, et toute la
nation sait parfaitement, comme l'acte de flétrissure en
fait mention, « qu'après avoir conduit la France à la
« veille de la guerre civile, les ministres n'ont reculé que
« devant l'indignation et les viriles résolutions du pays. »
Voilà donc ce que les démocrates répondront aux monarchistes se donnant les airs d'en appeler à la légalité,
quand le peuple souverain, qui est la loi vivante et la
source de toute légalité, dira à ses députés : je vous impose le mandat impératif, désormais le seul légal, mandat dont l'inexécution implique de droit la révocation.

Eh bien! au moyen du mandat impératif le peuple souverain donnera l'ordre aux députés de se réunir en Assemblée constituante et d'abolir la constitution monarchique faite illégalement par l'Assemblée de Versailles,
qui n'a jamais été investie du pouvoir constituant, mais
qui l'a usurpé frauduleusement pour s'en servir contre la souveraineté du peuple, à l'effet de restaurer la
monarchie; or, l'Assemblée de Versailles n'ayant pu,
malgré tous ses efforts, opérer la restauration d'une monarchie quelconque, a été réduite à faire une constitution
anti-républicaine, dont on puisse se servir comme d'un
traquenard pour prendre la souveraineté du peuple et
l'immoler avec le sabre d'un dictateur. Le coup de force
a manqué, c'est vrai; le Maréchal est tombé du pouvoir,
entraînant dans sa chute ses complices réactionnaires,
c'est encore vrai; mais le Sénat où l'affreux complot s'é-
tait tramé, le Sénat qui avait voté la dissolution de la
Chambre des députés, le Sénat où sont revenus siéger
comme législateurs, ce qui est un outrage à la raison et
à la conscience, les ministres flétris, au nom de la
France, par les représentants du peuple, le Sénat où
règne l'esprit clérico-monarchique, le Sénat, institué
pour combattre et détruire la République, le Sénat, tou-

jours prêt à remplir cette perfide mission, ne peut plus rester un des pouvoirs publics de la République démocratique. Il a donné la mesure de sa valeur morale. Eh bien! qu'il subisse le sort qu'il a mérité; que la souveraineté du peuple lui dise: Sénat, mon ennemi, je ne veux pas de toi; je te dissous.

Si la souveraineté du peuple ne fait pas cela, elle s'en repentira à bref délai; car le Sénat sera toujours pour elle un sujet d'inquiétude, en attendant l'occasion de devenir un danger réel.

Donc, peuple souverain, pas de faiblesse! L'existence du Sénat étant incompatible avec la sécurité de la démocratie, donne à tes députés l'ordre de dissoudre le Sénat: c'est ton droit; bien mieux, c'est ton devoir.

Le mandat impératif servira, au moment des élections générales, à connaître du premier coup d'œil la valeur morale des candidats.

Les hommes masqués répéteront ce qu'ils ont déjà dit, à savoir que le mandat impératif est un signe de suspicion qui porte atteinte à la dignité de caractère du candidat.

Vraiment! répondront les électeurs. Allons donc, c'est une erreur grossière. Le mandat impératif sert à démasquer les candidats équivoques, nageant entre deux eaux. Loin donc de porter atteinte à la dignité de caractère, il la met au contraire en pleine évidence. N'est-il pas plus digne, en effet, de dire : Oui, j'accepte le mandat impératif, parce que c'est conforme à mes opinions, parce qu'il me trace une ligne de conduite droite et ferme, dont je ne voudrais pour rien au monde m'écarter. C'est donc un bonheur pour moi de savoir avec certitude ce que j'ai à faire dans les circonstances graves où je puis me trouver, et au milieu des piéges de tout genre que les habiles tendent sous les pas des hommes d'honneur.

Eh bien! cette noble acceptation du mandat impératif

n'est-elle pas mille fois plus digne que l'hypocrisie des candidats équivoques, qui font la bouche en cœur pour formuler des professions de foi pleines de promesses creuses, à l'aide desquelles ils jettent de la poudre aux yeux des gobes-mouches qui prennent cela pour de l'argent comptant, et, pleins de confiance, votent en faveur de ces farceurs, qui sont les premiers à rire du succès de leurs bourdes électorales ?

Que d'exemples révoltants n'a-t-on pas de ce genre honteux de fourberie ?

Il faut donc y mettre fin par le mandat impératif, toujours révocable au moyen d'un conseil de surveillance, nanti d'une démission du député, démission à laquelle le conseil de surveillance n'aura que la date à mettre pour que cette démission soit valable et produise son effet. Avec cette précaution, le député marchera droit ; sinon, après une faute grave, il rentrera dans la vie privée.

Est-ce que les monarques ne donnent pas à leurs agents des mandats impératifs, toujours révocables ? Pourquoi donc le peuple, aujourd'hui souverain, ne ferait-il pas de même ?

Dans ces conditions-là la souveraineté du peuple peut espérer que la représentation nationale fera son devoir, et procédera énergiquement à la confection des lois organiques dont nous avons parlé et qui sont :

La transformation de l'armée monarchique en milice nationale ;

Le remplacement de la magistrature monarchique par la magistrature élective ;

La suppression du budget des cultes ;

L'instruction gratuite, obligatoire et laïque, avec l'enseignement des principes rationnels, le seul capable d'ennoblir l'intelligence et le cœur des enfants des deux sexes, et d'opérer l'unité d'esprit dans toute la nation.

La décentralisation administrative.

La fédération des Communes autonomes; la liberté de réunion et d'association, y compris le droit politique de convocation; la liberté de la parole et de la presse : toutes ces lois organiques sont indispensables à l'existence politique de la démocratie.

La souveraineté du peuple a donc pour devoir d'en exiger la promulgation pure et simple, sans débats parlementaires, parce que ces questions sont élucidées et ces problèmes résolus depuis un siècle.

Cela étant, la souveraineté du peuple exigera que les lois organiques ci-dessus formulées soient promulguées en son nom, sans débats parlementaires, comme nous venons de le dire.

Ce sont, en effet, des actes de souveraineté qui n'ont pas besoin du concours ni de l'intervention des mandataires du peuple; concours et intervention qui seraient un embarras inutile là où la simplification est indispensable.

Si la souveraineté du peuple ne fait pas cela, elle sera de nouveau la dupe de ses mandataires, qui feront, comme toujours, de leur mandat l'usage le plus favorable à leurs intérêts privés.

La souveraineté du peuple a donc absolument besoin de connaître son droit dans toute son étendue, afin de pouvoir remplir également son devoir dans toute son étendue.

Eh bien, que la souveraineté du peuple sache donc bien et n'oublie jamais qu'elle a le droit incontestable d'imposer à ses mandataires l'obligation de promulguer les lois organiques qu'elle juge nécessaires à la transformation de la vieille société monarchique et cléricale en société démocratique et rationnelle.

Il faut par conséquent que les lois organiques soient promulguées et appliquées de manière à mettre la démocratie à l'abri de toute tentative hostile contre son existence; et, cela fait, il faut se hâter d'extraire de ces lois organiques, comme conséquences logiques, toutes les mesures les plus favorables à l'évolution intellectuelle et morale que la société française, et avec elle le monde civilisé, sont en voie d'accomplir.

C'est donc lorsque la société française aura opéré sa transformation politique, au moyen de l'application des lois organiques et de leurs conséquences logiques, que s'ouvrira avec succès l'ère de l'étude, de la discussion et de la promulgation des lois économiques. Toutes les intelligences ayant été préparées à leur avénement par l'enseignement des principes rationnels, les lois économiques seront reçues à bras ouverts, et prendront la place qui leur est due dans l'organisation rationnelle de la société moderne.

Et l'évolution sociale commencée en France continuera à se propager dans le monde civilisé; car l'accomplissement de cette évolution sociale est la loi fondamentale des sociétés humaines ouvertes au progrès par la lumière entraînante de la science.

Donc, il faut commencer l'évolution sociale par les lois organiques, qui règlent les intérêts généraux, avant de s'occuper des lois économiques, qui ont pour objet les intérêts particuliers. Nous l'avons dit, nous le répétons.

Notre tâche est terminée.

Démocratie française, tu connais tes droits; ils t'imposent des devoirs, remplis-les.

Proscris de ton sein l'oisiveté, mère de tous les vices, l'oisiveté qui te corrompt dans ce que tu as de plus sacré, dans la personne de tes filles, qu'elle envoie peupler ces infâmes maisons de tolérance. Donc, plus d'oisifs! tout le monde à l'ouvrage.

Le travaille ennoblit; l'oisiveté avilit,

L'ère des religions est finie; celle de la science commence.

Démocratie française, tu es souveraine : institue le règne de la justice rationnelle, idéal de l'humanité.

Regarde! plus de prérogatives de la couronne pour te barrer le passage; plus de privilèges pour paralyser tes mouvements. La voie lumineuse du progrès scientifique est ouverte; suis-la et marche en avant; elle mène au but.

Le mandat impératif est tout-puissant; impose-le à tes mandataires. Commande et fais-toi obéir.

L'État n'est plus une fiction, représenté par un homme; l'État est une réalité, c'est la nation, qui ne veut plus être gouvernée, mais qui veut se gouverner elle-même.

Donc, plus de monarque, plus d'hommes d'Église ni d'hommes de guerre.

Démocratie française, opère l'unité d'esprit et de cœur du monde moderne par la promulgation des principes rationnels, les seuls vrais principes que l'humanité puisse admettre.

Cela fait, le monde civilisé t'offrira des félicitations, et fera entendre ce cri de bénédiction : Vive la République Française! démocratique, scientifique et sociale.

Ainsi finira la politique monarchique, politique de violence, de fraude et d'imposture; et commencera la politique démocratique, politique de liberté, de paix et de travail, laquelle réalisera, sous l'égide de la république, tous les progrès intellectuels et moraux que comporte la destinée de l'humanité.

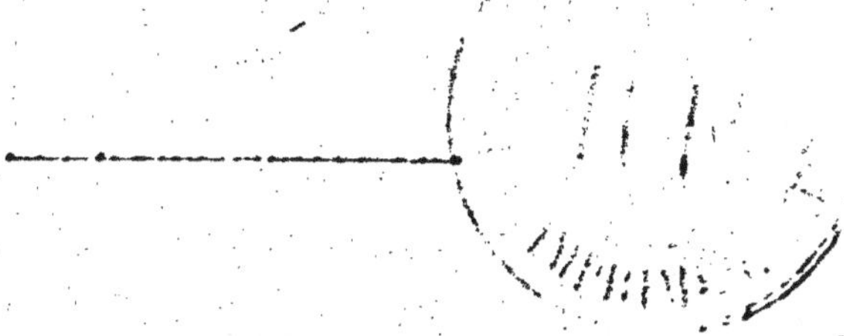

TABLE DES MATIÈRES

Angers, imp. Burdin et Cie, rue Garnier, 1.

www.ingramcontent.com/pod-product-compliance
Lightning Source LLC
Chambersburg PA
CBHW051257060726

47596CB00001B/157